열방을 향한 선교 손자병법

열방을 향한 **선교 손자병법**

한국대학생선교회 IM

순출판사

《열방을 향한 선교 손자병법》을 발간하며

사람마다 은사가 다르듯이 선교 단체마다 부르심과 은사가 다릅니다. 부르심과 은사를 정확히 안다면 그 사역의 방향성과 효율성을 높임으로써 하나님께 더욱 큰 영광을 올릴 수 있으리라 생각합니다. 60여 년이라는 세월을 현장성에 초점을 두고 달려온 한국대학생선교회는 30여 년의 해외 선교 또한 현장 사역에 생명을 걸고 달려왔습니다. 이론가이기보다 실천가, 토론보다 현장 이야기를 선호하는 우리 단체의 DNA가 세대에서 세대로 전달되어 지금까지 맥을 이어오고 있습니다. 그럼에도 우리만 소유하기에는 아까운 선교 전략 몇 건을 모아 책으로 내자는 제안이 있어서 서로의 마음을 모았습니다. 선교 이론서는 많은 반면에 실제 선교 실행서가 적다는 생각과 현장에서 실행되고 있는 전략이 우리의 것이 아니라 주님의 것이기에, 할 수 있는 대로 나누어야 한다는 책임감이 이 책자를 만들게 된 동기입니다.

하나님 나라의 가치와 매우 흡사하게도 21세기의 키워드는 소통, 나눔, 공유입니다. 선교는 한 단체, 한 교회의 것이 아니라 하나님 나라의 것이기에 크고 작음에 상관없이 오직 하나님의 영광을 위해 서로 배우며 더욱 공유되기를 소원합니다. 또한 보이지 않는 어떤 경쟁의 구도에서 서로의 열심과 전략이 자극이 되어 배우는 기회가 되기를 소망합니다. 주님의 지상 명령 성취와 오직 하나님의 영광을 위한 선교의 목적은 변하지 않겠지만, 그 전략은 시대의 부름에 따라 바뀝니다. 지금 작게 내놓는 이 선교 전략서가 지속적으로 업데이트, 업그레이드 되어 매번 갱신되기를 소망합니다. 갱신은 현재 선교 현장에 나가 있는 사람들을 통해 이루어지겠지만, 이 전략서를 읽는 후방의 사람들 즉, 전방을 향해 준비하고 있는 사람들의 기여를 통해서도 발전되기를 원합니다.

지난여름 짧은 발표 시간을 마다하지 않고 달려와 주시고, 글을 다듬어 제출해 주신 모든 선교사님과 후원자님, 뜨거운 열정으로 현장을 지원해 주시는 국내 사역자들에게도 이 자리를 빌려 감사의 말씀을 전합니다. 오직 주님의 영광을 위해 지속적으로 달려가기를 소망하며, 현장에서 더욱 꽃을 피우기를 두 손 모아 간절히 기도드립니다.

2013년 1월
한국대학생선교회 대표 박성민

추천사

21세기는 전략 선교의 시대입니다. 국가별로 선교 상황이 다르기에 전략도 달라져야 합니다. 그러한 점에서 이 책은 국가별 선교 전략의 길라잡이 역할을 할 것으로 사료되며, 이 내용을 기초로 생각하는 선교, 총체적인 선교, 그리고 열매 맺는 선교가 이루어지기를 기대합니다.

한정국, 한국세계선교협의회 사무총장

한국대학생선교회가 세계 선교를 향한 헌신을 선포한 것은 1980년 8월이었습니다. 그리고 30여 년의 세월이 흘렀습니다. 선교를 여전히 배우고 있는 한 사람으로 선교 현장에서 수고하는 여러 선·후배, 그리고 동료들의 실제적인 경험과 지혜를 담은 이 책을 읽으며 선교에 대한 강박적인 충동과 환상을 벗겨 낸 비판적 통찰력을 갖게 되었습니다. 이 책을 통해 영적 추수가 필요한 이때에 많은 사람이 선교의 부르심에 자발적인 헌신으로 응답하기를 기도합니다.

윤승록, CCC 동아시아 오리엔트 대륙 책임자

한국대학생선교회가 지구촌 곳곳에 선교사를 파송하는 일도 귀하지만, 그간의 경험을 소멸하지 않고 취합, 정리하여 한국 선교 운동의 소중한 자료로 기여하는 모습에 격려의 박수를 보냅니다. 원래 우리 조상들은 역사와 경험을 자료로 남겨 후대에 유익을 끼쳤는데, 근래 한국 교회와 선교 운동이 그 좋은 전통을 이어받지 못한 아쉬움이 컸습니다. 대학생선교회가 그동안 축적된 선교 경험과 노하우를 책자로 내놓는 것은 그러한 의미에서 참으로 반가운 일입니다. 국가별, 사역별로 정리된 자료가 선교의 동역자들에게 큰 도움이 되리라 믿습니다.

정민영 선교사, 국제위클리프(Wycliffe Global Alliance) 부대표

이 책은 한국 CCC 선교사들의 생생한 현장 증언을 기반으로 선교지의 세계관과 가치관, 그리고 상황에 대한 현실 인식과 함께 사역 환경에 대한 냉철하고도 창조적인 평가와 대안을 제시해 줍니다. 이러한 점에서 여타의 탁상공론식 슬로건 중심의 전략들과는 큰 차이가 있습니다. 또한 CCC 선교 사역에 대한 전략적 보고서의 차원을 넘어 글로벌화된 21세기 선교 환경 가운데서의 하나님의 선교의 역동성과 성찰하는 실천가로서의 선교사의 삶과 사역 모델을 선명하게 보여 주고 있습니다. 이제는 한국 CCC의 병법이 지난 수천 년 동안 동서고금의 전략서로 인정받아 온 손자의 병법을 대체할 때가 된 것 같습니다.

염주연, 한국선교훈련원(GMTC) 원목/교수

CONTENS

1 캄보디아 선교의 현황과 가능성　　이영철　11

2 동아시아 캠퍼스 사역의 현황과 가능성　　미키 리　27

3 동아시아 커뮤니티 사역의 현황과 가능성　　빌리 장　43

4 일본 교회 사역의 현황과 가능성　　김안신　57

85　일본 캠퍼스 개척 사역의 방향에 대하여　　김의겸　**5**

99　인도 선교 사역의 현황과 가능성　　김성옥　**6**

119　이슬람 사역의 현황과 가능성　　스펄전　**7**

8	PACT의 현황과 가능성	열방	139
9	비즈니스를 통한 커뮤니티 사역-파키스탄	정랑미	153
10	세계 선교와 한국 기독교인의 역할	전남주	163
11	동아시아 오리엔트 지역의 선교 비전과 도전	이명춘	179
193	21세기 한국 대학생의 실체와 트렌드	김훈중	12
213	한국 CCC 통일봉사단의 비전과 역할	이관우	13
235	세계의 관문으로서 캠퍼스 선교의 중요성과 과제	정경호	14
261	에필로그	이승제	15

1

캄보디아 선교의 현황과 가능성

-대학 사역을 중심으로-

이영철(CCC 캄보디아 선교사)

캄보디아 선교의 현황과 가능성
-대학 사역을 중심으로-

들어가는 글

2007년 6월 한국 부산에서 열렸던, 세계 캠퍼스 사역자들의 모임인 CM 2007 대회는 전 세계 미개척 캠퍼스를 향한 하나님의 특별하신 계획을 깊이 깨닫는 기회였고, 참석한 모든 사람은 이를 위해 기도하며 헌신하는 시간을 가졌다. 세계 선교 역사의 흐름 속에서 이와 같은 대회가 한국에서 개최되었다는 사실은 하나님의 큰 축복이 아닐 수 없다.

캄보디아에서 온 32명의 CCC 간사들과 학생들은 성령의 뜨거운 현장을 보는 것만으로도 흥분과 감격의 시간을 보냈다. 무엇보다도 그 뜨거운 기도의 열기와 한국의 경제 발전을 본 형제자매들은 모두 한국의 기도 열정을 본받고 싶어 했고, 한국처럼 캄보디아에 하나님의 축복이 임하기를 간절히 소망했다. 그래서 캄보디아로 돌아온 이후에 새벽 기도회가 바로 시작되었다. 캠퍼스 사역을 하면서 그동안 이렇다 할 정기 모임이 없었는데 그 첫 모임이 새벽 기도회가 된 것은 하나님의 놀라운 역사였다. 캠퍼스 사역에 대한 비전 또한 커졌다.

캄보디아에는 50여 개의 대학이 있는데 그중 40여 개의 대학이 프놈펜에 모여 있다. 우리는 메인 캠퍼스를 중심으로 3곳에서만 캠퍼스 사역을 하고 있는데 나머지 미개척 캠퍼스들을 어떻게 공략할 것인지에 대해 여러 가지 방안을 고민하게 된 것이다. 약 10여 년 전부터 캄보디아 캠퍼스 사역이 본격적으로 시작되었지만 그동안 정치적·경제적 어려움과 캠퍼스의 열악한 환경 때문에 아직까지는 첫걸음의 단계라고 볼 수 있다.

이 글에서는 특히 캠퍼스 사역의 현황과 가능성을 살펴보고자 한다.

1. 캄보디아 소개

- 위치: 인도차이나 반도 남서부에 위치하며 면적은 남한의 두 배다.
- 수도: 프놈펜
- 언어: 주요 언어는 크메르어다.
- 인구: 약 1,430만 명
- 지도자: 국왕_ 노로돔 시아모니, 총리_ 훈센
- 인접 국가: 태국, 라오스, 베트남
- 정치: 오랜 기간 동안 주변국의 잦은 침략과 열강의 식민 지배를 받았다. 1953년 프랑스로부터 독립했지만 내전이 계속되었다. 1975년 폴 포트가 이끄는 공산 크메르루즈가 정권을 장악해서 4년간 약 2백만 명의 캄보디아인을 학살했다. 1993년 UN에 의하여 연합 정부를 세웠으며, 1998년 8월 선거에 훈센이 승리함으로써 정치적·사회적으로 안정을 되찾았다. 우리나라와는 1997년 10월에 수교가 이루어져 대사급 외교 관계를 맺고 있다.
- 경제: 풍부한 농업 잠재력이 있으나 계속된 전쟁과 내전 등으로 국토 황폐화, 경제 침체가 지속되다가 2000년대부터 외국 기업과 자본이 들어오면서 급속하게 평균 6%의 경제 성장을 이루었다. 현재 1인당 국민소득은 약

1,500달러 정도다.
- 사회와 문화: 주식은 쌀과 채소, 생선이다. 전 인구의 5%만이 안전한 식수를 공급받고 있으며 보건 위생이 좋지 않아 풍토병인 장티푸스, 말라리아, 이질 등이 잘 발생한다. 씨엠립에 있는 불교문화의 핵심인 앙코르와트는 유네스코 문화재로 등재되어 있다.
- 종교: 힌두교와 정령 신앙이 혼재된 소승불교가 주된(83%) 종교다. 폴 포트 정권 붕괴 이후 종교에 대한 관심이 높아지고 불교가 다시 회복되고 있는 가운데 무슬림(4%), 안식일 교회 등이 서서히 증가하고 있다. 1991년까지만 해도 거의 소멸 위기에 처했던 기독교는 그 후 가파른 성장을 하고 있지만 아직 약 1%의 크리스천만이 존재하고 있다.

2. 캠퍼스 내의 선교 사역 현황

- JOY 선교회: 캄보디아 국립 기술대(NPIC)를 중심으로 캠퍼스 사역을 한다.
- YWAM: 국제적인 연합 사역으로 다양한 사역 중에서도 한국 예수전도단은 DTS 훈련 등 캠퍼스를 중심으로 사역한다.
- 대학연합교회: 대학생들을 중심으로 교회 사역을 한다.
- New Life Church: 킬링필드 이후, 1992년부터 시작된 이 교회는 가장 활발하게 교회 개척 사역과 더불어 사회 각계각층 선교에 힘쓴다. 이 교회의 사역이 캠퍼스 선교의 시초라고 할 수 있다. 캄보디아 현지인 사역자 탕벡홍(Tang Veak Hong, 캄보디아 CCC 전 대표, 은퇴)이 이 교회의 리더로 섬기며, 1,200여 명의 성도가 출석한다. 캄보디아 각 지역에 약 50여 개 이상의 지 교회를 두었다.
- 캄보디아 CCC: 1973년에 시작된 대학생선교회는 1975년 폴 포트의 내전으로 중단되었다가 1992년에 다시 시작되었지만, 여러 내부적인 문제로 인해

실제적으로는 2003년부터 새롭게 사역을 진행하고 있다.
- HCF(Healthcare Christian Fellowship): 캄보디아 현지인 리더가 의대, 간호대 학생들을 중심으로 사역한다.

전주대는 교수진과 선교사를 파송하여 캄보디아 국립 기술대를 관리 운영하고 있으며, 한동대는 왕립 법경제대(RULE)와 결연을 해 학생 교류를 하고 있다. 프놈펜 내에 있는 대부분의 교회와 선교 센터를 운영하는 많은 선교사 역시 학사 사역(기숙사 겸 교회)을 중심으로 대학생 사역을 진행한다.

그 외에도 교회나 선교 단체에서 파송되지는 않았지만 개인적으로 전문 분야(의대, 법대, 농업대 등)에서 대학생 선교의 뜻을 품고 헌신하는, 여러 나라에서 온 많은 사람이 있다.

하지만 안타깝게도 캄보디아 대학가에도 IYF가 침투하여 국제 청소년 교류라는 명목 아래에 활동하는 중이다. 국제교류단체라는 이름으로 활동하다 보니 많은 학생이 미혹되고 있는 실정이다.

3. 캠퍼스 선교의 필요성

킬링필드(1975-1979)라는 내전에 의해서 대부분의 기술자나 문화 종교인 그리고 많은 지식인이 죽임을 당했다. 이 기간 동안 프놈펜 왕립 대학 교수의 74%, 학생의 67%가 킬링필드의 희생자가 되었다. 1979년 이후까지 살아남은, 대학 교육을 받은 지식인의 수는 전국을 통틀어 불과 300명이 채 되지 않았다(Henry Kamm, Cambodia, 1998). 전쟁이 끝나고 정치적으로 혼란스러웠던 20년 동안을 'Zero Year'라고 부르기도 한다. 지도자층이 빈곤한 상황 속에서 정치, 경제, 문화 및 교육 등 모든 분야에서 성장이 멈추어 버린 것이다.

2000년대에 들어서면서 비로소 이 땅에 여러 나라의 NGO 단체나 선교사들이 들어오기 시작했다. 이들은 교육, 고아원, 농촌 개발, 교회 개척, 그리고 소외된 사람들을 돌보는 등 다양한 분야에서 선교 사역에 헌신했다.

하지만 미래에 이 나라의 지도자들이 될 대학생들에 대한 선교 사역은 어느 때보다도 절실한 상황이다. 현재 캄보디아는 젊은 청소년들이 65% 이상의 인구 비율을 차지한다. 프놈펜에 젊은이들이 넘쳐나고 있다. 프놈펜에 위치한 40여 개의 대학에 약 15만여 명의 대학생이 있지만 이 학생들을 향한 전문적인 선교 사역은 아직 미미한 상황이다.

학생들과 지식인들이 기독교에 개방적인 자세를 보이고 있다는 것은 이 나라를 향한 하나님의 축복이다. 전도한 대학생들이 미래에 이 땅의 큰 지도자들이 되어 많은 열매를 거둘 날이 분명히 올 것이다.

4. 캄보디아 선교에서 한국인의 장점

캄보디아와 한국은 역사적·문화적 그리고 종교적으로 많이 닮았다. 한국은 일본으로부터(1945), 캄보디아는 프랑스로부터 독립(1953)했으며, 특이할 만한 점은 내전을 겪었다는 것이다. 한국의 6·25 전쟁과 같은 캄보디아의 킬링필드는 같은 민족끼리 이념적으로 싸운 전쟁이다. 공산주의와 군사 문화, 불교문화, 농업 국가, 그리고 70년대부터 교회의 급격한 성장을 경험한 한국은 캄보디아에서 2000년 이후부터 불기 시작한 교회의 성장을 지켜보며 어떻게 해야 캄보디아인들을 품고 섬기면서 선교 사역을 할 수 있을지를 잘 아는 가장 적합한 민족일 것이다. 무엇보다도 전쟁의 폐허 위에서 정치, 경제, 사회, 문화, 그리고 종교 등이 어떻게 변화되어 왔는지 눈으로 직접 보고 경험한 우리는 이 민족의 산 소망에 대해 확실한 산증인의 삶을 살 수 있을 것이다.

또한 캄보디아에도 한류 바람이 크게 불고 있다. 드라마, 영화, K-pop 등은 젊은이들 사이에서 큰 인기를 끌고 있다. 젊은이들은 한국 사람을 좋아하고 한국어를 배우고자 하는 열망이 있으며, 이들의 마음은 복음을 받아들일 준비가 되어 있다.

우리의 유일한 단점은 영어를 익숙하게 사용하지 못하는 것이지만 이는 여러 장점으로 극복할 수 있다. 즉, 현지어를 배우고자 하는 열정과 사람들의 마음을 끄는 우리 특유의 정, 날씨에 적응력이 빠르다는 점과 우리의 '빨리 빨리' 문화가 선교에는 오히려 도움을 준다. 또한 같은 아시아인으로서 쉽게 친밀감을 형성할 수 있다. 한국 교회 역시 선교에 대한 열정이 있기에 협력 사역이 가능하다. 이렇듯 한국인들의 영적·신체적·문화적·성격적 요인들은 하나님이 쓰시기에 유용한 자질과 장점이다. 이러한 특징은 캄보디아는 물론 세계 선교의 최전선에 쓰일 매우 귀한 자원이다.

5. 캠퍼스 사역의 전략들

현재 아시아뿐 아니라 전 세계에서 이렇게 복음의 문이 활짝 열린 나라는 없을 것이다. 대학생들은 복음을 받아들일 마음의 준비가 되어 있는데, 이는 특별히 캄보디아 캠퍼스를 향한 주님의 놀라우신 계획과 큰 은혜다.

우리의 선교 계획은 캄보디아에 있는 약 50여 개 모든 대학의 모든 학생에게 복음을 전하고, 헌신된 사람들을 주님의 충성스러운 제자로 키우는 것이다. 이 사역을 위해 다양한 전략으로 접근할 수 있다.

1) 전도 & 제자화 사역

개인, 그룹 및 대중 전도를 할 수 있다. 몇몇 대학은 캠퍼스 안에서 직접 개인 전도를 할 수 없지만, 대학 주변의 식당 등에서는 얼마든지 가능하다. 캠퍼스 학생회를 통한 지도력 개발 강좌, 대학생 문화 교류 등으로 그룹 전도가 가능하며, X-Mas 축제, New Student Welcoming 등으로 센터에 초청하는 대중 전도

등은 많은 학생의 흥미를 끌 수 있다. CCC에는 제자화 사역의 커리큘럼과 현지어로 번역된 기본적인 육성 교재와 훈련 교재가 있다.

2) 단기 선교 & 자비량 사역

장·단기 사역 학생들이 때로는 전도와 제자화 훈련이 부족하고, 현지 언어 능력과 적극성이 떨어질 수도 있지만, 경험론적으로 볼 때 그들은 능력 있는 선교사보다 같은 학생이라는 장점이 있어서 캠퍼스 사역에 크게 도움이 된다. 단기 선교는 짧은 시간 안에 집중적인 전도가 가능하고, 자비량 선교는 최소한 1년간 현지인 학생들에게 삶과 섬김, 사랑의 모습으로 영적 영향력을 끼칠 수 있다. 캄보디아 학생들과 함께하는 공동체 생활은 좋은 전략이다.

3) 비전 선교 센터 & 크리스천 문화 사역

젊은 대학생들이 갈 곳이 부족하고 대학 문화가 거의 형성되지 않은 상황에서 선교 센터(또는 사랑방: 사역 훈련 공동체)와 문화 사역은 좋은 영적 영향을 미칠 수 있다. 언제든지 방문이 가능하고 편안하게 교제할 수 있는 센터는 영혼의 쉼터가 될 수 있다. 찬양, 연극, 영화, 음악회, 전시회 등의 문화 사역은 복음을 전하는 데 매우 필요한 사역이다.

4) 의료 봉사 & 교수 사역

프놈펜에는 국립 의대 1개(UHS), 사립 의대 2개(IU, UP), 간호대 3개(TSM, IHS, CLU)가 있다. 열악한 교육 환경 속에 있는 이 학생들을 위해 프로그램을 만들고 농촌의료봉사단을 조직하는 일은 매우 흥미로운 전략이다. 대학의 교수들을 중심으로 크리스천교수협의회를 조직하여 창조과학 세미나 등을 개최해 교육계와 사회에 선한 영향을 끼칠 수 있다.

5) 문서 & 기타 사역

사실 기독교 문서뿐만 아니라 다양한 분야의 문서와 정보가 많이 부족한 상황이다. 그러므로 기독교 교육, 훈련 교재, 영적 성장을 위한 문서 사역과 일반적인 양서를 번역하고 출판하는 사역을 할 수 있다. 컴퓨터 교육, 한국어 교육, 음악(기타, 피아노 등) 교육 등도 좋은 전략이다.

6. 선교 사역의 어려운 점들

선교 사역의 어려운 점들은 사실 캠퍼스 사역을 넘어 다양한 분야의 사역 속에서도 동일하게 발생할 것이다. 이 어려운 점들은 캄보디아의 역사와 문화, 불교문화, 그리고 국민성 등에 기인한 문제이기도 하지만 동남아시아라고 하는 지역적·경제적인 원인도 포함된다.

1) 육성

아래의 표는 2012년 1월, 2월에 선교했던 단기팀의 사역 결과다.

	K팀	C팀
개인 전도(명)	337	167
영접 수(명)	185(55%)	64(40%)
대중 전도(명)	116	56
영접 수(명)	42(35%)	28(50%)
육성 수(명)	5(12%)	2(8%)

전도율은 평균 45%의 영접을 보였고, 육성률은 10%로 7명이 연결되었지만 시간이 흐르면서 평균 2-3명만이 남았다. 표에서 보았듯이 전도의 열매는 많지만 지속적으로 연결되어 육성되는 경우는 아주 미미한 수준이다. 이에 따른 원

인 분석과 대책이 필요하다.

2) 현지인 리더십

다양한 리더십 스타일 중 현지인들은 보스 리더십이 두드러진다. 보스 스타일과 단지 따르는 스타일의 사람들이 존재하는데, 보스는 자기주장이 강하고, 따르는 자들은 창조성과 융통성이 부족하다. 반대로 대부분의 선교사는 사랑과 섬김의 리더십을 보이지만 오히려 따르는 사람들은 책임감이 부족하고 자유분방해지는 경향이 있다. 이는 보스 리더십에 익숙한 사람들의 특징으로 볼 수 있다.

3) 모델의 부족

선교 역사가 짧고 오랜 내전으로 영적 리더들이 부족할뿐더러 따르고 본받고 싶은 영적 감화를 주는 현지인 리더가 거의 없다. 캄보디아를 이끌어 나가는 리더십들은 대부분 킬링필드 내전 때 Refuge Camp에서 예수님을 영접한 사람들인데 이들은 보스 리더십을 가질 수밖에 없었다. 또한 캠퍼스 선교 역사가 짧기 때문에 신실한 크리스천 대학생들을 찾기가 쉽지 않다. 캠퍼스 사역의 속성상 신실한 선배가 중요한 영향을 끼치는데 새신자가 연결되어도 지속적으로 육성하기가 어려운 이유 중의 하나는 이끌어 줄 수 있는 선배가 거의 없기 때문이다. 선교사들은 자신이 영적 모델이 되어야 하며 육성하는 제자들이 성경적인 사랑과 섬김의 리더십을 갖도록 가르쳐야 한다.

4) 국제 선교 단체

일반적으로 선교사들은 본국의 파송 교회나 단체와 협력하여 독자적인 사역을 한다. 하지만 국제단체에서 파송되어 선교 사역을 한다면 국제적인 정책과 제시된 사역 방향을 따라야만 하기에 때로는 어려움에 봉착한다. 한마디로 현지에 맞는 상황화(Contextualization)된 사역을 적용하기가 쉽지 않다는 뜻이다. 이것은 선교사들이 사역 중에 겪는 보편적인 어려움과는 차이가 있다.

여기에서는 A라는 국제단체의 예를 들어 살펴보겠다.

캄보디아에 온 선교사 중에 현지인 리더십 아래에서 섬기는 선교사가 몇 명이나 될까? 이 단체는 이미 현지인 중심으로 단체가 조직이 되어 있기에 선교사는 국제적인 정책에 맞추어 현지인 리더십을 따라야 한다. 15년이 넘는 사역 기간 동안 경험을 쌓으며 리더십을 발휘했던 어떤 선교사가 선교지에 와서 나이가 어리고 사역 경험이 부족하며 자존심이 강한 보스 스타일의 리더십 아래에서 협력 사역을 해야만 하는 상황은 쉽지 않을 것이다. 하지만 이는 선교사의 인내와 지혜, 대화로 충분히 극복할 수 있는 문제다.

더 큰 문제는 캄보디아를 컨트롤하는 국제 리더십이 아시아 문화와는 맞지 않는 정책과 사역 방향을 제시할 때 발생한다. 조직 속에서 이 정책과 사역을 따라야만 하는 현지인 사역자들의 심정은 어떠할까? 그렇다면 국제 리더십 중에 동남아시아에서 선교사로 사역했던 사람들이 있을까? 내가 알기로는 없다. 왜냐하면 그들은 리더가 되기를 원하지 현지인들 밑에서 일하기를 원하지 않기 때문이다. 특히 캄보디아, 라오스, 베트남, 미얀마와 같은 개발도상국들의 현지인 리더십들이 약하다고 생각하는 것이 틀림없기에 이런저런 사역의 방향과 전략을 가르친 후에 따르기를 원하는 것이다.

이 국제단체의 현지인 사역자들을 보면 모세의 율법(정책)을 지키면서 바리새인들처럼 방법들(전략)만을 따르는 것 같다. 맞지 않는 옷을 입고 다니는 것처럼 어색한 모습들이다.

파송 국가는 선교사와 사역에 대한 배려가 필요하다. 선교사로 파송하면서 "국제적인 정책을 지켜야 한다. 현지인 리더십을 따라야 한다"라고 주장하는 것에 대해 충분한 토론이 필요하다고 본다. 선교사가 마음껏 다양한 방법의 사역을 원활하게 펼칠 수 있도록 파송 국가는 선교사를 파송할 때마다 맞춤형 선교 정책을 사용해야 한다. 물론 현지인들과 충분한 대화와 협력을 통해서 선교해야 하지만 선교사가 그 나라의 리더십을 항상 따르는 일은 생각보다 쉽지 않다. 보통 캄보디아와 같은 나라의 현지인 리더십과 사역자들은 매너리즘에 빠져서 안정적인 사역만을 추구하는 경향이 있다. 그러므로 적극적인 도전과 창조적인 사역을 기대하기가 현실적으로 어렵다.

선교사가 현지인 리더십 아래에서 자신이 원하는 창조적인 사역을 자유롭게 펼칠 수 없는 상황이라면 그 상황에서 헌신하기란 정말로 어렵다. 모든 선교사는 자기만의 색깔로 마음껏 사역하기를 원한다. 일정한 규칙과 정책, 사역 방향이 있지만 보통 3년이 지나면 어느 정도 현지 상황을 파악할 수 있고 어떤 방향으로 사역해야 하는지 알 수 있다.

선교사가 자국의 스타일대로 선교 사역을 하는 것이 항상 나쁜 것만은 아니라고 본다. 그래서 하나님이 선택하셨고 파송하신 것은 아닐까! 하지만 마음대로 독단적인 사역을 하기를 원하는 것은 옳지 않다. 선교사가 어떤 상황 속에서도 현지인들을 존중하며 충분한 대화로 협력하는 것이야말로 최상의 선교 방법일 것이다.

7. 캄보디아 선교의 가능성

캄보디아는 내전 이후 혼란기를 겪느라 짧은 선교 역사를 가졌지만 현재 전국에 약 2,500개의 교회가 있고 성도 수는 전 인구의 약 1%인 14만여 명이다. 소수의 캠퍼스를 제외하고는 학교마다 차이는 있지만 복음을 전하는 데에는 문제가 없다. 비자 발급 절차나 선교사로서의 삶의 영위에도 전혀 어려움이 없다. 한마디로 모든 분야에 복음의 문이 활짝 열린 상황이다. 경제적으로 어려운 상황이기에 사람들의 마음의 문도 열려 있고, 그들은 구원의 손길을 기다리고 있다. 우리가 지닌 모든 인력과 자원 그리고 달란트로 다양한 분야에서 마음껏 선교 사역을 감당할 수 있기에 미래가 밝다.

더욱이 주변 나라들에 비하면 짧은 선교 역사를 가졌음에도 한국 선교사 가정이 약 300가정에 달한다. 베트남, 라오스, 태국, 미얀마 같은 인도차이나 지역에서 가장 많은 한국 선교사가 각계각층 모든 지역에서 다양한 선교 사역을 감당하는 중이다.

지리적으로도 버스와 기차만으로 주변 나라들을 다닐 수 있는 중간 지역에 위치하고 있어서 인도차이나 지역의 선교 전초 기지가 될 수 있다. 그러므로 캄보디아의 미래의 영적 지도자들에게 캄보디아뿐만 아니라 주변 나라들을 바라보며 선교의 꿈을 키우라고 도전을 주어야 한다. 한국에서 한강의 기적이 일어났던 것처럼 캄보디아에서도 메콩 강의 기적이 일어날 것이며, 인도차이나 선교를 위해서 하나님이 경제적으로도 이 나라를 축복하실 것이다.

나가는 글

불교국가였고 공산국가였음에도 불구하고 이미 복음이 들어간 나라들 이외에 이처럼 복음의 문이 활짝 열린 나라는 캄보디아가 전 세계에서 유일할 것이다. 복음의 문이 열려 있는 나라는 사람들의 마음이 닫혀 있고, 사람들의 마음이 열려 있는 곳은 복음의 문이 아직 열리지 않아서 어려움에 봉착한 나라가 많은데, 이곳 캄보디아는 복음의 문이 열렸을 뿐만 아니라 사람들의 마음도 열려 있어서 현지인들을 대상으로 마음껏 선교와 제자 훈련을 할 수 있다. 하나님이 캄보디아에 복음의 문을 활짝 열어 놓으신 것이다. 확신하기로는 현재 하나님의 마음과 관심은 캄보디아 땅에 있다고 여겨진다.

캄보디아는 지금 사도행전 29장을 써 내려가고 있다. 하지만 주님의 사역을 감당할 일꾼이 부족하다. 특히 대학생 사역의 일꾼이 부족하다. 한국의 단기 선교 팀이나 1년 또는 장기 선교 사역자들이 와야 하는 것은 주님의 절대 명령이라 할 수 있다. 추수할 것은 많은데 일꾼이 적다는 주님의 말씀(마 9:37 참조)이 오늘날 캄보디아를 두고 하신 말씀임을 생생하게 체험하게 될 것이다.

어둠과 죽음의 땅이 생명이신 주님의 복음으로 영광의 빛이 가득한 땅이 되게 하소서!

MISSION STRATEGY

2 동아시아 캠퍼스 사역의 현황과 가능성

미키 리(CCC 동아시아 선교사)

2

동아시아 캠퍼스 사역의 현황과 가능성

들어가는 글

1949년 동아시아가 공산화되면서 동아시아를 떠나야 했던 서구권의 선교사들은 오랫동안 기도하며 다시 동아시아로 돌아가기를 바랐지만 한 세대가 지난 후인 1978년에야 동아시아의 개혁 개방으로 선교의 문이 조금씩 열리기 시작했다. 1978년은 동아시아의 개혁 개방 정책으로 인해 정치적·경제적·종교적으로 무척 중요한 한 해였다.

국제 CCC는 1980년에 단기 선교팀을 동아시아 본토에 파송함으로써 지난 30년간 캠퍼스 사역의 부흥기를 이끌었다. 한국 CCC는 1990년 마닐라 뉴라이프 2000에 단기 선교팀을 파송한 후 지속적으로 일본과 대만 등 하나님이 주시는 선교의 기회들을 통해 열방으로 나아갔다. 그러한 가운데에 1992년에 한동아시아 수교가 체결되었다. 이에 한국 CCC는 1995년 처음으로 동아시아에 단기 선교팀을 파송하고 장·단기 선교사를 파송함으로써 본격적으로 부흥하는 동아시아 선교에 동참했다.

지난 17년간 하나님은 한국에서 파송된 장·단기 선교사들을 통해 동아시아 캠퍼스 사역의 부흥을 이끄셨고 또한 이 사역에 동참한 자들의 삶을 변화시키셨고 지속적으로 선교의 자원을 일으키셨다.

1. 동아시아 CCC 캠퍼스 사역의 현황

동아시아에는 약 2,013개의 대학이 있고, 약 2천만 명의 대학생이 있다. 현재 사역하는 캠퍼스는 약 130개가량이며 그중 25개 정도의 캠퍼스는 영적 운동이 진행되고 있다고 평가한다. 현재 캠퍼스 사역에 참여하는 현지인 사역자 수는 XXX명가량이며, 해외에서 온 약 XXX명의 장·단기 선교사를 포함하여 XXX여 명의 사역자가 캠퍼스 사역에 동참하고 있다. 이는 전통 사역과 촉매 사역을 포함한 숫자다. 또한 1990년대 말부터 시작된 대학 도시 집중화로 말미암아 한 사역팀이 여러 개의 캠퍼스에서 전통적인 사역 모델로 사역한다.

일반적으로 동아시아에서 대학의 순위를 정할 때 상위 200, 400, 600개의 대학을 정한다. 상위 10%의 대학 200개로 보았을 때에도 현재 진행되는 캠퍼스 사역은 전제적인 필요에 비해 턱없이 부족한 실정이다.

이미 개척이 된 캠퍼스 사역은 대부분 각 성의 성 중심 도시에서 진행되고 있다. 그러다 보니 중점 도시가 아닌 도시의 대형 캠퍼스들의 사역은 아직 시작도 되지 않았다.

2. 시기별로 본 한국 CCC의 참여와 역할

한국 CCC가 1995년에 단기 선교팀을 파송하고 지속적으로 장·단기 선교사를 파송함으로써 동아시아 선교는 새로운 전환을 맞이했다. 1980년부터 진행된 캠퍼스 사역은 미국인들이 주축이 되어 이 사역자들은 지속적으로 자료들을 정리하고 사역의 전통들을 세우며 부흥기를 준비해 왔다. 한국 사역자들이 캠퍼스 사역에 동참하기 시작한 1995년은 1989년 6·4 사태가 진정이 되어 안전 문제에 대해서 조금씩 개방되던 때였으며, 학생들은 더 이상 정부를 신뢰하지 않고 새로운 사상과 문물에 관심을 보이기 시작한 시기다.

한국 CCC의 동참은 크게 세 시기로 나누어 볼 수 있는데, 첫 번째 시기는 1995년부터 2001년 7월까지이고, 두 번째는 2001년 8월부터 2008년 7월까지, 세 번째는 2008년 8월 이후부터 현재까지다.

첫 번째 시기는 한국 CCC의 동아시아 선교 개척기라고 할 수 있다. 1995년 단기 선교를 시작으로 수많은 단기 선교팀과 장·단기 사역자들이 파송되었는데 고(故) 김준곤 목사의 결단으로 18기 간사 중 많은 수의 간사들이 1-3년 동안 헌신하여 동아시아 캠퍼스 사역을 도왔다. 이 시기의 특징은 하나님의 특별하신 인도로 사역에 동참하는 수많은 장·단기 선교사들이 있었다는 것이고, 또한 하나님이 지도자들의 마음 가운데에 같은 비전을 주셔서 동아시아 선교에 같은 열정을 품게 하셨다는 것이다. 이 시기에는 단기 선교에 참여한 학생들의 자비량 참여 비율과 자비량 선교사들의 장기 사역자 신청 비율이 다른 어느 시기보다 높았다. 이 시기는 1998년에 파송된 18기 간사 중 한 기간의 사역을 마친 간사들이 들어가면서 끝이 났다. 물론 국제 사역에 대한 이해가 부족하고 훈련되지 못한 사역자들로 말미암아 사역에 혼란이 일어나기도 했으나 하나님은 이 시기에 한국 CCC를 통하여 동아시아 캠퍼스 사역의 문을 열어 주셨다. 이 사역 모델은 다른 단체들과 선교사들에게 좋은 모델이 되었다.

두 번째 시기는 성장기라고 할 수 있는 2001년 8월부터 2008년 7월까지다. 이 시기의 특징은 첫 번째 시기에 단기 선교에 참여했던 학생들이 자비량으로 동참하고, 자비량 훈련을 받았던 간사들이 장기 선교사로 헌신하여 사역에 동참했다는 것이다. 이미 동아시아 선교에 동참하던 사역자들은 언어적으로 그리고 사역적으로 잘 적응하고 있었으며 또한 국제팀과의 동역에서도 좋은 모범이 되는 시기였다. 첫 번째 시기의 아름다운 간증으로 말미암아 한국 교회와 한국 CCC는 더 많은 단기 선교 자원을 동원했고, 자비량 학생 선교사의 수도 가장 많았다. 이 시기에 한국 선교사의 헌신과 노력으로 수많은 현지인 간사들이 세워졌으며 점차적으로 현지인 간사들이 리더십을 발휘하기 시작했다. 전체적으로 동아시아 사역이 부흥해 갔으며 사역이 점차 안정되었다. 이 시기의 후반기에는 동아시아인에게로 리더십을 이양한다는 주제에 따라 한국에서 파송되는 사역자의 수가 현저하게 줄어들기도 했다. 이 시기는 첫 번째 시기에 온 장기 사역자들이 신학 연수를 받으러 선교지를 떠나고, 신학을 마치고 돌아온 선교사들이 새로운 사역의 영역으로 사역 범위를 확대하면서 끝이 났다. 이 시기의 특징 중 하나는 사역의 대상인 동아시아인 학생들이 80년대 후반에 태어난 학생들로서 동아시아의 현대화에서 뚜렷하게 구분되는 특성을 지니고 있다는 것이다. 이들은 새로운 문물에 호기심을 보이고 쉽게 수용하지만 이들이 무언가에 열정을 쏟는 모습을 보기는 어렵다.

세 번째 시기는 확장기라고 할 수 있는 2008년 8월 이후부터의 시기다. 첫 번째 시기와 두 번째 시기에 한국인 사역자에게 요구되던 것이 캠퍼스의 책임자로 영적 운동을 일으키는 것이었다면 세 번째 시기부터는 리더십으로서 더 많은 요구와 기회가 부여되었다. 이 시기에 동아시아 CCC는 지역화를 시작하면서 사역이 재정비되었고 더 많은 리더십의 자리가 생겼으며, 한국인 사역자들은 은사와 경험에 따라 필요한 리더십의 자리에서 그 역할을 감당했다. 한국에서 오는 단기 선교팀은 양적인 측면에서는 별 차이가 없었으나 단기 선교 학생들의 자비량 헌신이나 자비량으로 장기 선교사로 현장에 복귀하는 숫자가 현저하게 줄어들었다. 또한 한국에서 파송된 장기 사역자의 수도 현저하게 줄어들었다. 한국 선교 자원의 감소와 선교지의 다양화로 말미암아 동아시아 선교의 수요와 공급에서 정체를 맞고 있다.

3. 한국인 사역자의 캠퍼스 사역 참여 현황

세 번째 시기가 시작되면서 많은 캠퍼스 사역자들이 캠퍼스를 떠나 지역의 리더십 역할을 맡았고, 또한 안식년과 신학 연수로 캠퍼스를 떠났던 사역자들이 다시 돌아오면서 지역화 이후에 열린 더 많은 사역의 기회에 참여했다. 2008년 이후 현재 교회 사역부와 직장인 사역부에 참여하는 한국인 사역자는 12명이고 지역팀에 속해서 사역하는 사람은 13명으로, 캠퍼스에서 사역하는 사역자들보다 많다. 이러한 사역의 다양성과 리더십의 발전 기회는 선교사들에게 인생의 단계에 따른 적절한 경험과 사역 환경을 제공해 주었다. 또한 국제 리더십팀에서 리더로 훈련받고, 자신의 은사를 개발할 수 있었던 시간은 한국 선교사들에게 장기적인 사역의 발전 기회를 제공했다.

그러나 이러한 한국 선교사들의 캠퍼스 이탈로 말미암아 도래된 결과 중 하나는 한국에서 오는 자비량팀들을 사역 현장에서 가르치고 섬기는 것에 제한이 생겼다는 것이다. 그리고 한국에서 오는 단기 선교팀을 운영하는 데 있어서도 예전처럼 사역에 밀접하게 참여할 수 없었다. 이는 지속적인 선교사 인력 공급에도 악순환을 가져왔다. 영친 지역은 선교 동원을 할 때 동력이 부족해졌다.

4. 동아시아 캠퍼스 상황과 기회

세 번째 시기가 시작되면서 동아시아 캠퍼스 사역은 전체적으로 정체기에 접어들었다. 이 현상은 선교사들뿐 아니라 현지인 간사 중에서 경력 간사들이 리더십의 자리로 옮겨 가면서 실질적인 사역을 진행하는 사역자들의 성숙 문제와 팀 사역의 안정적인 진행에 문제가 생기면서 야기된 것이었다. 거기에 맞물려 선교사들의 철수와 지속적인 사역자 공급이 제한되면서 사역은 정체기를 맞았다. 더욱이 사역자 배출의 못자리판인 캠퍼스 사역이 정체기를 맞으면서 현지인 신입 간사들의 배출도 급격하게 줄어들었다. 이를 두고 혹자들은 중국 캠퍼스 사역의 황금기는 이미 지나갔다고 섣부른 결론을 내리기도 했다.
아래의 설문 자료와 사역 보고 자료를 통해 동아시아 캠퍼스의 상황과 기회에 대해 알아보자.

2010년 5월 B도시에서 대학생들을 대상으로 실시한 설문 자료를 근거로 캠퍼스의 영적 상황과 선교의 기회에 대한 분석(대상: C대, B대, B사범대, L대, 항공대, 과기대의 300명 학생을 대상으로 한 무기명 설문 조사)

(1) 당신은 최근에 종교를 접촉한 적이 있는가?
- 있다: 70명(23%) / 없다: 230명(77%)

(2) (70명 가운데) 최근에 종교를 접촉했다면 어떤 방법으로 했는가?
- 가족을 통해: 34명(49%) / 친구나 아는 사람의 소개로: 17명(24%) / 전도를 받았다: 11명(16%) / 스스로 찾아봄: 8명(11%)

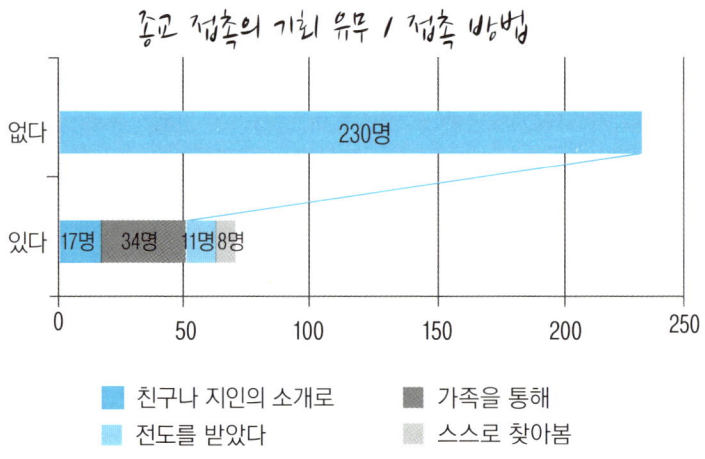

(3) 당신의 종교는 무엇인가?
- 기독교 18명 / 불교 24명 / 이슬람교 6명 / 무신론 144명

(4) 누군가에게 전도를 받은 적이 있는가?
- 자주 있다: 6명(2%) / 있었다: 153명(52%) / 거의 없다: 90명(30%) / 한 번도 없다: 48명(16%)

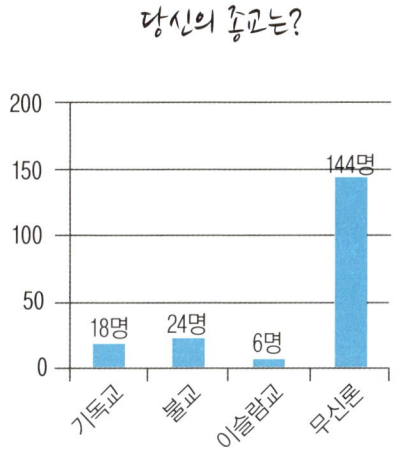

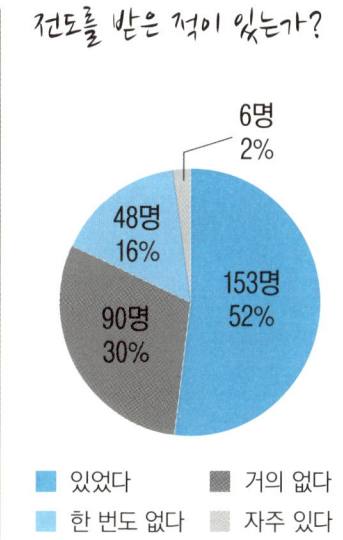

(5) 삶 가운데에 종교가 필요하다고 생각하는가?
- 필요하다 33% / 불필요하다 12% / 있으나 없으나 상관없다 55%

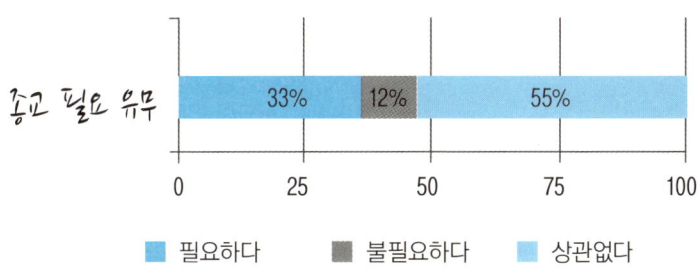

(6) 종교가 사회에 어떤 영향을 미친다고 생각하는가?
- 사회의 안정을 유지시킨다: 64명(22%) / 사회의 도덕을 고양한다: 205명(68%) / 사회주의 사회와 연합한다: 14명(4%) / 별 관계가 없다: 17명(6%)

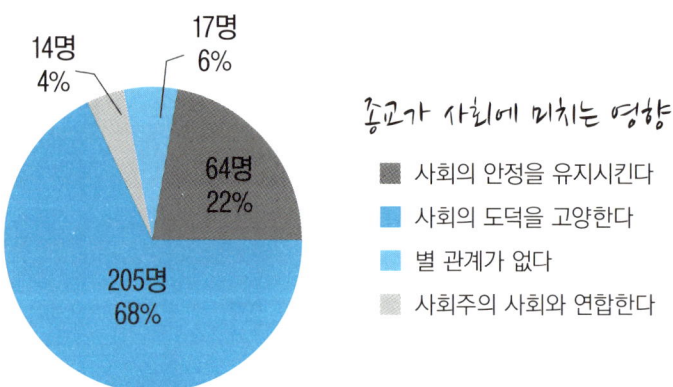

(7) 당신이 종교를 갖지 않는 이유는?
- 종교에 대한 이해가 부족하여 그것에 대해 이야기할 만하지 않다: 161명(69%)
- 종교의 사상과 사회의 주류사상이 반대가 되기 때문에: 10명(4%)
- 종교라는 것은 헛되고 실재하지 않으며 나와 무관하다: 45명(19%)
- 종교적 의례를 지키는 것이 귀찮고 속박이라는 생각이 든다: 18명(8%)

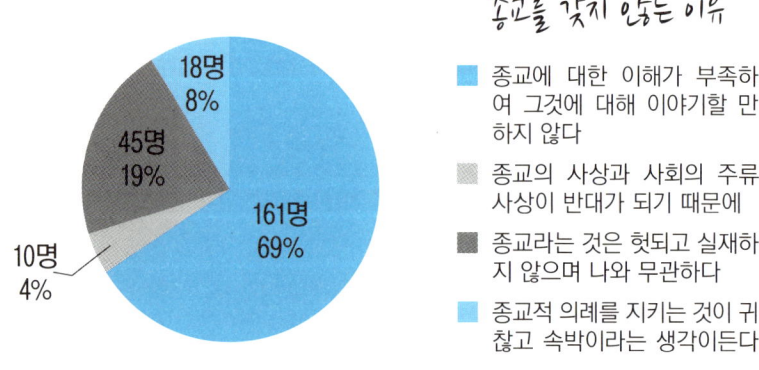

이 설문을 통해 관찰할 수 있는 것은 아직 동아시아 대학생들은 종교 접촉이 빈번하지 않으며 전체의 23% 정도만이 최근에 전도 접촉을 받았다는 사실이다. 또한 11% 정도만이 스스로 종교 신앙에 대해 알고자 찾고 있다.

또한 "누군가에게 전도를 받은 적이 있는가"라는 질문에는 전체 응답자의 46%가 전혀 없거나 거의 없다고 대답했다. 그것에 비해서 신앙에 대한 태도는 예전에 비해 많이 열려 있음을 알 수 있다. 종교가 삶 가운데에 완전히 불필요하다는 비율은 12%로 가장 낮았고, 33%는 필요하다고 응답했다.

종교를 갖지 않는 이유로는 161명인 69%가 자신이 종교에 대해 잘 이해하지 못해서라고 대답함으로써 이들에게 종교에 대한 이해가 필요함을 알 수 있다.

이 설문을 지난 10년 전의 설문과 비교해 본다면 종교에 대한 부정적인 측면이 많이 사라졌고, 보편적으로 종교에 대한 관심이 높아졌음을 알 수 있다. 또한 형식적이며 의례적인 종교 활동에 대해서는 부정적인 입장을 보였다.

1) 사역 가운데에 나타난 통계와 기회

2010년 7월부터 2011년까지의 통계를 통해 실제 사역 가운데에 반응하는 상황을 분석해 보았다. 지난 한 해 동안 동아시아 CCC 캠퍼스 사역인 개인 전도로 복음을 들은 학생들은 17,400명이다. 그중 예수님을 영접한 사람은 2,700명으로 전체 피전도자의 15.5%를 차지한다. 그리고 1년 사역을 통해 새롭게 성장한 제자의 수는 1,065명으로, 약 40%의 학생들이 전도를 통해서 성경 공부 모임에 연결된다고 예상할 수 있다.

이 전도 수치 중 상당수는 랜덤 전도로 복음을 전한 경우임을 감안한다면 영접 비율이 여전히 높다고 볼 수 있다.

설문지와 사역 통계로 관찰할 수 있는 점은 보편적으로 동아시아인 대학생들은 종교에 대해 바르게 이해하고 있지는 않지만 종교 이야기를 하는 것에는 거부감이 없다는 것이다. 그리고 직접적으로 복음을 전했을 때 7명 중 1명 정도는 바로 복음을 믿는다. 하나님은 아직도 동아시아 학생들의 마음 문을 붙들고 계시며, 하나님의 백성을 통해서 복음이 전파되기를 기대하고 계심을 볼 수 있다.

5. 한국 CCC의 참여에 대한 기대와 제언

동아시아 CCC의 캠퍼스 사역자 중 가장 많은 수를 차지하는 것은 현지인 사역자들이다. 그다음으로 미국 선교사들, 그리고 한국 선교사들 순이다. 그러나 각 지역의 구체적인 사역의 열매들을 볼 때 가장 효과적으로 충성스럽게 열매를 맺는 사람들은 한국인 사역자들이라는 것이 지역 책임자들의 공통적인 의견이다. 또한 한국인 학생 선교사들은 지역 사역 전체에 활기를 주고 장기 사역자들과 좋은 팀을 이루어 사역의 열매를 맺으며 때로는 사역의 최전방에서 캠퍼스의 책임자로 장기 사역자들과 동등하게 열매를 맺으며 사역한다는 평가를 받는다. 단기 사역에서도 올해 처음으로 진행된 A6(ACTS 6000 Campus Pioneering Project, 6천 개 미개척 캠퍼스 개척)와 같은 전략적인 사역팀의 사역은 물론 일반적인 단기 사역을 통해서도 현지 사역의 개척기에 효과적인 열매를 맺고 있다. 이제 앞으로 더욱 효과적으로 사역을 진행하기 위해 고려해야 할 점들을 나누어 보자.

1) 제언 하나. 단기 선교에 대한 평가와 전략적 파송을 위한 계획

현재 진행되는 한국의 단기 선교는 지역 전체 사역의 일부가 되기보다는 한국인 사역자들의 사역 역량에 제한되어 있다. 물론 사역이 끝나면 사역의 열매들에 대한 보고가 이루어지지만 실질적인 육성으로 연결되는 예는 많지 않다.

현지에서 단기 선교팀을 맞이하는 한국인 사역자로서는 어떤 형태의 단기 선교도 축복이고 감사한 일이다. 하지만 언제 어느 곳으로 선교팀을 보내야 할지에 대해서는 현지인 사역자들과 더욱 긴밀하게 협력해야 한다. 실제로 한국의 어느 교회의 단기 선교팀은 해마다 5월이나 9월에 일주일 정도의 기간으로 한 캠퍼스를 5년간 지속적으로 오고 있다. 대부분이 직장인이지만 연차를 써서 참석하고, 적어도 2명 이상은 지속적으로 한 장소의 단기팀에 참여하기에 사역의 연결성에서도 더욱 효과적이다. 한국의 학사 일정과 훈련 계획에 따라 일정에 제한이 있겠지만 좀 더 선교지 친화적인 계획이 세워지고 실행되었으면 하는 바람이다.

한국 CCC와 국제 CCC는 CM 2007 이후로 미개척 캠퍼스를 입양하고 개척하기로 계획 중이다. 이 비전에 맞게 동아시아 CCC와 함께 적극적으로 단기 선교 계획을 세우고 실행해야 한다. 이를 실행하려면 A6팀이 주도가 되어 지금과 동일한 시기에 파송할지라도 더욱 효과적으로 사역할 수 있는 방법들을 연구하고, 사역 지역도 점차적으로 성 중점 도시가 아닌 Level 2 도시로 확장되어 선교 계획이 세워지고 진행되어야 한다.

2) 제언 둘. 장기 사역자 파송을 위한 적극적인 계획과 실행

동아시아 사역은 아직도 많은 장기 선교사의 동역이 필요하다. 이러한 장기 사역자의 사역은 자비량 사역과 단기 사역의 내용을 더욱 풍성하게 한다. 그리고 장기 사역자가 건강하게 자리 잡음으로써 지속적인 선교의 선순환이 이루어진다. 장기 사역자를 파송하는 데 집중과 확산은 포기할 수 없는 두 가지의 목표다. 하지만 현재 한국의 선교 동원 능력과 사역지의 실질적인 필요에 따라 HR(인사팀)과 IM(해외 선교 사역팀)의 주도하에 명확한 우선순위를 두고 파송하는 것이 중요하다. 파송을 계획하고 진행하는 주도권은 파송국인 한국이 가지되 선교지의 인사부와 캠퍼스 사역부와의 협력이 필요하다.

중요하다. 물론 다른 지역의 선교사들보다는 한국으로부터 보호와 관심을 더 많이 받고 있지만 선교지에서는 한국과 미국 등 타 국가에 비해 상대적으로 더 딘 성장을 보이며 발전의 기회도 적다. 어떻게 장기적으로 성공적인 사역을 할 수 있도록 도울 것인지에 대해서 현지 HR과 함께 적극적인 방법을 찾아보는 것이 필요하다.

3) 제언 셋. 영친 지역의 재편성과 집중

1998년 18기 간사들이 동아시아에 파송되면서부터 동아시아 8개 지역과 한국은 영친을 맺고 지속적으로 동역을 해 오고 있다. 2004년 서남 지역과 한국의 영친이 끝나면서 현재는 7개 지역에 헌신하여 사역하고 있다. 그 기간 동안 영친 지역이 몇 번 변경되기도 했고, 새롭게 재편성하자는 주장이 제기되기도 했다. 하지만 동아시아의 각 지역 한국 선임 간사들과 한국의 지역 선교 책임자 회의에서 늘 결론을 맺지 못한 채 지금에 이르렀다. 물론 하나님이 한국의 모든 영친 지역의 책임자와 선교 담당자의 마음속에 열정을 심어 주시고 선교를 동원하시고 진행해 주신다면 지금 동역하는 7개의 동아시아 지역의 모든 필요가 각 영친 지역에 공급되어 만족스러운 상황이 될 것이라고 믿는다. 하지만 현재 한국 CCC의 파송 경로가 다양해지고 실질적인 파송 역량이 줄어든 상황에서 선교지에 있는 사역자의 장기적인 발전과 건강한 삶을 위해서, 그리고 파송의 선순환을 시작하기 위해서는 영친 지역의 재배치가 이루어져야 할 때다. 특별히 캠퍼스 사역에 좋은 문화와 전통을 지닌 한국이 적극적으로 어떠한 전략을 가지고 동참한다면 다시 한 번 부흥을 일으키리라 생각한다.

나가는 글

지난 17년간 하나님은 한국을 통해서 동아시아 CCC의 역사 가운데에 지워지지 않을 놀라운 일들을 행하셨다. 지도자들과 교회에 한마음을 주셨고 선교사들을 파송하셨으며 사역의 열매를 맺게 하셨다. 아직도 해야 할 일이 많은 동아시아 선교에 한국 CCC가 다시금 열정적으로 동참하기를 바란다.

동아시아의 캠퍼스 상황은 더 많은 한국의 장·단기 선교사들의 동역을 필요로 한다. 하나님이 주신 이 기회를 놓치지 말고 한국에서 동아시아 선교의 불이 일어나 동아시아를 섬기고 세워서 마지막 지상 명령을 향해 함께 나아가는 동역이 다시 한 번 시작되기를 기도한다.

● 참고 자료

徐麟-大学生宗教信仰相关研究述评, 许顺-中韩大学生宗教信仰调查报告

3

동아시아 커뮤니티 사역의 현황과 가능성

빌리 장(CCC 동아시아 선교사)

3

동아시아 커뮤니티 사역의 현황과 가능성

들어가는 글

커뮤니티 사역은 도시에 집중하는 전략(city-focused strategy)으로 영적 리더들이 주님을 따르고 주님의 부르심을 따라 살아갈 수 있도록 도와 세계를 변화시킬 영적 운동을 일으키는 사역이다.

1. 도시의 도전들(Urban Challenge)

도시는 인구, 상업, 문화의 중심이 되는 어느 정도의 규모와 중요성을 갖춘 지역으로 정의할 수 있다. 도시는 개인적 영역(private sector), 공적 영역(public sector), 사회적 영역(social sector)으로 나눌 수 있다. 도시가 점점 발달함에 따라 인구 증가, 인구 이동(migration), 재정적 부담, 교회 구조 변화, 도시 신학(urban theology) 부재 등 다양한 도전에 직면한다.

- Demographic Challenge: 현재 세계 인구는 약 70억에 다다르고 있고, 미국 3억, 중국 13억, 그리고 상해와 베이징은 2천만 명 이상의 인구로 불어났다. 인구학적으로는 대서양 중심에서 환태평양 시대로 옮겨 왔고, 아시아 그리고 도시들에 인구가 집중되어 있다.
- Missiological Challenge: 농촌에서 도시로 수많은 사람이 이동함에 따라, 지리학적인 부분보다 문화적인 거리감이 더 심화되었다.
- Ecclesiastical Challenge: 24시간 문을 여는 슈퍼마켓, 병원, 경찰서처럼 이제 교회도 24시간의 환경과 도전 가운데에 그에 맞는 24시간 교회 사역자와 목사를 요구하고 있다.
- Financial Challenge
- Theological Challenge/Urban Theology: 우리는 여전히 전통적인 렌즈로 성경을 보고 해석한다. 하지만 성경은 분명히 사회를 구성하는 개인적인 부분과 도시 구조적인 부분에 하나님이 관심을 두시고 관여하고 계심을 보여 준다.

2. 리더들과 도시들(Leaders & Cities)

현재 전 세계 인구의 약 50%가 도시에서 살아가고 있는 시점에서 도시는 문화와 영향력의 중심으로 자리 잡았다. 거의 모든 문화적·정치적·예술적·사회적 운동이 도시에 그 뿌리를 둔다. 그래서 커뮤니티 사역은 전략적으로 영향력 있는 대도시들(Urban centers)에 집중해야 한다.

모든 도시는 영적 리더들의 운동을 필요로 하는데, 이 리더들의 믿음은 도시의 본질에 영향을 끼친다. 커뮤니티 사역은 리더들이 하나님이 주신 잠재력에 다가갈 수 있도록 지원하고 훈련하는 것이다.

3. 커뮤니티 사역의 방향

1) 사명 선언(Mission Statement)

도시의 리더들과 그룹들을 훈련시켜서 그들을 통해 그리스도 중심의 영적 운동을 일으켜 사회의 각 영역 가운데에 변혁이 일어나게 한다. To engage and equip networks of leaders in cities who ignite and accelerate Christ-centered movements that transform every domain of society.

① 사역 대상: 도시의 리더들과 그룹들(networks of leaders in city)
② 사역 내용: 이 리더들이 그리스도 중심의 영적 운동을 일으키도록 훈련, 격려, 동원(Training, Coaching, Mentoring)
③ 사역 결과: 사회 각 영역의 변혁과 변화(Transformation in every domain of society)

2) 네 가지 핵심 요소(4 Core Elements)

① 도시 집중(City-focused): 도시의 리더들에게 집중
② 사회의 각 영역(Domains of Society)
③ 영적 운동(Movements)
④ 영적 변혁과 변화(Transformation): 개인과 사회 모두의 변혁과 변화, 영적 운동과 영적 부흥의 결과

3) 가치(Value): 신학적 관점과 특성

① 하나님 나라 이야기(Kingdom Story): 창조(Creation), 타락(Fall), 구속(Redemption), 완성(Consummation)
② 소명으로서의 직업(Work as Calling)
③ 일관된 삶(Seamless Life)

④ 대화식 전도(Conversational EV)
⑤ 문화 명령/사회 정의(Cultural Mandate/Social Justice)
⑥ 선교로서의 비즈니스(Business as Mission)
⑦ 도시 전반의 사역들의 네트워크(Networking for city wide ministry)

4) 사회의 일곱 가지 영역(7 Domains of Society)
① 예술/오락(Arts/Entertainment): 음악, 미술
② 교육(Education): 교수, 농민공 자녀 및 부모 교육
③ 정부(Government)
④ 가정(Family): 결혼 전 상담, 부부
⑤ 종교(Religion): 도시 가정 교회
⑥ 미디어(Media): 단편 영화
⑦ 직장/비즈니스(Marketplace): S2, YP

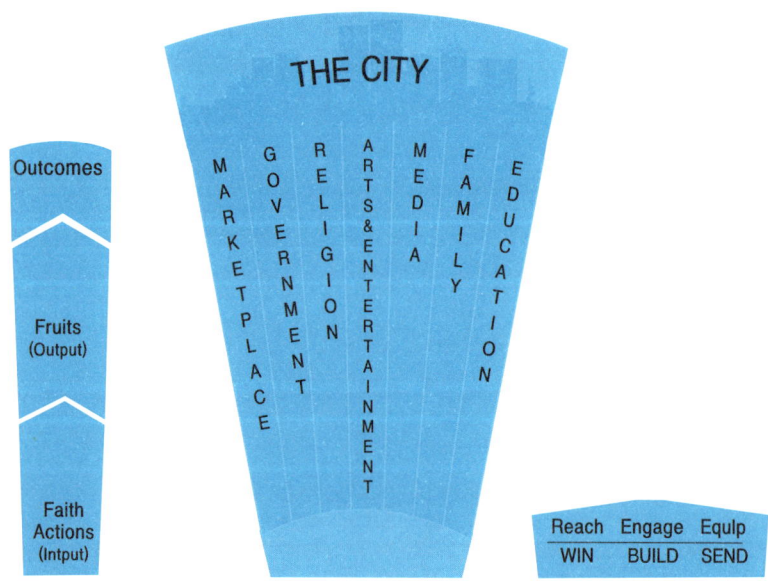

5) 우리의 접근(Our Approach)

(1) REACH(Win) influential leaders in each domain of society with the Gospel: 복음을 가지고 사회 각 영역의 영향력 있는 리더들에 다가간다. 그들에게 기본적인 제자 훈련을 제공하고, 그 리더들을 도와 그들의 영역에서 빛이 되게 한다.

(2) ENGAGE(Build) leaders with a challenge to live a coherent life: 리더들에게 도전을 주어 성령의 능력으로 믿음이 그들의 삶의 온 영역을 다듬어 갈 수 있는 일관된 삶을 살아가도록 리더들을 끌어들인다(engage).

(3) EQUIP(Send) Kingdom leaders: 하나님 나라의 리더들을 성경적 세계관으로 준비시키고 훈련시켜, 하나님이 그들에게 주신 (세상의 것과 다른) 구체적인 부르심에 참된 청지기로서 자신을 바라볼 수 있도록 한다.

(4) 제자화를 위한 도구(Discipleship Tools)

① 대화식 전도(Conversational EV)

② 각 영역별 창의적 접촉과 접근: 문화적 접근(비디오 클립, 단편 영화, 전시회, 미니 콘서트), 스포츠(농구), 부모 교육 세미나(parenting seminar), 리더십 세미나(성경적 원리)

③ 새 생활 시리즈(Follow-up):
- 구원의 확신
- 하나님 말씀의 우선순위
- 창조 이해하기/문화 명령
- 타락/죄 이해하기
- 구속 이해하기: 믿는 이들의 공동체
- 구속 이해하기: 성령 충만한 삶
- 구속 이해하기: 거룩한 삶/관계-성, 순결, 도덕

- 회복 이해하기: 기도

④ 졸업생 사역 성경 공부 교재
- 하나님 나라(Kingdom Story)
- 소명/직업(Vocation and Calling)
- 새 생명(New Life)
- 사역의 본질(Nature of Ministry)
- 대화의 기술(Conversational Skill)
- 목적에 따른 설계(Designed with Purpose)
- 영적 은사 목록(Spiritual Gifts Inventory)
- 도시의 평화(Shalom in the City)

⑤ Access 훈련: 이 훈련의 목적은 사역자들과 우리와 함께 일하는 동역자들이 복음을 통한 도시 변혁과 변화라는 커뮤니티 사역의 개념을 이해하고 습득함으로써, 그들이 속한 사역과 영역에서 하나님의 부르심에 합당하게 그리고 예수 그리스도의 빛과 소금으로서 영향력 있게 살아갈 수 있도록 돕는 데 있다.
- ACCESS 1 – 기독교 태동(The Rise)
- ACCESS 2 – 하나님 나라 이야기(The Kingdom Story)
- ACCESS 3 – 대화식 전도(Conversational EV)
- ACCESS 4 – 소명과 직업(Calling and Career)
- ACCESS 5 – 새 생명의 복음(The Gospel of New Life)
- ACCESS 6 – 사역의 본질(The Nature of Ministry)
- ACCESS 7 – 커뮤니티(Community)
- ACCESS 8 – 소명(The Call)
- ACCESS 9 – Provocative Speech

- ACCESS 10 - 대화의 기술 Part 1(Art of Conversation)
- ACCESS 11 - Giving Provocative Speeches
- ACCESS 12 - 대화의 기술 Part 2(Art of Conversation)
- ACCESS 13 - 대화 이벤트 주최(Hosting a Conversation Event)
- ACCESS 14 - 목적을 가지고 디자인하기(Designed with a Purpose)
- ACCESS 15 - 평화 회복(Restoring Shalom)

4. 커뮤니티 사역의 역사와 현황

- 2002년 S도시 시작
- 2003년 B도시 시작
- 2004년 C도시 시작
- 2006년 D도시 시작
- 2007년 Q도시 시작
- 2009년 X도시 시작
- 2010년 G도시, S도시 시작
- 2013년 현재: 15개 이상의 도시에서 커뮤니티 사역이 진행 중이다. 도시별로 독립적으로 사역이 진행되지만, 서로 긴밀한 네트워크를 형성하고 있다.

5. 커뮤니티 사역의 각 전략 소개

1) 졸업생 사역

- 캠퍼스를 갓 졸업한 젊은 직장인에게 직장이라는 영역에서 어떻게 신앙인으로서 균형 있게 살아갈 것인지에 대해 함께 고민하며 훈련시키는 사역이다.
- 도시 가정 교회의 젊은 직장인들을 도와 크리스천 직장인으로서 빛과 소금

의 역할을 감당할 수 있도록 돕는다.
- 주제: 하나님 나라, 소명/직업, 사역의 특성, 대화의 기술, 목적에 따른 설계, 복음.

2) 도시 가정 교회 사역
- 교회의 영역 안에 있는 평신도 지도자들이 전인격적인 리더로서 성장할 수 있도록 돕는다.
- 평신도 지도자들이 이끌어 가는 도시 가정 교회가 건강하게 성장할 수 있도록 그들을 코치하고 멘토링한다.
- 균형 있는 영적 지도자로 성장할 수 있도록 기본적이고 실용적인 신학 훈련을 제공한다.
  - 2년 훈련 프로그램(8회): 교의학, 기독교 상담학, 성경 해석학, 기독교 윤리학, 교회 성장/개척, 성경 개요, 리더십 개발, 도시 생활/사명.
  - 그 외의 훈련 및 세미나: 변증학, 소그룹 제자 훈련, 결혼/가정 등.
- 각 전략 사역의 플랫폼 역할을 한다.

3) 직장인 사역
- 직업별로 소그룹을 형성해서 함께 성경을 공부하고, 전문적인 부분에 대해서 함께 고민하며 성장해 간다.
- 직장 내의 믿지 않는 사람들이 이 소그룹을 통해 복음을 접할 수 있도록 한다.
- IT, 의료, 비즈니스 그룹, 법률계.

4) 가정 사역
- 데이트, 결혼 전 상담, 부부 생활, 자녀 교육 등에 대해 세미나와 훈련으로 일반 그룹과 교회들을 섬기는 일을 한다.
- Family Life가 합법적 단체로 등록되어 있고, 많은 자료가 이미 합법적으로 출판되어 있어 공개적으로 대중 세미나와 훈련을 진행하고 있다.

5) 대학 교수 사역
- 대학교의 크리스천 교수들, 대학교에서 일하는 크리스천 직업인들의 모임으로, 함께 공부(졸업생 사역 자료를 기본 자료로 사용)하고 교제하며 성장해 가고 있다.
- 외국 유학파와 국내파가 섞여 있고, 대부분이 도시 가정 교회에서 리더로 섬기고 있다.
- 현재 B도시에는 5개의 지역별 모임이 있다. 어떤 도시에는 교수 사역이 캠퍼스와 더 직접적인 관계를 맺고 있다.

6) 문화 사역
- 예술과 문화 영역에 있는 크리스천들과 네트워크하고 그들을 훈련하여, 그들의 특수한 영역 안에 하나님 나라의 문화를 세워 가고자 한다.
- 예술과 문화 영역의 비기독교인들에게 더 창의적으로 접근하여 그들이 주님께 돌아올 수 있도록 교량 역할을 한다.
- 음악, 미술, 미디어 부분에서 사역이 진행되고 있다. 각 영역의 전문적인 분야에서 주로 진행되지만, 도시 가정 교회의 필요에 따라 교회를 위한 훈련을 제공한다(경배와 찬양 훈련).
- 현재 B도시를 중심으로 진행되고 있고, S도시에서도 직·간접적으로 여전

히 사역을 하고 있다.

7) 구제 사역
- 정부와 도시 일반인들의 관심 밖에 있는 이들을 대상으로 사역이 진행된다: 농민공 자녀, 고아, 창녀, 지진 복구 지역.
- 구제 사역을 전문적으로 하는 다른 단체와의 협력을 통해 사역들이 진행되는 경우가 많다.

8) 스포츠 사역
- 현재 커뮤니티 사역 안에 스포츠팀은 없지만, 다른 부서에 소속되어 사역하는 사역자들과 다른 스포츠 사역 단체와 협력을 통해 사역한다.
- B도시에는 도시 가정 교회의 젊은 직장인들로 구성된 작은 농구 리그와 배드민턴 모임이 있는데, 이를 통해 믿는 형제자매들의 교제 증진과 믿지 않는 이들을 향해 창의적으로 접촉해 간다.
- 전문 농구팀과 함께 오는 성숙한 크리스천 비즈니스 전문가들이 동아시아 크리스천 직장인들을 다방면으로 섬긴다.

6. 커뮤니티 사역의 전략 구조

1) 이전의 전략 구조: 먼저 기본적인 핵심 전략 사역을 중심으로 사역을 발전시켜 가면서, 선택 전략 사역을 필요에 의해 만들어 가는 구조다.
① 핵심 전략 사역(Core Strategy): 졸업생 사역, 도시 가정 교회 사역, 가정 사역, 직장인 사역
② 선택 전략 사역(Elective Strategy): 구제 사역, 문화 사역, 스포츠 사역

2) **현재 전략 구조:** 각 도시에 따라 그 도시의 상황과 필요에 맞게 핵심 전략 사역을 정하고 개발해 간다. 단, 커뮤니티 사역의 네 가지 핵심 요소에 부합해야 하고, 일곱 가지 영역 안에서 일어나는 것을 원칙으로 한다. 도시별 상황은 아래와 같이 진행되고 있다.

① S도시: 졸업생 사역, 도시 가정 교회 사역, 직장인 사역, 문화 사역, 구제 사역, 가정 사역

② B도시: 졸업생 사역, 도시 가정 교회 사역, 직장인 사역, 문화 사역, 구제 사역, 대학 교수 사역, 스포츠 사역, 가정 사역

③ 다른 도시들: 졸업생 사역, 도시 가정 교회 사역, 가정 사역, 직장인 사역을 기본적인 구조로 해서 발전해 가고 있다.

나가는 글(앞으로의 가능성과 방향)

현재 전 세계의 도시화와 글로벌화는 우리의 예상을 뛰어넘는 빠른 속도로 진행되고 있다. 누구나 알다시피, 그 중심에는 동아시아가 가장 큰 역할을 한다. 2001년에 36%, 그리고 2006년에 44%이었던 동아시아의 도시화가 2015년이 되면 65%에 육박할 것으로 예상된다. 동아시아 Urban Development Report에 따르 2050년이 되면 80%까지 도시화가 진행될 것으로 내다보고 있다.

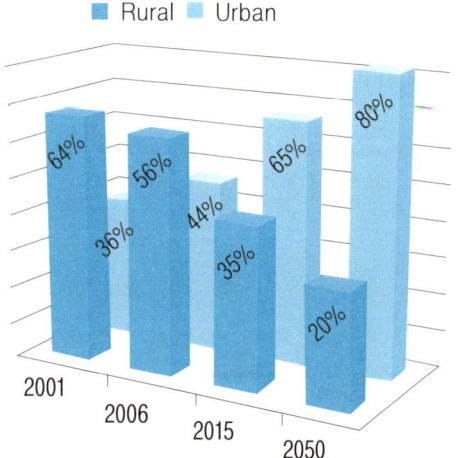

이러한 변화와 함께 우리의 선교도 전략적으로 변화한다. 여기서 우리가 이 변화에 얼마나 민첩하게 그리고 전략적

이고 정확하게 대처하느냐가 큰 이슈로 대두된다. 현재의 선교는 크게 10/40 미전도 종족 선교와 도시 선교라는 큰 축으로 흘러간다. 앞으로의 선교는 이 두 마리의 토끼를 얼마나 효과적이고 전략적으로 잡느냐에 달려 있다. 또한 선교사가 할 수 있는 역할과 현지인이 할 수 있는 역할의 구분 또한 매우 중요하다.

선교사로서 그리고 선교 단체로서 우리의 중요한 전략 중 하나는 도시 선교를 통해 미전도 종족 선교까지 확대되는 전체론적 선교(Holistic Mission)를 지향하는 것이다. 전체론적 선교는 Whole Church(믿는 자들의 모임, 모이는 교회/흩어지는 교회)가 Whole Gospel(좋은 소식과 좋은 행동)을 가지고 Whole City(도시의 모든 영역/사회의 일곱 가지 영역)로 나아가는 것으로부터 시작해야 한다. 이제 동아시아의 대도시 안에는 소수 민족의 영향력 있는 사람들이 살고 있고, 10/40에 속해 있는 수많은 나라의 영향력 있는 현재 그리고 잠재적인 리더들이 살고 있으며 그들이 몰려오고 있다. 동아시아의 도시 선교는 미전도 종족 선교와 떼려야 뗄 수 없는 관계로 발전되어 간다.

현재 B도시, S도시를 비롯해 커뮤니티팀이 사역하는 도시들은 소수 민족은 물론 제3세계로부터 온 이들을 접촉할 수 있는 영적인 삼각지다. 동아시아 커뮤니티 사역은 그 도시의 영적 운동과 영적 변화와 변혁뿐만 아니라 미래의 선교지(주위의 작은 도시들, 소수 민족, 북한, 일본, 동남아, 중앙아시아, 중동)를 향한 전초 기지로의 중요한 의미를 담고 있다.

MISSION STRATEGY

4 일본 교회 사역의 현황과 가능성

김안신(CCC 일본 선교사)

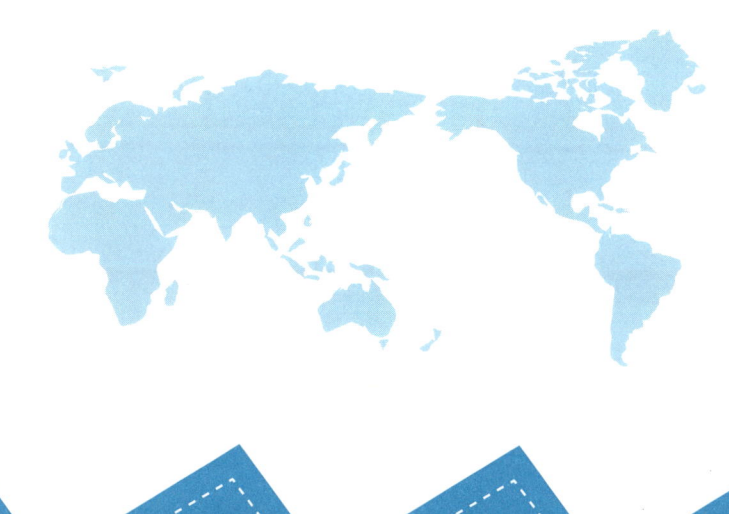

4

일본 교회 사역의 현황과 가능성

들어가는 글

전주에서 목회할 때 만 50세가 되던 1990년 4월 어느 날, 3일간 연속으로 한밤중에 "김안신! 일본으로 가라"라는 이상한 음성을 들었다. 첫날과 둘째 날은 짜증을 내며 밖을 내다보았다. 3일째에서야 "아, 이것은 하나님의 부르심이구나!"라는 확신이 들었으나 나는 일본에 갈 수 없는 열 가지 이유를 들어 그 부르심을 거부했다.

하나님은 크게 책망하셨다. "나는 일본 열도를 사랑한다. 일본은 내가 택한 내 백성이 사는 내 땅이다. 이들의 복음화를 위해 네 몸이 필요하다. 일본으로 가겠느냐, 아니면 내게로 오겠느냐. 양자택일하라. 네가 일본에 안 간다면 영원한 안식을 주겠다!" 이대로 죽을 수는 없다고 판단한 나는 교회에 사표를 제출하고 6월에 미국으로 건너가 2개월간의 단기 선교 훈련을 받고 귀국해서, 1990년 10월 1일 일본 선교사로 파송받았다.

1. 일본이 복음화되어야 할 이유

1991년 1월 3일, 일본의 관문인 나리타 공항에 상륙할 당시 나는 일본어라고는 "사요나라"와 "빠가야로"밖에 할 줄 몰랐다. 언어 학교 등록이 마감되어 3개월 동안 기다리다가 4월부터 기초 단계부터 배우기 시작했다. 일본어 공부는 큰 짐이 되어, "젊고 유능한 선교사를 더 많이 보낼 테니 저를 원위치시켜 주십시오"라고 하나님께 2년간 졸랐으나 응답이 없으셔서 어쩔 수 없다는 결론을 내리고 열심히 공부했다. 드디어 16개월 만에 75명이 모인 교토의 복음자유교회에서 일본어로 설교할 실력을 갖추게 되었다.

혼자서 2년을 살면서 나는 일본이 복음화되어야 할 이유와 내가 일본에 있어야 할 까닭을 하나님께 따지듯 물었다. 주님은 "일본은 21세기에 세계 선교의 무거운 짐을 져야 할 나라다"라고 말씀하셨다. 나는 이러한 말을 선교 전문가들의 책이나 강연 등에서 읽어 본 적도 없고 들어 본 적도 없었다. 오랜 시간을 고민하다가 정부 간행물을 뒤적이면서 일본의 국력을 조사했다. 그러다가 "일본이 예수 믿고 복음화되기만 한다면 세계는 바로 복음화될 수 있다"라는 사실을 발견했다.

2010년 12월 21일에 발표된 통계에 의하면 지상에는 242개의 나라가 존재한다. 그중 지도상에 나와 있는 나라는 238개이다. UN회에 가입된 나라가 193개, CCC가 활동하는 나라가 198개, 한국이 무역하는 나라가 225개인데, 일본은 지도에 나온 238개의 모든 나라에 진출하여 넓은 토지, 큰 건물, 유가 증권, 현지 통화를 대량으로 소유하고 있었다.

이러한 자산가들이 우리의 전도를 받아 성령 충만한 그리스도인, 하나님을 신실하게 섬기는 자녀가 된다면 현지의 넓은 토지는 캠프장이 되고, 큰 건물은 교회와 기도원과 선교 센터가 되며, 현지의 유가 증권이나 통화는 선교 기금으로 사용될 수 있다. 나는 21년의 일본 선교 기간 동안 토지와 건물과 재산을 아낌

없이 바치는 신자들을 수없이 보았다. 세계 선교 전선에서 일본의 역할에 대한 가능성을 보게 되었다는 뜻이다.

일본인들에게는 일단 확신이 서면 목숨이라도 버릴 각오로 우리 주님을 위해 모든 것을 희생하는 기질 즉, 기마에(気前, 시원스러운 기질)와 곤조(根性, 근성)가 있다. 편도 휘발유만을 넣은 전투기를 타고 가서 진주만을 공격한 카미카제(神風) 특공대! 이는 5천 년의 전쟁 역사상 유일무이한 사건이다.

2. 일본 선교의 장애물들

그러나 나는 다음과 같은 선교의 장애물들이 열도를 지배하고 있음을 발견했다.

1) 일본에는 기독교에서 말하는 성삼위 하나님의 개념이 없다.

카미사마(神様)라고 말할 때, 그 카미사마는 인격신이 아니라 인간을 초월한 위력을 지닌 숨어 있는 존재, 일본의 신화에 등장하는 인간신, 최고의 지배자 천황, 진자(神社) 등에서 제사를 받는 영, 인간에게 위해(危害)를 끼치고 공포를 주는 자 곧 천둥, 호랑이, 늑대, 뱀 등을 가리킨다. 성경이 가르치는 삼위일체(三位一体) 하나님의 개념이 없다.

2) 공짜를 싫어하는 민족이기에 거저 주시는 구원의 복음을 거부한다.

일본인들은 값없이 주시는 구원에 대해 거부감을 갖는다. 신사에 가서도 구멍 뚫린 동전 5엔(고엔)을 던지며 복을 비는 정성을 들여야 한다는 생각을 가지고 있다. 그러나 이 세상에서 가장 귀한 복음은 공짜다.

3) 자기 나라를 지상천국으로 생각하는 현실주의자들이다.

"돈, 여행, 쾌락, 자유 등을 마음껏 누리는 여기가 바로 천국이 아닌가. 나는 이대로의 삶에 최고로 만족한다. 다른 천국은 관심 없다. 더 이상 나를 귀찮게 하지 말아 달라"라며 생명의 복음을 거절한다.

4) 타테샤카이(縱社会)라는 높은 장벽이다.

일본 사회의 구조적 특징이라 할 수 있는 타테샤카이(縱社會) 즉, 인간관계에 있어 상하의 질서와 서열이 아주 중요시되는 사회이기에 "나는 그리스도인이 되었노라"라고 고백하는 일을 매우 어렵게 생각한다. 주위 사람들과 단절되기 때문이다. 소속 사회로부터의 단절은 죽음을 의미하는 것으로 생각하므로 사회의 일원이 된 사람이 믿음을 갖는다는 것은 지극히 어려운 일이다.

5) 8백만 귀신을 섬기는데다 진화론에 입각한 교육이 큰 문제다.

일본인들은 조상 대대로 8백만의 신, 특히 조상신을 열심히 섬긴다. 인간은 윤회 속에서 환생을 거듭하는 존재로서 죽으면 끝난다는 사고방식을 가지고 있으므로 인간의 가치를 과소평가한다. 진화론에 입각한 교육을 받아서 약간 어려운 일이나 부끄러운 일을 당하면 자살로 인생을 마감해 버린다.

6) 하나님, 주일 성수보다 일에 우선순위를 두는 민족이다.

'시고또의 오니'(仕事の鬼)들이라서 일을 하나님보다 교회보다 중요하게 생각한다. 주일날 일이 있거나 일감이 생기면 예배는 뒷전으로 물러난다. 특히 5-6월 첫 주일에 행해지는 소학교 운동회 때는 예배당이 텅텅 빈다.

7) 예배가 너무나 부족하고 교회에 모이기를 힘쓰지 않는다.

심방과 구역 예배가 없고 대부분 주일 예배 한 번만 드리기 때문에 성장이 더디다(주일날 10시 30분의 모임은 예배, 수요일은 기도회, 목요일은 성서 연구회로 진행된다). "유일하신 참 하나님과 그가 보내신 자 예수 그리스도"에 대한 절대적 신앙이 아니라 상대적 상황 신앙을 가지고 있다.

8) "일본은 안 된다"라는 목회자들의 부정적인 사고방식이다.

1991년 1월, 나는 일본에 도착했으나 일본어 공부를 시작할 기회가 지나가 버린 뒤라 3개월 동안 동경, 오사카, 나고야, 센다이, 삿포로, 후쿠오카, 교토 등지를 순회하며 20년 이상 목회한 일본 목회자들과 교제했다.

그들은 나에게 이렇게 말했다. "우리는 교회의 부흥을 위하여 새벽 기도, 철야 기도, 금식 기도, 노방 전도, 축호 전도, 성서 연구, 세미나, 제자 훈련, 특별 집회, 부흥회, 한국과 미국 교회의 견학 등 이것저것 다 해 보았으나 잘 되지 않아서 포기하고 말았다. 전부 그렇지는 않지만 일본 교회의 형편은 비슷하다." 이 말을 듣고 나는 "일본 교회의 미래는 어둡다"라는 결론을 내렸다. 그러나 이는 모든 일본 목회자에게 해당되는 사항은 아니다. 교회는 삼각형 모양으로, 하나님이 정점에 있는 목회자를 통해 역사하시기 때문이다. 교회는 담임 목회자 이상으로 성장할 수 없다는 사실을 기독교의 2천년 역사가 증명해 준다.

2003년에 CIS(교회 정보 센터)는 "지금 현재 1% 미만의 크리스천 인구를 5%로 올리려면 1,390년이 걸린다"라는 통계를 발표했다. 나는 이 통계가 발표된 지 2년 반이 지난 후인 2006년 2월 20일, OCC 빌딩에서 CIS 주최로 열린 세미나에 참석했다. 순서가 다 끝난 후 질문 시간에 나는 안타까운 심정으로 일어나 이렇게 지적했다. "비싼 비용으로 이런 어이없는 통계를 만들어 일본 교회를 기죽이는 당신들도 문제이지만 이 통계를 보면서 '그래, 우리 교회는 부흥할 수 없어! 일본은 틀렸어! 일본 복음화는 불가능해!'라고 절망하는 일본 교회 목회자들은 더 불쌍하다. 왜 하나님 편에서 일본 교회를 생각하지 않는가? 현재의 상황을 참고하여 계산해 보면 이와 같은 통계가 나올 수도 있겠지만 만일 하나님이 일본인들이 구원받기를 원하신다면 이 통계는 아무 의미도 없다." 이러한 부정적인 사고방식으로 팽대한 일본 지도자들의 문제를 극복하는 것이 가장 큰 과제다.

3. 일본 열도에 일어나는 불가사의한 징조들
그럼에도 지금 일본 열도에는 불가사의한 징조들이 일어나고 있다.

1) 복음주의 교회들이 계속 성장하고 있다.
제2차 세계대전이 끝나던 1945년, 일본의 자유주의 교회와 복음주의 교회의 비율은 26:1이었다. 그러나 성장 속도를 보면 1990년에는 26:26이었고, 2000년이 지난 지금은 정반대로 1:26이 되었다. 자유주의 교회의 성장은 크게 줄어들고 복음주의 교회는 계속 성장하고 있다.

2) 젊은이들 가운데에 헌신자들이 점점 늘어가고 있다.
한국 CCC는 1990년에 마닐라에서 실시된 단기 선교에 3천여 명의 대학생을 보내어 전도하게 했다. 고(故) 김준곤 목사는 "동양 3국 즉, 일본과 중국과 한국의 복음화 없이 세계 선교는 불가능하다. 우선 문이 열려 있는 일본부터 시작하자!"라고 말한 후, '뉴라이프 재팬 2000'이라는 이름으로 1991년에 오사카의 33개 교회에 400명을, 1992년에는 관서 지방의 137개 교회에 2,020명을 보내어 전도하게 했다. 2012년 8월까지 전국 중요 도시의 수많은 교회에 젊은이들을 파송하고 일본 교회를 섬긴 결과, 21년 동안에 젊은이들 100여 명이 헌신하여 신학교를 졸업하고 안수를 받았거나 지금 신학교에 다니며 또한 신학교에 입학할 준비를 하고 있다. 해외 선교사로 헌신한 젊은이들도 상당히 많다.

3) 한국과 자매결연을 한 일본 교회들의 괄목할 성장이다.

자매결연을 한 한국 교회를 왕래하는 일본 교회는 (특히 일궁 시의 교회를 비롯하여) 지역에 상관없이 어느 곳이든지 급성장하고 있다. 이는 한국 교회가 성경적인 방법으로 교회 성장을 도모하고 있다는 증거라고 믿는다. 일본 교회의 부흥은 물론이고 자매결연의 상대인 한국 교회도 동반 성장하고 있다.

4) 한국 선교사들의 수가 계속 증가하고 있다.

서양 선교사들은 그 수가 급격히 줄어가는 반면 한국 선교사들은 놀라운 속도로 증가하는 추세다. 1991년에 825명이었는데, 2012년 1월 9일 현재는 조국의 경제 사정이 여의치 않은 상황임에도 한국 선교사 1,347명이 일본 열도에서 사역 중이다. 또한 한국 선교사들의 사역의 열매가 현저히 나타나 대개 사역한 지 10년을 전후하여 자체 건물을 구입하여 예배를 드린다.

5) 기독교의 큰 집회들이 빈번하게 열리고 있다.

1960년 이후 일본 전국에서 1천 명 이상이 모이려면 10년이라는 시간이 필요했다. 1960년대 빌리 그레이엄 대회, 1970년대의 밥 피얼스 대회, 1980년대의 루이스 파라오 대회, 1990년대 초의 빌리 그레이엄 대회 때에 1천 명 이하의 사람들이 모였다. 그러나 1990년대 중반부터는 보통 2-3천 명씩 모이는 집회가 많아졌다. 이는 뉴라이프 단기 선교가 일본 열도에서 시작된 이후에 두드러지게 나타난 현상이다.

6) 최근 VIP라는 실업인 중심의 평신도 운동이 왕성히 일어나고 있다.

1,500명에서 1,800명씩 모이는 성탄 축하 행사나 대중 전도 집회들이 그들의 주도하에 빈번하게 일어나고 있다. 동경을 중심으로 전국의 주요 도시에서 모인다.

7) 사회적으로 지위가 높은 사람들이 공석에서 신앙을 고백한다.

전에는 자기가 크리스천이라는 사실을 숨기고 살던 지위 높은 사람들 즉, 정부의 고관이나 은행장이나 전무 또는 기업체의 대표가 대중 앞에서 "나는 이러이러한 과정을 통해 그리스도인이 되었다"라고 공석에서 신앙 고백을 하고 있다.

8) 공공연한 장소에서 기도회가 열린다.

매주 동경의 약 30곳에서 평신도들을 중심으로 기도회가 열린다. 이들의 열심은 대단하다. 각 도시에서도 이와 비슷한 모임이 열리고 있다. 2009년 조사에 의하면 전국적으로 조찬 기도회가 157개 정도 있고, 참석자들은 전국의 모든 지역에 이 기도회를 조직할 계획을 세워 추진하는 중이다.

9) 홈리스 전도가 왕성해졌다.

일본 국내에 공원이 약 550여 개가 있는데 이 공원들에는 모두 예외 없이 홈리스(노숙자)들이 살고 있다. 이들을 위한 전도가 한국 선교사들의 주도로 시작되어 100-600명을 대상으로 열심히 전도 활동을 전개하는 중이다. 대부분의 도시에서 이러한 전도 활동이 전개되고 있다. 이들을 위한 신학교도 세워졌다.

10) 사회에서 버림받은 야쿠자들을 대상으로 하는 전도가 활발해졌다.

야쿠자들을 위한 '미션바라바'라는 선교회가 일본 사회에 신선한 충격을 주며 활동 중이다. 그들은 '오야붕은 예수님'이라는 영화를 한일 합작으로 만들어 매스미디어 전도를 시도했다. 범법자들에게는 비자를 주지 않는 미국에 초청되어 문신을 드러내 놓고 클린턴 대통령 취임식에서 찬양을 하기도 했다.

11) 동경 성서 전시회(2000.11.2-11.19)에 사상 유례를 찾아볼 수 없을 만큼 많은 인파(55,324명 관람)가 몰려들었다.

물론 사해사본이 전시된 이유도 있었지만 일본인들이 성경에 대해 큰 관심이 생겼다는 증거라고 볼 수 있다. 그런데 이 많은 관람객 중 믿지 않는 사람들도 꽤 있었다는 사실에 주목해야 한다.

12) 매스컴에 변화의 조짐이 보인다.

NHK의 교육 방송국은 소노아야꼬라는 가톨릭 신자의 성경 강좌를 1년 이상 방영했다. 2000년 12월에는 일본 전역에 방송되는 중앙 TV 6채널과 지방 28개의 TV에서 예수 영화를 상영했다. 2002년 여름에는 동경의 한복판 긴자의 일반 극장에서 예수 영화를 상영했다. 2004년 5월부터는 일본의 150여 개의 일반 극장에서 '그리스도의 수난'(the Passion of the Christ)이 2개월간 상영되었고 3백만 명 이상이 관람했다. 신자들이 입장권을 구입하여 나누어 준 것이다.

13) 복음성가(GOSPEL SONG)가 크게 유행하고 있다.

동경에는 200명의 인원이 모이는 복음 성가단이 있다. 그중 크리스천은 지휘자와 단원 한 사람으로 단 2명뿐이다. 그러나 그들은 열정적으로 복음성가를 부른다. NHK는 몸집이 아주 큰 흑인 여가수를 여러 명 출연시켜 몇 주간 'Oh Happy Day'라는 곡으로 복음성가를 부르는 방법을 소개하기도 했다. 이는 시민의 취향에 따른 매스컴의 예민한 반응으로 볼 수 있다. 특히나 블랙 가스펠(Black Gospel)팀이 등장하기라도 하면 거의 광적으로 반응한다.

14) 미우라 아야꼬(三浦綾子)의 작품이 베스트셀러가 되었다.

언제부터인지 '미우라 아야코는 기독교의 변증가'라고 알려져서 일반 시민들은 그녀의 저서들을 읽지 않았다. 그러나 1996년 '총구'(銃口)라는 작품(한국어로 번역되었음)이 일본 문학상 가운데서 두 번째로 권위가 있는 '이하라사이카크 상'(井原西鶴償)을 받은 후에 그녀의 작품이 재평가되어 일반 시민들도 읽기 시작했다. 그녀는 이 상을 받고 "비로소 내 작품이 일본인들에게 인정받게 되어 기쁘다"라고 말했고 얼마 후 하늘나라로 떠났다. 미우라 아야꼬의 작품은 거의 모두 복음에 관한 생생한 메시지를 담고 있으므로 빈 마음으로 그녀의 작품을 읽는 사람들은 반드시 감동을 받을 뿐 아니라 변화되게 되어 있다.

15) 십자가 장식이 눈에 띄게 많아졌다.

거의 모든 여자의 목이나 귀에 십자가가 걸려 있다. 그들은 "보기가 좋아서 달고 다닌다"라고 한다. 이는 보통 일이 아니다. 주님의 때가 오고 있다는 증거 중의 하나다. 나는 길거리에서 한 젊은 여인에게 "십자가는 보기 좋아 장식으로 달고 다니는 것이 아니다. 당신과 우리 모든 인류의 죗값을 대신 지고 죄 없으신 예수님이 달려 죽으신 증거물이다! 이 예수님을 믿으면 축복을 받고 그렇지 않으면 저주를 받는다. 십자가는 천국과 지옥의 갈림길임을 명심하라"라고 말했다.

16) 자동차에 붙이는 부적들이 사라지고 있다.

매년 정초, 비싼 부적을 사다가 자동차 번호판 위에 달고 다녔는데 최근에는 그런 것들을 거의 볼 수 없다. 그것들을 부착해도 사고가 일어난다는 것을 알게 되었고, 신사나 절간에 가지 않는다는 증거다. 정초에 대문이나 현관에 걸어 놓는 이상한 장식들도 많이 줄었다. 또 밤에 촛불을 켜 놓고 점을 치는 여인들의 수도 현저히 줄어들어 최근에는 거의 볼 수 없다.

17) 일본 호텔 중 5만 개에 채플실이 들어서 있다.

젊은이들을 호텔로 불러들여 결혼식 이후 피로연을 열게 함으로써 돈을 벌기 위해 세워진 것이 채플실이다. 그러나 최근에 이 호텔 채플실에서 평일 예배가 드려진다. 이 일이 계속된다면 일본의 5만 개의 호텔 채플실은 모두 교회가 되어 일본 열도에는 일시에 5만 개의 교회가 증가될 것이라는 계산이 가능해진다.

18) 지금 일본 열도에는 처치 스쿨이 계속 생겨나고 있다.

진화론에 입각한 교육을 하는 일본에서는 지금 감당할 수 없는 일들이 일어나고 있다. 자살자가 매년 3만 4천 명이 넘고, 목숨을 초개처럼 여기는 풍조로 살인과 자살이 자행되고 있다. 이제 교육이나 법으로 컨트롤할 수 없는 지경에 이르렀는데, 뜻있는 목회자들의 주도하에 교회 학교가 세워지고 있다. 현재 일본 열도에 60여 개가 세워졌고 아마도 10년 후면 몇 백 단위의 교회 학교가 세워질 것이다. 오키나와의 세계선교교회의 국제교회학교에서는 2004년 9명의 고등학교 졸업생 중 7명이 신학교에 진학했다. 그들은 돌아와서 일본의 교회 학교 성장 발전을 위해 헌신하겠다고 다짐했다.

19) 일본 열도에 김치 붐이 불고 있다.

김치 담그는 법을 배우고 싶어 하는 불신자들을 일본 성도들이 한국에 데리고 가서 민박하면서 전도의 기회를 찾는 이 방법은 많은 열매를 맺는 중이다. 2003년에 만 70세의 나이에 8,848m 높이의 에베레스트 산을 등반한 일본인 미우라(三浦 雄一郞) 씨는 "어떻게 그 나이에 그렇게 높은 산을 올라갈 수 있었느냐?"라고 묻는 기자들에게 "등산할 때 30kg의 김치를 가지고 다니다가 머무는 곳에서는 반드시 김치찌개를 해 먹고 기운이 나면 등산을 계속했기 때문에 성공했다"라고 밝혀서 무료로 김치 홍보 대사의 역할을 했다. 그는 만 75세의 나이로 2008년 5월 26일 또다시 에베레스트 산을 정복했다. 사스(신형 폐렴)가 동남아를 휩쓸어 무수한 사람이 죽었는데 한국인들은 한 사람도 사스에 걸리거나 죽은 일이 없었다. 김치는 세계 5대 먹을거리 중의 하나로 선정되기도 했다.

20) 한국 열풍이 불고 있다.

한국 영화, 연속극이 인기 절정이다. '겨울연가'는 위성과 지상파로 방영되어 계속 일본인들의 심금을 울렸다. '대장금'도 대인기였다. 한국어를 배우려는 무리가 급증하고 있다. 따라서 한국인 크리스천들과 교제하는 중에 자연적으로 복음을 접할 기회도 늘어났다. 사실 야쿠자의 전도도 한국인 자매들을 만나 그들이 복음을 듣고 신자가 되어 목사가 된 케이스다. 지금 일본의 거의 모든 TV는 한국 연속극을 방영해 준다. 대개 7년이면 열풍이 끝난다는데 한국 열풍은 제2기로 접어들어도 식을 줄을 모른다. 게다가 최근에는 소녀시대 등 한국의 젊은 여수 그룹들의 인기가 매우 높아져 10대와 20대의 젊은이들 그리고 30대 이상 4·50대 이상까지 열광하고 있다.

21) 청소년, 대학생, 청년 중에 '나는 그리스도인'이라고 고백하는 이들의 수가 점점 더 늘어나고 있다.

이 사실은 미국의 갤럽 조사에서 밝혀졌다. 몇 년 전 통계에 의하면 일본의 청소년 중 약 37%가 자신은 그리스도인이라고 고백했다고 한다. "교회에 다니지는 않지만 나는 분명히 그리스도인이다"라고 말했다는 것이다.

22) 홈 처치, 셀 처치가 많이 생겨나고 있다.

기성 교회는 점점 약해지고 있으나 평신도들의 그룹 모임은 점점 왕성해지는 추세다. 20여 년 전에 짐 몽고메리는 "일본의 지역적·인간관계적인 특성으로 볼 때 일본에는 1천 명당 교회가 1개씩 필요하다"라고 주장했었다. 그의 말이 타당하다면 일본에는 12만 개 이상의 교회가 세워져야 한다. 나는 그의 말에 일리가 있다고 생각한다.

23) '러브 소나타' 등의 영향으로 신자들이 자신감을 갖게 되었다.

2007년부터 온누리교회가 '러브 소나타'라는 주제로 문화를 통한 전도를 시도하여 오키나와, 후쿠오카, 오사카, 동경, 센다이, 삿포로, 아사히카와 등지에서 적게는 2천 명 이상, 많게는 2만 명 이상이 모였다. 이에 일본인 성도들은 일본 복음화가 가능하다는 자신감을 얻었음은 물론 이웃에게 전도해야 한다는 거룩한 부담감도 갖게 되었다. '러브 소나타'를 시작할 무렵에는 일본 교회와 선교사들 모두 반대하는 입장이었으나 그 결과가 매우 좋게 나타나자 지금은 그 지역의 목회자들이 나서서 "우리 도시에서도 열어 달라"라고 부탁하고 있다.

24) 비전을 가진 선교사들과 기도하는 일본 목회자들이 일본 열도에 복음의 계절이 다가오고 있음을 환상으로 보고 있다.

지금 일본 열도에서 일어나는 여러 가지 영적 변화를 볼 때, 엄청난 영적 부흥이 곧 다가올 것이라는 기대감에 가슴이 설렌다. 나만의 환상이 아니다. 이는 일본을 위해 기도하는 선교사들과 일본 목회자들의 공통적인 견해다. 영적으로 깨어 있는 평신도 중에서도 이러한 환상을 본 후 목숨을 걸고 기도하는 이들이 많다. 하나님이 일본 열도에 사는 일본인들이 회개하고 주님의 품으로 돌아와 구원받기를 원하시는데 누가 감히 일본은 불가능하다고 말하겠는가?

4. 일본 선교에 효과적인 방법

그러므로 이제 우리는 더 효과적인 방법으로 일본 선교에 힘써야 한다.

CIS 조사에 의하면 일본에는 2011년 11월 1일 현재 7,928개의 교회가 있다(크리스천신문 통계는 7,997개). 등록 신자의 수가 546,052명으로 전 인구 126,230,625명의 0.43%이고, 주일 예배 출석수가 278,969명으로 전 인구의 0.22%, 연간 수세자 7,549명, CS 학생 53,734명, 한 교회당 평균 등록수 69명(예배 출석 신자 35명), 787개 도시 중 24개 시에는 교회가 하나도 없고 1개의 교회밖에 없는 시도 98개나 된다. 인구 2만 명 이상이 사는 지역 중 42곳에는 교회가 없다. 정촌부(町村部) 956개 가운데 545개에는 교회가 없다. 한 교회가 전도해야 할 대상은 15,922명이다.

그러나 하나님은 작고 약하다고 해서 일본인 교회를 제쳐 놓고 타국의 선교사들만 쓰지는 않으신다. 일본 교회를 통해 일본을 복음화하실 것이다. 그러므로 우리는 일본 교회를 깨우고 격려하여 스스로 자국 복음화를 하도록 도와야 한다.

1) 일본 교회에 성경에 목숨 거는 신앙을 전수해 주어야 한다.

1991년 7월, 후지 산 등산 기도회에 참석하려고 일본에 온 25명의 한국 목회자들 앞에서 동경성서교회의 오야마 레이지 목사는 특강 때 다음과 같이 강의했다. "한국 신자들은 성경에 목숨을 걸고 절대 순종하는 신앙을 갖고 있기에 그렇게 강합니다. 성경이 가라 하면 가고, 멈추라 하면 멈추고, 바치라 하면 바치고, 돌아서라 하면 돌아섭니다. 버리라 하면 버립니다. 그러나 일본 신자들은 그렇지 않습니다. 성경이 명령함에도 불구하고 성경의 절대성에 대한 신뢰의 부족으로 이 핑계 저 핑계 대면서 순종하지 않습니다. 제발 여러분께 부탁드립니다. 성경에 목숨 거는 한국 교회의 신앙을 일본 교회에 전해 주십시오!" 그는 일어나 90도로 두 번이나 절을 하며 부탁했다. 시간이 흐를수록 이를 실감하고 있다. 일본 교회는 3B(Bart, Brunner, Bultmann)가 망쳤다는 말이 있다. 그들은 성경을 비신화화한 장본인들로서 성경의 가치를 떨어뜨렸다. 일본 신학이 독일 신학의 영향을 크게 받아 이렇게 연약한 상태에 이르게 되었음을 누구도 부인하지 못한다.

2) 한일 양국 간에 자매결연 운동을 극대화하는 일이다.

일본 교회를 깨우는 최선의 방법 중의 하나는 양국 교회가 자매결연을 하고 왕래하여 복음의 은혜를 나누면서 양국 교회의 장점을 서로 배우며 영성을 동질화하는 것이다. 여기에는 자매결연 한 일본 신자들을 한국 교회에 데려다가 민박하면서 가정 예배, 새벽 예배, 철야 예배, 금식 기도, 산 기도, 구역 예배, 제자 훈련, 영성 훈련, 헌금과 찬양 훈련 등을 체험하게 하고 돌아가 그대로 실천하도록 가르치는 일도 포함된다. 감사한 것은 일본 교회가 한국 교회 목사들을 존경하기에 모셔다가 말씀을 듣고자 한다는 것이다. 일본의 중요한 거점 지역을 돌아본 나는 한국 교회와 자매결연을 하고 내왕하는 일본 교회는 어느 지역에서나 예외 없이 착실히 성장하고 있음을 보고 놀란 적이 한두 번이 아니다.

인구 75만 명의 도시인 하마마쓰에 있는 어느 교회는 S목사가 자기 가족과 함께 4.5조 다다미방에서 개척한 교회였다. 그러나 6년이 지나도록 아무도 오지 않았다. 사역을 그만둘까 고민하고 있는데 친구가 "교회를 부흥시킬 마음이 있으면 한국 교회를 배워라" 하며 한국 교회의 S목사를 소개해 주었다. 그때부터 그는 한국을 자주 왕래했다. 그로부터 12년 후인 1995년에는 350명으로 신자가 늘어났고 본당 200평의 예배당을 지었으며 11개의 교회를 개척하고 5명의 선교사를 파송하게 되었다. 2000년에 그 교회를 다시 방문했을 때는 개척 교회가 39개로 증가해 있었고 미국에 선교사 훈련 센터도 설립한 상태였다. 또한 350명을 수용할 수 있는 큰 관광호텔을 인수해서 캠프장으로 사용 중이었으며 6만 5천 평의 산을 구입하여 전원 교회를 지을 계획까지 세우고 있었다. 정말 기적 같은 역사가 그 교회를 통해서 여기저기 나타나고 있었다.

3) 일본 대학생들에게 복음을 전해야 한다.

이 지구촌 안에는 8천 개의 대학에 6천만 명의 대학생이 있다. 세계 인구의 거의 1%인 셈이다. 5천 명 이상의 학생이 다니는 일류대학이 1,548개인데 그중 88개가 일본에 있다. 일본에는 4년제 대학교에 다니는 학생만 해도 230만 명 이상이다. 고향집을 떠나 도시로 유학 온 학생들은 종사회의 지배 아래에 있지 않기 때문에 비교적 자유롭게 복음을 수용한다. 1980년대 말경 국영 텔레비전인 NHK가 18세에서 24세까지의 젊은이들 수천 명을 대상으로 실시한 설문 조사를 보면, "만일 내가 종교를 택한다면?"이라는 질문에 신사 5%, 불교 11%, 기독교가 33%였다. 이들이야말로 황금 어장이다. 대학생들을 전도하여 교회에서 양육받게 해야 한다.

나는 2년(94-95년)에 걸쳐 매주 평균 5,600명의 홈리스(노숙자)를 상대로 전도 활동을 전개했다. 2년 동안 전도하여 350명에게 세례를 베풀었다. 이 사건은 일본 개신교 역사에 반드시 기록으로 남아야 한다. 그러나 그들에게는 예수를 같이 믿을 사람이 별로 없다. 영향력이 없기 때문이다. 그러나 대학생은 전 인구의 1%밖에 되지 않으나 만일 그들 중 한 사람이 변화되면 나머지 99명에게 영향을 끼칠 수 있다. 그렇기에 몰몬교나 통일교, 옴진리교 등의 이단들이 젊은이들을 목표로 비상 침투 작전을 펴고 있는 것이다. 이것은 매우 시사적인 교훈이다.

4) 재일 한국인 2·3세들의 제자화로 동포와 일본인 전도를 하거나 더 나아가 일본의 젊은이 중 헌신자들을 한국의 신학 대학에 보내어 훈련시켜 역파송한다면 더욱 놀라운 효과를 거둘 수 있다.

현재 일본에 살고 있는 동포들은 국적만 한국인이지 완전히 일본인이다. 그들을 복음으로 무장시켜 동포와 일본인들을 전도하게 한다면 놀라운 결과를 얻을 수 있다. 한국 교회가 재일 동포 가운데서 헌신자를 입양하여 한국의 어학당에서 한국어를 1년쯤 배우게 한 다음 장학금을 주어 한국의 신학 대학에서 신학을 연수하게 한 후 일본으로 역파송한다면, 선교사 1명을 일본에 보내어 언어 훈련부터 시작하여 선교하는 비용보다 훨씬 적은 비용으로 놀라운 열매를 거두게 될 것이다.

마찬가지로 일본 교회의 젊은이들을 초청해 한국의 신학 대학에서 신학을 공부하도록 한 후 선교사로 임명하여 한국 교회가 후원하여 일본으로 다시 보낸다면 이것이야말로 일석이조의 효과를 얻는 방법이다.

5) 유학생, 주재원, 상사원 들을 통한 일본인 선교를 모색해야 한다.

한국에서 일본에 와 있는 유학생이 3만 명을 넘어섰다. 취학생, 연수생 등을 포함시키면 훨씬 더 많을 것이다. 한국 교회는 이들에게 평신도 선교사의 사명의식을 심어 보내는 일을 감당해야 한다. 주재원이나 상사원도 마찬가지다. 그들이 일본에서 자비량 선교사의 직임을 잘 감당할 때, 붙잡혀 간 히브리 소녀가 나아만 장군의 집에서 선교사의 사명을 수행했던 것처럼, 바이킹족에게 습격당해 노예나 첩이 되었던 스페인의 경건한 여인들이 영국을 예수 믿는 신사의 나라로 만든 것처럼, 참으로 상상을 초월하는 생명의 열매를 주님 앞에 드릴 수 있다. 젊고 발랄한 크리스천들에게 평신도 선교사라는 제도적 장치를 해서 보내지 않으면 그들은 빠르면 2-3개월 안에, 늦으면 반 년 안에 일본의 저질 문화에 빠져 버리고 만다.

6) 일본 교회의 지도자들을 격려하고 그들에게 도전을 주어 그 교회의 청년들에게 신학 훈련을 시킬 수 있도록 하여 개척 교회를 극대화해야 한다.

지금 일본 신학교들은 헌신자가 없어서 대부분 문을 닫을 지경에 이르렀다. 이는 일본 교회에 젊은이들이 너무 적을 뿐 아니라 일본 교회의 목회자들이 교회의 젊은이들에게 헌신하도록 도전을 주지 않아서 발생한 현상이다. 한국 선교사들이 일본 목회자들에게 용기와 담력을 주고 방법을 가르쳐 주어 젊은이들의 전도와 양육에 함께 진력을 다한다면 일본 교회의 문제들이 해결될 것이다. 한국 교회에서 보냄 받은 선교사들이 현지 일본인들의 교회를 도와주며 Win-Win 체제를 실현해 간다면 정말 놀라운 결과를 보게 될 것이다.

7) 단기 선교를 극대화해야 한다.

한국 CCC는 '뉴라이프 재팬 2000'이라는 프로젝트로 1991년 7월에 오사카에 400명의 대학생을 보내어 33개의 현지 교회를 섬기게 한 것을 기점으로 2012년 8월까지 21년 동안에 오사카, 후쿠오카, 나고야, 동경, 삿포로, 요코하마, 교토, 고베, 시가, 오키나와, 시즈오카, 군마, 이바라키, 사이타마 등 전국의 주요 거점이 되는 196개 지역의 1,661개 교회와 인근의 대학들에 연 인원 19,922명을 보내어 2주에서 4주씩 전도 봉사하게 했다. 이 프로젝트는 일본 교회에 큰 충격을 주기에 충분했다.

그들은 현지 교회 목사의 목회 계획에 순종하며 종의 자세로 섬겼다. 1년이 지나도록 새신자가 1명도 오지 않았고 5년이 지나도 세례받는 사람이 1명도 없었던 일본 교회가 단기 선교팀을 받아들여 전도한 결과 어떤 교회는 19명이 세례를 받는 이변이 일어났다. 일본 교회는 교회에 와서 예수를 믿겠다는 신앙고백을 하면 바로 다음 주일에 세례를 준다. 최소한 2-3명에서 15-16명씩 세례를 받는 일이 일상다반사로 일어났다. 어떤 교회는 5년 동안에 4배로 성장했고 2배가 된 교회도 여러 곳이었다. 가장 두드러진 변화는 목회자들의 사고방식이 180도 바뀌었다는 사실이다. 20년 전에 "일본은 안 된다"라고 말하던 그들이 뉴라이프 단기 선교가 시작된 지 5년이 지난 1995년부터는 "일본도 가능하다. 나도 할 수 있다"라고 고백하면서 생각 자체를 바꾸었다. 이것은 정말 천지개벽과도 같은 변화다. 그뿐만이 아니다. 평신도들의 생각도 판이하게 달라졌다. 그들은 공공연히 이렇게 말하곤 한다. "전도는 목사나 전도사의 전유물인 줄 알았는데 이 뉴라이프를 통해 전도가 모든 신자의 신성한 의무이자 특권이라는 사실을 배웠다." 전에는 마지못해 따르던 신자들이 이제는 자발적으로 움직인다. 교회의 분위기가 완전히 바뀐 것이다. 그들은 "전도는 행동하는 믿음이다"라는 사실을 체득하고 그대로 실천하여 교회의 부흥 성장에 일익을 담당하고 있다.

1992년, 관서 지역에 2,020명의 한국 대학생을 초청하여 137개 교회에서 2주에서 4주씩 전도 봉사하게 했을 때의 일이다. 일본어를 4마디밖에 모르던 여학생이 지나가는 신사에게 말을 걸었다. "곤니찌와"(안녕하세요). 그리고 사영리를 내밀면서 "욘데 쿠다사이"(읽어 주세요). 그가 다 읽자 "와까리마스까?"(아시겠어요?) 그는 "예!"라고 대답했다. "신지나사이"(믿으세요)라고 말한 후 여학생은 그를 데리고 자기가 섬기는 교회로 갔다. 그날은 한국 음식을 잘 차려 놓고 그동안 접촉한 사람들을 초청하여 대접하면서 결신을 재확인시키는 Korean Night였다. 그 신사는 단기 선교팀원들이 유니폼을 입고 율동을 하면서 부르는 "사-산비시요 수쿠이누시 예수니!"(자 찬미합시다 구세주 우리 예수께)라는 찬송을 들었다. 그는 성경이나 찬송가와는 전혀 관계가 없던 완전한 비기독교인이었다.

그런데 2시간 반 정도의 예배를 마치고 집에 돌아가서부터 문제가 생겼다. 그 찬송 소리가 걸을 때도 운전할 때도 사무를 볼 때도 자리에 누울 때도 끊임없이 주야로 들려왔다. 이비인후과 2-3곳에 가서 진찰을 받았으나 이상이 없다고 했다. 도저히 견딜 수가 없었던 그는 그다음 주일에 그 교회를 다시 방문했다. 전도하던 한국 대학생들은 이미 다 귀국해 버린 후였다.

그는 담임 목사에게 구세주 예수님에 대해서 자세히 가르쳐 달라고 청했다. 목사에게 사영리를 한 번 더 듣고 나서 그는 신자가 되었다. 오사카에서 제일 큰 회사의 공장장이었던 그는 다음 주일에 부하 6명을 데려와 등록시켰다. 그가 출석하는 교회는 3년 동안에 35명의 신자가 늘었는데 그중 32명을 그가 전도했다. 그의 이름은 한국어로 전중(田中) 씨인데 일본말로는 다나까다. 그 이름대로 다나까가 '다 나까'(낚아) 버린 것이다.

1996년에 단기 선교가 시작되어 16년째 진행되고 있는 북해도 뉴라이프 전도는 2012년에는 그 어느 해보다도 열매가 풍성했다. 삿포로 시내의 M여대는 아예 여름의 정기 프로그램에 편입하여 매년 단기 선교팀을 맞이하겠다고 결정했다. 에베쓰 시에 있는 낙농 대학은 원래 미션스쿨이었으나 지금은 형식적인 채플만 남아 있어 학점을 이수하기 위해 평일의 채플에 12-13명씩 참석했는데 단기 선교팀이 가면 보통 200명 이상이 주 3회씩 모이는 진풍경이 펼쳐졌다. 금년에는 무려 500명이 채플에 참석하는 기적이 일어나기도 했다.

그뿐만이 아니다. 금년에 참가한 7개 교회에는 일반 시민 이외에 대학생들이 3명에서 5명, 8명, 9명, 10명, 11명이 왔고, 많게는 62명의 대학생이 교회 안으로 들어와 단기 선교팀원들과 3-4시간씩 함께 예배드리며 찬양하고 설교도 듣고 식사하며 깊은 교제를 나누었다. 이들 중에 결신자도 많이 나왔다. 정말 놀라운 기적이 아닐 수 없다.

1994년에 시작된 규슈 지역에서는 7월 8일부터 8월 10일까지 34일간 18개 교회가 참여하여 단기 선교팀과 함께 전도를 했다. 대학생들뿐 아니라 국악팀과 찬양팀 그리고 요리 전문가들이 함께해서 입체적인 전도가 이루어졌다. 특히 지역별 축제 행사에 참여함으로써 한일 문화 교류의 차원에서 매우 좋은 반응을 얻었다. 일종의 문화 전도가 성공을 거둔 것이다. 태권도 공연을 통한 스포츠 교류, 홈스테이 등을 통한 일본 문화 익히기 등은 한일 간의 높은 장벽을 낮추는 데 한몫을 담당했다.

이러한 단기 선교 사역을 통해 집계된 결신자 수가 수십 명에 이른다. 지진과 해일로 피해를 입은 동일본 지역과는 거리상 멀리 떨어져 있는 규슈 지역이지만 이들도 방사능 피해에 대해 크게 염려하는 가난한 마음을 가진 상태여서 다른 때보다 더욱 복음을 수용할 준비가 되어 있었다.

그 외 동경, 요코하마, 나고야, 오사카, 교토, 고베, 시가, 오키나와, 삿포로 등에서는 주로 대학생들을 전도하여 많은 열매를 얻었다. 부족한 우리를 쓰셔서 큰 역사를 이루시는 주님의 성호를 찬양한다.

5. 일본의 구원을 원하시는 하나님

신약 성경 요한복음 14장 12-14절을 보라. "내가 진실로 진실로 너희에게 이르노니 나를 믿는 자는 내가 하는 일을 그도 할 것이요 또한 그보다 큰 일도 하리니 이는 내가 아버지께로 감이라 너희가 내 이름으로 무엇을 구하든지 내가 행하리니 이는 아버지로 하여금 아들로 말미암아 영광을 받으시게 하려 함이라 내 이름으로 무엇이든지 내게 구하면 내가 행하리라."

어느 날 하나님은 그분의 말씀으로 창조하신 이 세상의 모든 새를 모아 놓고 날기 대회를 여셨다. 맨 먼저 하나님 발 앞에 앉아 있던 장닭이 정원을 몇 바퀴 돌고 왔다. 그다음에는 하나님 어깨에 앉아 있던 참새가 이 집과 저 집, 건너 집을 돌다가 왔다. 세 번째는 건너편 나무에 앉아 있던 비둘기가 이 마을과 저 마을, 건너 마을을 날아다니다 왔다. 괜히 날기 대회를 개최했다고 후회하고 계시는 하나님 앞에 독수리가 나타났다. "이번에는 제가 날아 보겠습니다." 하나님은 아무런 기대도 하지 않은 채, "그래. 한번 날아 보렴"이라고 하시며 시큰둥한 반응을 보이셨다. 독수리는 공중으로 몇 백 미터를 치솟아 오른 후 한 바퀴를 빙 돌더니 해 뜨는 동쪽으로 사라졌다. 모든 새의 날기 대회가 끝났을 무렵 태양이 서쪽으로 기울어져 온 바다를 붉게 물들였다.

그때 독수리가 서쪽 하늘에 나타났다. 놀라신 하나님이 "너 어디에 갔다가 이제 오느냐?"라고 물으셨다. "예, 하나님! 저는 오대양 육대주를 돌고 왔습니다!" 독수리가 대답했다. 이 말에 감동하신 하나님은 상기된 모습으로 이렇게 말씀하셨다. "모든 새는 다 모여라! 오늘 너희에게 주는 상급은 너희가 날았던 만큼이다!" 그리하여 장닭은 정원을, 참새는 세 채의 집을, 비둘기는 세 마을을 얻었다. 그리고 독수리는 오대양 육대주를 자신의 몫으로 받았다.

이 이야기는 오늘 이 말씀을 듣고 읽는 여러분과 우리 모두에 관한 이야기다. 꿈과 비전을 품고 민족과 세계를 달라고 기도하는 자들에게 하나님은 그 시대의 큰일들을 맡기신다. 시편 81편 10절에는 "네 입을 크게 열라 내가 채우리라"라는 말씀이 나온다. 여러분이 "지구촌 2만 4천 종족 70억 만민 구원을 우리에게, 우리 교회에 맡겨 주십시오!"라고 기도하고 그 기도대로 해 주실 줄을 믿는다면 하나님 아버지가 그렇게 이루어 주시겠다는 약속의 말씀이다. 우리가 아무리 크게 요청할지라도 하나님은 "건방지다! 웃기지 마라!"라고 말씀하지 않으신다. 성경전서와 삼위 하나님은 "오냐! 네 믿음대로 될지어다"라고 대답하신다.

교회 청년 중 40명 이상을 목사로 양육한 형제단 소속의 나고야 교회 케도 켄지(毛戸健二) 담임 목사는 "CCC의 뉴라이프와 제자훈련원이 일본 교회와 손을 잡고 일본 복음화에 힘을 쏟아 준다면 일본 교회 부흥은 시간문제"라고 언급했다. 사변적이고 깊은 지식을 추구하는 일본 교회, 우상과 혼합 종교의 온상 안에서 그 사고의 카테고리를 벗어나지 못하는 듯한 일본 교회가 한국 교회 젊은이들로 구성된 뉴라이프를 왜 이렇게 환영할까? 그 이유는 오직 한 가지뿐이다. 그것은 복음(예수님의 유일성)에 대한 확신과 단순한 증거다. 복음은 설명이 아니라 선포다. 종교인이 전 인구의 212%를 상회하는 일본의 정신 풍토 속에서 복음의 단순한 전달은 그들에게 신선한 충격을 주고 있다.

'선교사와 목사의 무덤'이라고 일컬어지는 일본에서, 또 '일본은 전도가 자살한 나라'라고 소문나 있는 그곳에서 그런 것에 아랑곳하지 않고 언어와 전통의 두꺼운 장벽과 문화화된 종교의 틈바구니에서, 신학 훈련도 받지 않은 풋내기 대학생들이 때로는 비 내리는 길바닥에 꿇어앉아 "일본을 복음화시켜 주십시오"라며 울부짖고, 축호 전도하면서 구 일본군 장교 출신의 집을 방문하여 초인종을 눌렀을 때, "감히 조센진(朝鮮人)이 일본에 와서 거리를 활보하고 다니며 일본인의 대문을 두드려?"라는 호통을 들으면서도 '오직 예수! 우리 주님의 사랑'으로 열심히 전도하는 모습을 보며 일본 성도들은 큰 충격을 받았다.

"일본은 안 된다. 일본 복음화는 불가능하다"라는 말은 지상 최대의 거짓말이다. 사탄의 속임수이며 음흉하기 짝이 없는 술책이다. 일본 복음화를 불가능하게 하는 방해물이 8백만 개, 1천만 개 있다 할지라도 하나의 가능성만 있으면 일본 복음화는 가능하다. 그 가능성은 바로 하나님이시다. 하나님께서 일본인들이 구원받기를 원하고 계신다는 사실이다. 하나님이 일본인들을 구원하시려고 독생자까지 주셨는데 누가 감히 일본 복음화가 불가능하다고 말하겠는가? 하나님이 "OK"라고 하시면 만사가 가능하다.

지금 일본 교회의 영성은 무섭게 변화하고 있다. 태풍 전야의 고요함 같은 긴장감이 감돈다. 지도자와 성도들이 서서히 기지개를 켜고 자신감을 갖기 시작했다. 각종 이벤트가 교단별로, 초교파적으로 진행되고 있다. 교단과 단체를 초월하여 금식 기도회가 열리고 전도 대회도 자주 열린다. "유일하신 참 하나님과 그가 보내신 자 예수 그리스도를 아는 지식"이 일본 땅에 편만할 날이 조금씩 다가오고 있음을 피부로 느낄 수 있다. 2011년 3월 11일 14시 46분에 동일본에서 일어난 지진과 해일로 일본 전역은 죽음의 공포에 떨고 있다. 지금이 복음 전도의 최고 기회다.

나가는 글

일본에는 현재 베테랑급 선교사 2천여 명이 사역하고 있으나 열매는 크게 나타나지 않고 있는 실정이다. 그러나 그들이 일본 복음화를 위해 흘린 피와 땀과 눈물은 결코 헛되지 않을 것이다. 이제는 열매를 거둘 때다. 복음파(JEA), 은사파(NRA), 교회협의회(NCC-자유주의), 그리고 아무 데도 속하지 않은 제4의 그룹이 뉴라이프 프로젝트를 도입하고 있다. 우리는 오직 한 권의 성경과 참 하나님, 구주와 주님이 되시는 예수님, 그리고 우리를 모든 진리 가운데로 인도하시는 성령님, 즉 삼위일체 하나님을 일본인들에게 전해 주어야 한다.

세계 선교를 지향하는 한국 교회는 일본을 결코 포기해서는 안 된다. 일본인의 94%는 한반도에서 건너간 사람들의 후예들이다. 일본들인의 DNA가 한국인들과 일치한다는 사실이 밝혀졌다. 일본 선교는 먼 옛날 우리 조상들의 후예를 복음화하는 일이다. 한일 양국은 1천 년 전에는 통역 없이 자유롭게 왕래했었다.

동방의 로마요, 근대의 니느웨이며 현대의 아테네라고 일컬어지는 일본은 예루살렘과 온 유대를 정복하고 땅 끝까지 가기 위해서 반드시 통과해야만 하는 사마리아 땅이다. 일본인들을 복음화하면 그들이 238개국에서 소유한 토지와 건물과 현지 통화들은 참으로 놀라운 선교 자원이 될 것이다. 돈이 많이 들고 열매가 적다는 이유로 가장 중요한 일본 선교를 너무도 쉽게 포기해 버리는 한국 교회들을 보면 참으로 안타깝다. 태국에서는 남자 신자 1명을 얻는 데 19년, 여자는 21년이 걸렸다고 한다. 언젠가는 열매를 거둘 것을 바라보면서 20년이나 전도한 선교사도 위대하지만 결신자가 없는데도 끝까지 후원한 서양 교회는 더욱 위대하다.

일본이 우리를 부르고 있다. "건너와서 우리를 도우라"라고 손짓한다. 2002 월드컵 공동 주최로 한일 간의 장벽이 무너졌다. 워킹홀리데이 비자 등 양국의 젊은이들이 1년씩 돈을 벌면서 공부하는 이러한 분위기는 일찍이 없었다. 한류 열풍이 강하게 열도를 흔들고 있다. 아이치의 만국박람회 기간(2005.3.1-9.30)에는 비자 없이도 일본을 방문할 수 있었다. 지금은 비자 없이 3개월간의 체류가 가능하다.

한일 양국 간에 더 긴 기간을 비자 없이 자유롭게 왕래할 날이 곧 올 것이다. 비자 문제가 해결되면 한국 교회가 일본 복음화를 위해 한몫을 담당해야 한다. 일본 선교에 뜻을 둔 한국 교회들이 정책적으로 이러한 기회를 이용하여 일본인들을 초청하고 또 일본에 단기 선교팀을 파송하여 열심히 전도한다면 놀라운 결과를 얻을 것이다.

일본에는 1천 개의 무목 교회가 있으나 한국에는 무임 목사들이 지천으로 많다. 일본 선교를 위한 헌신자가 한국 교회의 뜨거운 기도와 후원을 받아 일본에 온다면 일본 복음화에 놀라운 역사를 일으킬 수 있다.

일본인들에게서 독도, 위안부, 창씨개명 등에 관한 망발, 망언, 망상을 없애는 지름길은 피 묻은 그리스도를 심어 그들을 변화시키는 길밖에는 다른 길이 없다. 그들이 회개하고 예수를 믿으면 우리의 형제자매가 된다. 증오심만으로는 아무것도 해결할 수 없다. 한일 양국 간의 진정한 화해는 복음의 능력으로만 가능하다. 만일 한일 두 나라가 함께 세계 선교의 방법을 모색한다면 지진과 폭풍 같은 역사가 일어날 것이다.

일본 선교는 하나님이 우리 한국 교회에 맡기신 거룩한 기업이다. 하나님이 일본 열도에 사는 일본인들을 사랑하셔서 그들을 구원시켜 이 시대에 지구촌을 섬기는 종으로 쓰시기를 기뻐하시는 한 일본 선교는 얼마든지 가능하다. 한국 교회여! 청년 대학생들이여! 성도들이여! "건너와서 우리를 도우라!"라고 부르짖는 일본인들의 요청을 거절하지 말지어다! 그들에게 생명의 복음을 전해 줄지어다!

5

일본 캠퍼스 개척 사역의 방향에 대하여

김의겸(CCC 일본 선교사)

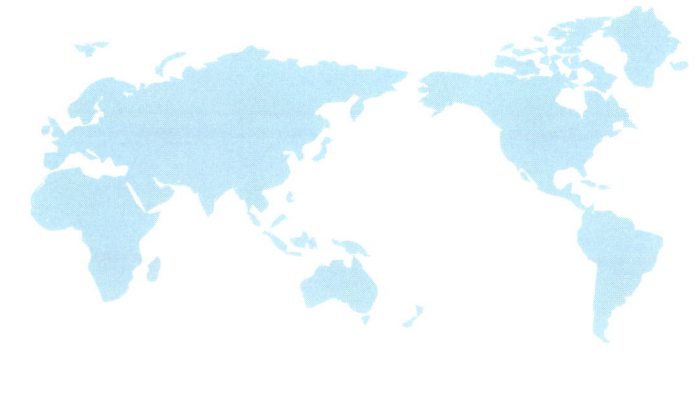

5

일본 캠퍼스 개척 사역의 방향에 대하여

들어가는 글

나에게 주어진 '일본 캠퍼스 개척 사역의 방향'이라는 내용을 다루기가 버거운 상황이지만 실제로 개척 사역에 임하고 있기에 주어진 일이라고 생각하며 기쁘게 여기는 바다. 또한 지난 4년여 동안 일본 교토에서 행한 개척 사역을 돌이켜 봄으로써 나뿐만 아니라 일본 캠퍼스 개척 사역을 준비하는 동역자들이 미래를 향한 발걸음을 떼는 데 조금이라도 도움이 되기를 기도하는 마음으로 발표에 임한다.

CCC 간사로서의 사역 중 내가 경험한 하나님의 손길은 다른 어떤 사역보다 캠퍼스 개척 사역 속에서 뚜렷하게 나타났다. 나는 1982년 한국 CCC 신입간사 훈련원에 전임 간사로 입소하여 1년간의 훈련을 거쳐 그곳의 훈련 간사로 6년간 사역한 후에 미국 캘리포니아로 파견받아 간사훈련원 사역과 함께 캠퍼스 개척 사역에 임했다. 그리고 풀러 신학교에서 신학 수업을 받았고 17년간의 미국 사역 후에 또다시 일본 교토에서 캠퍼스 개척 사역에 임했다. 이러한 개척 사역을 통하여 경험한 하나님의 손길을 한마디로 정리하자면 다음과 같다.

"먼저 보게 하신 다음 기도로 구하게 하시고 응답으로 인도하셨다."

새로운 것을 추구하고 알고 싶어 하는 호기심으로 하나님을 찾아 구한 나에게 있어 하나님은 무궁무진한 탐구 대상이자 경배와 찬양의 대상이다. 캠퍼스 개척을 하고자 할 때 이러한 하나님을 경험하게 되리라는 기대와 설렘, 그리고 그 하나님으로 인해 흥분과 감동을 느끼는 것은 개척자에게 허락되는 축복과 특전이리라.

간사들을 위한 신학 강좌 과목인 세계 선교를 들으면서 일본의 구체적인 영적 상황을 처음 접했다. 군 생활 중에 기독교 신자가 된 후 읽었던 책들 중 일본 기독교인 작가가 적지 않아 어렴풋이 일본은 상당히 기독교가 발달된 나라로 잘못 알고 있었는데 그 강좌를 듣다가 일본의 기독교 인구가 1%도 안 된다는 통계를 접하면서 나는 충격을 받았다. 그리고 강한 호기심에 이끌려 그해 여름에 일본 비전 트립에 참여하여 그 사실을 확인하면서 일본 선교를 위하여 기도하지 않을 수 없었고 그다음 해에는 아내와 함께 동경 비전 트립을 다녀오며 함께 일본 선교를 놓고 기도했다.

일본 선교를 위하여 기도할 때 두 차례의 일본 동경 비전 트립에서 일본 대학생들이 미국에서 온 단기 선교팀원들에게 자석에 쇠처럼 달라붙는 것을 본 것이 생각나, "주님이 정말 일본 선교를 위하여 우리를 쓰시고자 하시면 영어와 세계적인 문화 감각을 익힐 수 있는 기회를 주옵소서" 하는 소원을 담은 기도를 드렸다. 그 기도의 응답으로 나는 미국을 거쳐 일본에 가게 되었다.

2006년 초에 일본에 도착하여 처음 2년간은 파송받은 오사카에서 일본어를 익히며 캠퍼스 전도 사역에 임했다. 당시 오사카에는 많은 자비량 팀원들과 일본인, 한국인, 미국인 간사들로 구성된 국제적인 팀이 있어서 활발하게 사역이 이루어졌다. 전임 강사였던 나는 일본 CCC의 배려로 일본어 습득이 우선이라는 특전에 힘입어 일본어를 배우면서 자유롭게 다양한 사역을 경험했다.

그중 잊을 수 없는 일은 관서 대학에서 전도하다가 경비원에게 세 번이나 쫓겨난 후 조심스럽게 전도하던 중 학교 식당에서 니에가와 마사유키를 만나 그에게 복음을 전한 일이다. 그는 예수님을 영접한 그 주간부터 모든 모임에 열심히 참석하여 제자가 되었다. 당시 통일교 계통의 애천교회 JMS 이단 교주 정명석에게 일본인 여대생 몇 명이 피해를 입은 사례가 TV 뉴스로 보도되면서 대학 당국이 학내 종교 활동을 엄중하게 경계하여 신흥 종교 및 이단 활동을 금하고 전문적으로 감시했었다. 그런 상황인 줄도 모르고 나는 동료 간사들과 자비량 팀원들과 함께 사영리 전도에 열심을 내다가 그중 나만 경비원들에게 붙잡혀 내쫓기게 되었다. 경비원들에게 나는 일본 정부가 발급한 정식 선교사 비자를 받고 들어와 활동하는 선교사라고 항의해 보았지만 학교 직원인 듯한 경비원 3명이 얼굴을 굳히며 말을 듣지 않으면 경찰을 부르겠다고 하는 바람에 할 수 없이 교문 밖으로 떠밀려 나왔다.

그 일을 겪은 후 내가 전도하지 못하는 것보다도 함께 전도하는 다른 동료들이 복음을 전하지 못하게 되거나 팀원들의 학내 전도 활동이 어렵게 되는 것이 우려되어 기도하지 않을 수 없었다. 기도하며 생각해 보니 복음을 전하는 일을 멈출 수는 없었다. 세 번이나 내쫓기면서 낯을 익힌 경비원들이 어디 있나 살피며 아주 조심스럽게 학생들을 대하던 중 학교 식당에서 만난 학생이 니에가와였고 그가 첫 열매로 제자가 되었다.

그러던 중 오사카에서 그리 멀지 않은 교토로 온 한국 CCC 여름 단기 선교팀과 교류하려고 교토를 방문했다가 교토의 대학들과 그곳의 형편을 알게 되면서 교토 지역 개척에 대한 소원이 생겼다. 교토에는 일본 관서 지방의 명문 사학으로 일컬어지는 동지사(도시샤) 대학과 입명관(리츠메이칸) 대학, 그리고 수많은 노벨상 수상자를 배출한 국립 교토 대학이 있다. 그 외에도 30여 개 대학이 밀집해 있어 교토 시 인구 150만 가운데 13만여 명이 대학생들인 일명 대학 도시인데 아직 눈에 띄는 대학생 사역이 없었다. 2007년 여름 CM 2007에서 일본 CCC의 캠퍼스 사역 책임자인 요시타카를 만나 교토 개척의 뜻을 전했더니 그는 교토가 일본 대학생 사역에 아주 중요한 지역임에도 손이 미치지 않았는데 이렇게 개척을 지원하니 기쁘게 파견해 주겠다고 말했다. 그리고 당시 일본 CCC 대표였던 카주요시 구리하라와 인사 담당자였던 게이코 기노시타에게도 교토 개척 사역의 뜻을 전했다. 곧 임명을 받아 교토로 이사하여 나는 2008년 초부터 교토 개척 사역을 시작했다.

1. 팀 사역의 필요를 인식하기까지

신입간사훈련원에서 훈련 간사와 캠퍼스 책임 간사로 일을 한 후 미국으로 가 오랫동안 단독 개척 사역을 했기 때문에 나는 교토 캠퍼스 개척 선교에 특별한 두려움이나 주저함이 없었다. 개인 전도와 양육을 하며 제자 훈련으로 영적 승법 번식을 하는 제자화 사역에 대한 비전에 관한 한 그 누구에게도 뒤지지 않는다는 자부심 같은 것이 있었는지도 모른다.

그래서 교토 개척 사역 첫해부터 사역 목표로 1년에 100명 이상에게 사영리로 전도하는 것을 최우선 사역으로 정하고 열심히 전도했다. 사영리 개인 전도로 많은 학생이 예수님을 영접했는데 1년 후 나타난 결과는 비참했다. 수십 명이 예수님을 영접하는 기도를 같이 했지만 사역에 연결된 학생은 재일 동포 교회에서 한글을 공부하던 청년 1명뿐이었다. 대학에서 만나 전도한 아이들은 다 어디론가 사라지고 만날 길이 없었다. 두 번째 해에도 같은 목표를 품고 일했지만 결과는 똑같았다. 영접 기도를 같이 한 학생들은 수십 명이지만 사역에 연결되지는 않았다.

아무래도 전략을 바꾸어야 할 것 같았다. 일본인들의 특성에 맞는 전략을 찾아야 했다. 복음을 전하기 위하여 개인적으로 학생들을 접촉하는 일을 중지할 수는 없었지만 효과적으로 열매를 거두는 전략도 필요했다. 다년간의 간사훈련원 사역과 미국 캠퍼스 개척 사역 중에 몸에 밴 방법 즉, 개인 전도와 그룹 전도를 통해 예수님을 구주로 영접하는 기도를 같이 한 학생들을 일대일 혹은 소그룹으로 양육하여 훈련하는 과정에 대한 확신이 지나쳤는지도 모른다. 개인 전도로 접촉한 학생들을 비롯하여 성탄절 전도 집회와 여름 단기 선교팀을 통한 그룹 전도 등으로 예수님을 구주와 주님으로 영접하는 학생들은 계속 나왔다. 그렇지만 양육을 위한 접근을 하려고 하면 몇 차례는 만나 주지만 결국 다 떨어져 나가는 아픔을 겪어야 했다. 무언가 다른 전략이 절실히 필요했다.

그때 마침 여름 선교팀을 통하여 연결되었던 한 학생에게서 문자 메시지를 받았다. 학교에서 세미나 지도 교수의 말을 듣고 성경 공부에 관심이 생긴 친구들 몇 명과 성경을 배우고 싶으니 도와달라는 요청이었다. 입명관(리츠메이칸) 대학의 국제관계학과에 다니는 3명의 학생이 작금의 국제 정세를 올바로 이해하려면 성경을 알아야 한다는 교수의 말을 듣고 성경을 배우고 싶은 마음을 먹게 되었다고 했다. 이 3명과 거의 매주 한 번씩 모여 성경 공부를 했는데 그들은 믿음은 없었지만 동료들과 모이니 거의 2년 이상 성경 공부에 참여하다가 졸업했다. 듣던 대로 그룹 지향의 일본인들의 특성을 깊이 느낀 모임이었다.

이 모임을 인도하면서 여기에 출구가 있음을 깨달았다. 신앙에 들어서는 일에 너무나 조심스러운 일본인 대학생들에게는 그들과 함께 서 줄 믿음의 동료들이 필요했다. 그룹으로 움직이는 일본인들의 특성상 믿음으로 사는 동료들이 함께해 준다면 비록 믿음에 이르기 어려운 학생들이라도 모임에는 잘 참석했다. 일단 모임에 계속 나온다면 성경을 공부하는 중에 믿음이 생기게 될 것을 기대해 볼 수 있었다.

아무리 영접 기도를 하는 이가 많아도 제자로 연결되지 않는다면 무언가 다른 방법을 찾아야 한다는 생각에 아내와 함께 2년 동안 출석하던 재일 동포 교회를 나와 일본인 교회에 출석하기 시작했다. 나는 믿는 일본인 대학생들을 만날 수 있다면 훨씬 쉽게 모임을 만들어 전도의 거점으로 삼을 수 있겠다고 생각했다. 그렇지만 1년 동안 일본인 교회를 출석해서 교회 내 대학생들의 형편을 살펴보니 그들은 교회 활동과 자신들의 모임만으로도 벅찬 생활을 하고 있음을 알게 되었다.

그러던 중 한국 CCC에서 류은영 간사를 스틴트(Short term International, 1년 혹은 2년간 파송받는 단기 선교사)로 받게 되면서 CCC가 세계 선교를 위해 도입하여 열심히 진행하는 자비량 학생 선교 사역에 생각이 닿았다. 교토에도 자비량팀을 받아 일본인 학생들에게 친구가 되어 주고 크리스천의 삶의 모습을 생활 가운데에 보여 줄 문화 환경을 조성해야겠다는 생각이 들었다. 역시 선교는 팀으로 하는 것이 옳았구나 하는 반성과 함께 특히 일본 선교는 독불장군 식으로 해서는 안 됨을 뼈저리게 느꼈다. 당연한 결과로, "함께 일할 팀을 주옵소서. 교토 개척에 같이 일할 드림팀을 주옵소서!" 하는 기도가 간절히 나왔다.

2. 드림팀의 도래

스틴트로 온 류은영 간사에게 한국 CCC의 여러 사역 내용을 듣고서는 무엇보다 학생 스틴트들을 모집하는 일에 기도를 집중했다. 특별히 일본인 친구들과 함께 서 줄 수 있는 성숙한 순장들을 드림팀으로 주옵소서! 하고 기도를 모았다. 그리고 교토 개척 사역 시작부터 파트너십을 맺어 매년 교토로 오는 청주와 시카고 여름 단기 선교팀들에게 단기 선교도 귀하지만 스틴트의 지원도 중요하다는 것을 설명했다. 또 한국의 여름수련회에 참석하여 일본 선교 선택 강좌를 맡아 스틴트 모집을 홍보했다.

기도의 응답으로 2011년 봄에는 윤나이(안성 지구) 순장이 스틴트로 지원하여 왔고, 2011년 가을에는 김온유(서울), 김하나(충주) 순장 2명이 가세했다. 2012년 봄에는 어진경(청주) 순장에 이어 그야말로 드림팀인 신은혜 간사가 인솔하는 A6(ACTS 6000 Campus Pioneering Project, 6천 개 미개척 캠퍼스 개척) 선교팀원 5명이 가세하여 9명의 사역팀이 교토에서 함께 사역하게 되었다. 그동안 복음에 열려 있다고 생각한 도시샤와 리츠메이칸 대학들을 중심으로 활동해 왔으나 인원이 9명으로 불어나자 일손이 부족해서 방치해 두었던 교토 대학을 A6팀에게 맡겨 개척하도록 했다.

3. 한글 점심시간(Korean Lunch Time) 프로그램

인원이 늘어난 자비량팀과 A6팀의 가세로 캠퍼스 사역에 활기가 생겼다. 자비량 팀원들과 A6팀의 중심 활동은 램프(Language Acquisition Made Practical, 효과적인 언어 습득) 사역이었다. 일본어를 배우면서 언어를 잘 알려 줄 친구들을 사귀어서 그 친구들의 도움으로 설문 조사용 일본어 본문을 만들어 되도록 많은 학생과 접촉하여 실습하는 것을 주된 활동으로 삼았다. 풀러 신학교에서 공부할 때 램프를 개발한 선교학부의 교수 엘리자베스 부루스터 박사 밑에서 한 학기 동안 공부한 경험이 있어서 램프 사역의 효과와 가능성은 이미 익히 알고 있던 터였다. 그래서 오사카에서부터 자비량팀들에게 램프를 가르치며 행해 온 사역이라 그들을 램프로 훈련하는 일은 의외로 쉬우면서도 결과가 좋았다.

자비량팀들이 램프를 통하여 많은 일본인 대학생들을 접하게 되자 일본인 대학생들이 한류의 영향으로 한국어 공부에 관심이 많음을 알게 되었다. 자연스럽게 자비량 순장들을 중심으로 한글 점심시간 프로그램이 만들어졌다. 그 시간에 한국어에 관심 있는 학생들을 초대하여 간단한 한국어 실습과 한국 문화 체험에 대해 대화하며 학생들에게 복음을 전했다. 그중 여러 명이 예수님을 영접했다. 동지사 여대의 카린이라는 학생은 그 후 성경 공부에도 참석하면서 복음 안에서 성장하기 시작했다.

A6팀원들도 램프 사역과 더불어 한국에서 준비해 온 사역 전략으로 교토대에서 활동하면서 요리 클럽 학생들을 만나 그들과 사귀며 복음을 전했다. 그중 칸타는 복음에 깊은 관심을 보이며 A6팀이 떠난 뒤에도 계속 성경 공부에 참여했다.

4. 미션 홈 2호관(2nd Mission Home) 확보

자비량팀이 늘어나면서 당장 문제가 된 것은 숙소였다. 그동안 교토로 오는 단기 선교팀을 위하여 확보한 집이 하나 있었지만 교통이 불편하고 또 집이 너무 오래되고 낡아서 바퀴벌레와 거미가 많았다. 자비량으로 오는 순장들이 모두 여성들이라 그 집을 포기할 수밖에 없었다. 일본에서 집을 새로 구하는 일은 당장 들어가는 초기 비용이 부담스럽기도 하고 또 외국인에게 집을 잘 빌려주지 않아서 결코 만만치 않다. 그렇지만 "주가 쓰시겠다 하라 그리하면 즉시 이리로 보내리라" 하신 말씀에 힘입어 믿음으로 구했다.

결과적으로 학생 자비량 1기생인 윤나이 순장 때부터 아름다운 가모가와 강가의 2층 집을 계약해서 사용할 수 있었다. 때마침 드림팀인 A6팀원 5명이 낸 숙박료가 있어서 초기 비용을 감당했다. 그리고 자비량팀의 월세로 필요한 가구와 에어컨 등을 구입했다.

문제는 여름에 오는 단기 선교팀의 숙소를 마련하는 일이었다. 이사하면서 거의 모든 재정을 다 썼기에 집을 새로 구할 엄두가 나지 않았다. 단기 선교팀을 일본인 교회로 보내어 그곳에서 자게 하면서 선교 활동을 하도록 해야 하는가 하는 생각도 해 보았지만 그렇게 할 수는 없었다. 왜냐하면 교토 캠퍼스 개척 사역을 시작할 당시 일본 CCC 대학 사역 책임자로부터 교회 숙소를 내주며 캠퍼스 사역에 함께할 교회를 찾든지, 아니면 캠퍼스 사역에 집중할 수 있도록 숙소를 자체적으로 해결하라는 방침을 들었기 때문이었다. 아직 그러한 교회를 찾기 못했으므로 숙소를 자체적으로 마련해야 했다.

그러는 중에 미국 시카고와 청주의 팀이 오겠다고 했다. 그리고 겨울에는 예수 영화팀이 오기로 되어 있었고 서울 지구도 겨울에 팀을 보내는 일에 파트너십을 제안받았다고 했다. 아무래도 숙소를 다시 계약하지 않으면 안 될 형편이라 기도로 하나님께 구하고 그 필요를 교회들과 개인들에게 알렸다. 하나님은 정말 신실하시고 정확하셨다. 시카고팀이 들어오는 날짜에 맞추어 입주할 수 있도록 제2호 선교관이 마련되었다. 한국의 원주 세인교회와 미국 산호세의 임마누엘 교회가 특별 선교 헌금을 해 주었고 그 외에도 A6팀 리더로 온 신은혜 간사와 김정환 장로 등의 후원으로 집을 계약하고 필요한 가구와 에어컨 설치 재정을 충당했다. 할렐루야!

이 일로 말미암아 함께한 자비량팀들과 사역을 마치고 돌아간 A6팀에게 기도에 응답하시는 하나님의 신실하심을 증거할 수 있었다. 그뿐만 아니라 시카고와 청주팀에 이어 나고야 국내 전도팀 등 세 팀이 제2호 선교관에 머물면서 2012년 여름 교토를 복음으로 뜨겁게 달구었다. 그들은 그곳을 다양한 전도 집회를 위한 기도와 헌신의 센터로 사용했다.

5. 2010년 10월 동경 미션 써밋(Tokyo Mission Summit 일본 선교 대표 및 책임자 회의)

이 글이 일본 캠퍼스 개척 사역을 위한 것임을 상기할 때 반드시 언급할 필요가 있는 일을 말할 때가 되었다. 그것은 한국 CCC나 다른 나라에서 들어오는 선교사들을 영입하는 일본 CCC와의 원만한 대화를 위하여 일본 CCC의 입장과 형편을 고려하지 않으면 안 된다는 것이다. 왜냐하면 일본 CCC 소속으로 들어와 일을 하려면 일본 CCC의 행정적인 지원을 받아야만 하며 궁극적으로 우리의 헌신을 통하여 일본 CCC 사역이 성장하고, 우리의 수고한 결과가 그들에게 열매로 안겨지는 일이 우리의 보람이고 천국에 이르기까지 우리의 자랑이자 면류관이 될 것이기 때문이다.

내가 맡은 주제와 관련하여 일본 CCC의 상황을 이해하는 데 도움이 될 만한 사건을 소개하고자 한다. 2010년 10월 동경에서 미션 써밋으로 이름 붙인 국제적인 선교 협의의 시간을 가졌다. 일본에 선교사와 선교팀을 보내는 각국의 선교 담당자와 일본의 리더십 그리고 일본의 각 지역 책임자들이 모여 함께 협의하는 모임이었다.

일본 리더십에서는 이 회의가 있기 몇 주 전부터 협의를 거쳐 선교사 영입 지침을 만들었다. 나는 개인적으로 선교사 영입을 위한 일반적인 지침이라 긍정적으로 받아들였다. 세 가지 방식(개척, 위성, 통합 단계)의 파트너십으로 구분하여 받고자 하는 일반적인 지침과 일본 CCC의 입장을 밝힌 내용이었는데 일본인들로서는 하기 쉽지 않은 주문을 해 가면서 일본에 들어오는 외국인 선교사들에게 도움이 될 준비 사항과 요구 사항을 비롯하여 그들의 솔직한 입장을 밝혔다.

당시 한국에서는 더 많은 팀을 보내어 일본 선교에 적극적으로 참여하고 싶은 뜨거운 마음을 가진 대표단들이 왔다가 그 지침을 듣던 도중 질의하고 응답하는 과정에서 일본인 간사들의 소극적인 태도에 실망하는 모습을 보였다. 한 간사는 분노한 감정을 표출하며 일본인 간사들을 질타하기도 했다. 동경 CCC의 책임자가 그들의 캠퍼스 간사들이 8명 정도 있지만 외국인 간사, 자비량팀들을 돕는 일에 지쳐 자신들이 감당해야 할 본연의 사역에 집중하지 못하고 있어 동경에서는 새로운 선교사나 팀을 받을 수 없다는 입장을 밝히자 심한 질타를 받은 것이다.

질타를 당한 그 간사는 동경 책임자로 임명받은 지 채 석 달이 안 된 상황이었고, 일본 CCC 캠퍼스 사역 책임자 자리에서 해직되어 수년 동안 보직을 떠났다가 다시 일을 시작하는 단계였다. 자신의 형편을 솔직히 밝혔다가 여러 사람 앞에서 질타를 당한 상황이라 입장을 바꾸어 생각하면 견디기 어려운 상황이었을 것이다. 이 일로 인하여 각국의 대표단들은 일본 선교에 대하여 아주 불편한 마음을 안고 헤어졌다. 지금 일본 CCC는 새로운 리더십에 의하여 움직이고 있어서 어쩌면 당장 캠퍼스 개척을 적극적으로 의논하기에는 어려운 상황일 수도 있다.

선교 전략 회의에서의 발표를 앞두고 새로운 일본 CCC 리더십팀의 인사 담당자와 통화를 했다. 이전 미션 써밋에서 제시된 선교사 영입 지침에 대해 물었더니 새로운 리더십에서 개정하여 보완하는 중이라고 했다. 영입 지침을 영어로 준비한 담당자는 자신의 입장과 역할이 새로운 리더십 안에서 명확하게 규정되어 있지 않아서 답답해하는 모습을 보였다.

금년 초에 새롭게 일본 CCC의 리더십으로 임명받은 일본인 리더십들은 아직 방향 설정이나 업무에 익숙하지 않아서 여러모로 불편한 일이 발생하기도 한다. 그렇지만 인격적으로나 신앙적으로 신뢰할 수 있는 사람들이므로 충분한 대화를 통하여 일본 캠퍼스 개척 사역의 문을 열어 나가야 할 것이다.

나가는 글

결론적으로 서두에 언급한 말을 반복할 필요를 느낀다. 일본 캠퍼스 개척 사역을 위하여 "먼저 보게 하신 다음 기도로 구하게 하시고 응답으로 인도하시는 하나님" 앞에 나아가야 한다. 아직도 개척 단계에서 씨름하는 내가 내놓을 수 있는 묘안은 없지만 현장 사역을 하며 현지 리더십의 상황을 겪으면서 느낀 어려움을 고려하여 결론적으로 할 수 있는 말이 이 정도에 지나지 않아 안타까울 뿐이다. 우려할 필요가 없는 일일지도 모르나 경계 삼아 말하자면 경영가적인 입장으로 선교 사업의 확장을 꾀하거나 자국 사역의 확장 혹은 돌파구 모색을 위한 선교 전략이 아니라 선교지가 당면한 필요와 "와서 도우라"라는 신호를 받고 주님의 이끄심에 따라 기도하며 확신을 가지고 개척 선교에 임하는 것이 필요하다.

덧붙이자면, 기도하며 주님의 인도하심을 확신하는 사람은 그다음 단계로 사람들과 대화하는 일에서 확신과 열정을 나눌 수 있고 인내와 성실로 사람들을 대할 수 있을 것이다. 그리고 일본 캠퍼스 개척 사역에서 가장 중요한 열쇠는 일본인 리더십과 대화를 열어 가는 일이다.

6 인도 선교 사역의 현황과 가능성

김성옥(CCC 인도 선교사)

6

인도 선교 사역의 현황과 가능성

들어가는 글

한국을 떠난 지 16년째다. 그동안 미국, 인도, 필리핀, 싱가포르를 거쳐 다시 인도에 왔다. 새롭게 힌디를 배우는 중이다. GCTC(CCC 신입간사훈련원) 훈련생처럼 이곳 문화와 사역을 다시 배우고 있다. 주님이 배우는 기쁨을 더해 주신다. 다행히 이곳 생활환경이 이전보다는 좋아져서 스트레스를 덜 받고 살아가고 있다.

시내 중심가에 들어선 쇼핑몰과 많은 외국 브랜드, 사람들의 서양식 옷차림이 인도의 변화를 절감케 한다. 10년 전 인도 델리 캠퍼스에서 서양식 옷을 입은 학생들은 전체 학생의 1%도 안 되었는데 이제는 오히려 사리(인도 전통 옷)를 입은 여학생들이 거의 없다. 사리를 입고 다니면 "나는 시대에 뒤떨어진 사람입니다"라고 고백하는 것과 같다. 그만큼 빠르게 변화가 일어나고 있다. 변화는 전통이 무너져 가고 있음을 의미하고 그 전통의 중심에는 힌두교가 있기에 힌두 문화가 무너져 가고 있다고 보아야 할 것이다.

하나님이 복음을 받아들일 수 있도록 인도 사회의 전반적인 변화를 주도하고 계심을 느낄 수 있다. 정치·사회 환경을 변화시킴으로써 사람들이 복음을 들을 수 있도록 준비시키고 계신 것이다. 하나님의 구원의 때가 되었기에 어떤 모양으로든지 부흥의 역사가 일어날 것이고 그 추수 현장에 있다는 것은 하나님의 은혜이자 특권이다. 따라서 이번 포럼에서는 그동안 기도 중에 하나님이 보게 하신 것, 생각하게 하신 것을 중심으로 사역지 현장의 상황(인도의 정치·사회 환경과 인도 CCC 사역 현황)과 사역의 자원으로 활용될 한국 CCC의 선교 현주소, 그리고 인도 선교의 구체적인 전략과 방법을 살펴보고자 한다.

I. 구원받을 환경이 조성되고 있는 인도
1. 출애굽을 통해서 본 하나님의 구원 역사의 원리(행 7:17-20)

하나님의 구원 역사의 원리는 간단하다. 하나님의 약속의 때에 하나님이 주도하셔서 정치·사회 환경을 변화시켜 구원받을 사람의 마음을 준비시키시고, 또 한편으로 구원의 도구로 사용할 모세를 준비시키신다. 그리고 하나님의 때에 모세를 이스라엘 백성에게 보내서 구원의 역사가 일어나게 하신다. 즉, 구원의 때에 하나님께 구원받을 대상의 마음을 준비시키시고 동시에 구원의 도구로 사용할 사람을 준비시키셔서 서로를 매칭시키심으로써 구원의 역사가 일어나게 하신다.

하나님은 구원의 때에 요셉을 알지 못하는 왕이 새롭게 정권을 잡게 하셨다. 이 왕이 이스라엘 백성을 핍박하게 함으로써 백성의 삶의 환경을 바꾸셨고 애굽을 떠나고 싶어 하는 마음을 갖게 하셨으며, 또 한편으로는 조상으로부터 말로만 들어 왔던 하나님께 실제적으로 간절히 구하도록 마음을 준비시키셨다. 만약 그때 정치적 변화가 없었다면 안정된 사회생활에 변화가 일어나지 않았을 것이고, 이스라엘 백성도 "여기가 좋사오니" 하면서 떠날 마음도 먹지 않았을 것이며, 하나님을 향하여 구원의 손길을 뻗지도 않았을 것이다. 핍박을 통하여 백성의 마음을 준비시키셨던 것이다. 그리고 그때 하나님은 모세가 태어나게 하셨다. 애굽에서 40년, 미디안 광야에서 40년을 준비시키셔서 하나님의 구원에 때에 모세를 애굽에 파송하셨다. 이것이 이스라엘의 구원 역사의 원리다.

이와 같은 구원 역사의 패턴을 현대 역사에서도 볼 수 있다. 그러나 여기에서는 이 원리 중 포럼 주제에 벗어나지 않는 한 가지 요소만을 언급하고자 한다. 즉, 하나님이 어떻게 한 나라의 정치, 경제, 사회의 변화를 통하여 전통을 무너뜨리시고 구원받을 사람들이 새로운 것을 받아들일 수 있도록 그들의 마음을 준비시키시는지를 살펴보고자 한다.

2. 다른 나라의 예

1) 한국의 영적 추수기 때의 사회 상황

한국은 1885년 언더우드와 아펜젤러를 통해 개신교를 받아들였다. 1907년 평양에서 부흥의 불길을 맛보기는 했지만 그때는 민족 전체의 기독교 인구가 급속도로 증가하는 그러한 추수의 시기는 아니었다. 그 후 36년간 일제 강점기와 6·25 전쟁을 겪으며 모든 것이 파괴되고 아무것도 남지 않았다. 우리 민족이 가장 밑바닥까지 내려갔던 시기였다.

그때 복음 전파의 가장 큰 걸림돌은 불교와 유교였는데 다행히 불교는 대부분의 절이 산에 있었기 때문에 사람들의 일상적인 삶을 지배하지는 않았다. 그러나 유교의 제사는 심각한 문제였다. 일단 예수를 믿으면 제사를 지내지 않으니 가족은 물론이고 친척들에게도 핍박을 받았다. 심한 경우에는 집에서 쫓겨나기도 했다. 대가족 제도의 구조에서는 핍박이 더욱 심했다. 그런데 대가족 구조가 산업화로 말미암아 깨어지기 시작했다. 5·16 군사 혁명이 일어나면서 경제 개발이 시작되었다. 경제 개발의 진행으로 산업 구조가 1차 산업에서 2차 산업으로 넘어갔고, 산업화가 계속되면서 도시화도 가속화되었다. 이는 인구 이동을 부추겼고, 많은 젊은이가 학업과 구직을 위해 부모 밑을 떠나 도시로 몰렸다. 이 과정을 거치는 동안 가족 구조도 대가족에서 소가족으로 바뀌었으며 많은 영역에서 전통이 무너졌고 사회 변혁이 일어났다. 이로써 부모의 영향에서 벗어난 많은 젊은이가 주님께로 돌아오기가 쉬워졌다.

우리 집안의 신앙 출발점인 나의 누님도 도시에 가서 직장생활을 하다가 예수님을 믿게 되었고, 믿음이 성장하여 집으로 돌아왔다. 누님은 부모님의 많은 핍박을 참고 견디며 가족을 위해 더욱 뜨겁게 기도했다. 누님의 기도를 통하여 목적 없이 방황하던 필자도 주님께로 돌아오게 되었다.

당시에는 교회를 개척하기만 하면 부흥이 되었던 시기로 이른바 영적 추수기였다. 그러나 88 올림픽을 기점으로 90년대부터는 경제 구조가 다시 한 번 바뀌었다. 2차 산업에서 3차 산업으로 바뀌어 가면서 사회가 이전보다 더 복잡해졌다. 사람들이 물질에 마음을 많이 빼앗기게 됨으로써 믿는 사람들의 기도의 열기가 식어 갔다. 믿지 않는 사람들도 이전보다 복음에 대해 관심이 줄어들었다. 그 현상이 지금까지 조금씩 하향곡선을 그리면서 이어져 왔다. 지금은 어쩌면 영적 추수기가 지난 이삭 줍는 시기라고 볼 수 있다.

우리가 여기서 주목해야 할 사실은 하나님이 우리 민족의 구원의 때에 정치적 상황을 바꾸셔서 군사 정권이 들어서게 하셨고, 그 정권이 경제 개발에 힘쓰게 하여 산업화가 일어나게 하셨다는 점이다. 이로써 사람들의 삶의 환경을 바꾸셨고 전통과 관습이 무너지면서 불교와 유교의 영향을 덜 받게 하여 복음을 들을 수 있는 환경을 만드셨다.

2) 공산권 지역

1988년 몽산포수련회 때 서쪽 중국을 향하여 학생들과 함께 "철의 장벽이 무너지고 복음의 문이 열리게 하소서"라고 간절히 기도했었다. 그런데 공산당의 종주국인 소련에서 다음 해 고르바초프가 개혁과 개방이라는 슬로건을 내세우면서 갑자기 소련 연방이 무너지더니 1년 사이에 동구권 독재자들의 모든 정권이 무너졌다. 그리고 문호가 개방되었고, 자본주의와 함께 복음이 들어갈 길이 열렸다.

우리 팀이 들어가서 사역을 하며 많은 열매를 맺고 있는 동아시아는 어떻게 변화의 과정을 겪었는가? 1945년 국민당이 무너지고 공산당이 정권을 잡았다. 60년대에는 문화 혁명이 일어났다. 문화 혁명의 슬로건 중 하나는 전통 말살이었다. 이 전통 속에는 종교도 포함되어 있었다. 이 문화 혁명으로 많은 인민이 고통을 받았지만 모든 전통적인 종교(불교와 애니미즘)가 제거되었다. 그리고 소련 연방이 무너진 후 문호를 개방하고 경제 개발에 주력했으며 이로 말미암아 산업화가 가속화되었다. 많은 인구가 시골에서 도시로 이동했고, 이들은 부모의 영향에서 벗어나 좀 더 자유로운 환경에서 복음을 받아들였다. 중국의 영적 추수기는 지금까지 지속되지만 베이징 올림픽 이후 그 열기가 조금씩 식어 가고 있다. 앞으로 경제가 더 발전하면 한국 교회처럼 점점 더 식어 갈 것이라 생각된다.

3. 인도의 경제 상황

인도는 전통적으로 소련과 가까웠고 사회주의를 표방해 왔었다. 그래서 1989년 소련 연방이 변화되기 전까지는 다른 공산주의 국가들처럼 외국에 대해 문호를 넓게 개방하지 않았었다. 경제도 외국에 의존하지 않고 자급자족하는 편이었다. 그런데 90년대에 들어서면서 조금씩 외국 자본을 끌어들이려고 노력하기 시작했다. 그러나 의원 내각제인 인도는 지난 20년간 과반수 이상을 획득한 당이 없어서 계속 연합 정부를 수립해야 했기에 외국에서 자본을 투자받는 데 한계가 있었다. 일부 IT 산업과 서비스업에는 많은 투자가 이루어졌지만 2차 산업인 제조업은 대규모 투자가 어려웠다. 이는 산업이 발달할 수 있는 인프라가 만족스러울 만큼 준비가 되어 있지 않았기 때문이다. 즉, 전기, 수도, 물, 도로, 항만 등 산업 개발에 필요한 인프라가 갖추어진 방갈로르와 구자라트 주를 제외하고는 대부분 미비하다. 더구나 공무원들의 부정부패와 근무 태만은 적극적인 투자를 막는 요인 중 하나다. 포스코는 2006년에 인도 오리사 주에 몇 년에 걸쳐 총 12조 원의 자본을 투입하여 세계에서 가장 큰 제철 공장을 세우겠다고 공표하고 그 일을 추진해 왔지만 여러 가지 장애로 현재 추진이 지지부진한 상황이다.

그러나 이와 같은 장애물이 있음에도 방갈로르나 구자라트 같은 우수한 주 정부는 인프라를 잘 구축해 놓고 행정 지원도 잘 해 줌으로써 전략적으로 많은 외국 기업들을 유치하여 급속한 발전을 거듭하고 있다. 이들은 다른 주 정부들의 발전 모델이 되어 도전과 자극을 준다. 중국이 발전했던 속도만큼은 아니지만 그래도 인도는 서서히 발전과 변화해 가고 있다. 인도의 경제 규모와 산업 구조가 어떠한지 2011년 통계 자료(CAI Fact 참조)를 통해 살펴보자.

국가 총생산(GDP)	4,463조 달러(세계 4위)
국민 일인당 GDP	3,700달러(세계 163위)
산업별 GDP	1차 농업: 18.1% / 2차 제조업: 26.3% / 3차 서비스업: 55.6%
산업별 노동 인구 분포	1차 농업: 52% / 2차 제조업: 14% / 3차 서비스업: 34%

인도의 산업별 GDP를 보면 3차 산업에 집중되어 있는 반면 노동 인구 분포는 여전히 1차 산업에 머물러 있다. 보통 다른 나라들을 보면 GDP와 노동 인구 분포가 1차 산업에서 2차 산업으로, 2차 산업에서 3차 산업으로 넘어가는 것이 일

반적인 현상이다. 그런데 인도는 독특한 구조를 가지고 있다. GDP 구조로 보면 3차 산업에 와 있는데 노동 인구 분포를 보면 1차 산업에 머물러 있는 것이다.

여기서 주목해야 할 사실은 영적 추수기를 겪었던 대부분의 나라는 1차 산업에서 2차 산업으로 넘어갈 때 도시화가 가속화되었고 사회 변혁이 일어났으며 전통이 무너졌다. 그런데 인도의 산업 구조를 보면 2차를 거치지도 않고 3차로 넘어갔다. 그것도 노동 인구 분포가 아닌 GDP에서만 그렇다. 따라서 노동 인구 분포상으로 볼 때 인도는 아직 사회 전체의 산업 구조가 바뀌지 않았다. 더 큰 변화가 나타나려면 2차 산업이 일어나야 한다. 3차 산업에는 대부분 지식층들이 집중되어 있고 수적으로 한계가 있기 때문이다.

1차 산업에 종사하던 사람들이 2차 산업으로 넘어갈 때, 시골의 노동 인구가 대규모로 도시로 유입되고 그럼으로써 전통적인 대가족 제도와 힌두 전통이 무너질 것이라고 생각된다. 이전에 우리 부모님들이 특별한 신앙 고백 없이 명목상의 불교인들이었고 전통에 따라 한두 번씩 절에 갔던 것처럼 인도인들도 신앙 고백을 안 하더라도 사회 전체가 힌두 축제와 연관되어 굴러간다. 가족과 공동체 삶을 중요하게 여기는 인도인들은 이 힌두 축제들을 통하여 자신들의 소속감을 확인하고 서로가 하나 되는 계기를 만든다. 그런데 만약 2차 산업의 발달로 농촌의 많은 노동 인구가 도시로 몰려들면 사람들은 자연스럽게 그 공동체에서 벗어나 전통에 얽매이지 않고 자유롭게 복음을 들을 수 있을 것이다.

인도의 산업화 속도와 분위기는 우리나라의 70년대 초와 비슷하다. 따라서 앞으로 더 빠른 속도로 경제 발전을 추구하게 될 것이다. 더 많은 사람이 도시로 몰려서 그 결과 대가족 제도와 전통이 무너질 것이다. 이에 하나님은 복음의 문을 활짝 열어 가실 것이다. 이것이 구원의 때가 된 인도를 향한 하나님의 선교 전략이다. 우리는 이미 부흥을 경험한 나라이고 훈련된 좋은 자원들이 있다. 어쩌면 하나님은 이스라엘 백성을 출애굽 시켜야 할 때 모세를 준비시키셨던 것처럼 우리의 젊은이들을 준비시켜 놓으신 것인지도 모른다. 우리의 질 높은 자원들이 잘 동원되어 효과적으로 쓰임 받아야 한다. 그것이 하나님의 구원 섭리에 맞는 도리이고 또 우리가 살 수 있는 길이다.

4. 인도의 종교적 상황과 힌두이즘

현재 통계 자료에 나타난 종교 현황은 힌두교가 전체 인구의 80.5%, 무슬림 13.4%, 크리스천 2.3%(가톨릭 포함), 시크 1.9%, 그리고 그 나머지가 1.9%이다. 인도에 사는 무슬림들은 어디에 살든지 모스크를 중심으로 함께 모여서 살아간다. 따라서 무슬림들에게 접근하기는 쉽지 않다. 무슬림 공동체 속에서는 더욱 이웃의 눈치가 보이므로 그들에게 개종은 목숨을 걸어야 하는 일이다. 일단 개종을 하면 가족과 그 마을을 떠나야 한다.

무슬림에 비하면 힌두교인들은 끈끈한 공동체를 형성하지 못하고 있다. 부인들과 할머니들은 자주 만디르에 참석하지만 그리 신앙이 있는 것 같지는 않다. 다만 다들 집 안에 우상 단지를 모셔 놓고 아침저녁 외출할 때마다 절하는 것이 습관화되어 있고, 지나가다가 만디르가 있으면 절을 한다. 그리고 차가 있는 사람들은 일요일에 가족과 함께 가까이 있는 큰 만디르에 가서 뿌자(힌두 예배)를 드린다. 비록 깊은 신심이 없다고 하더라도 이들을 하나로 강하게 묶어 주는 것이 바로 힌두 축제들이다. 다양한 축제에 참여함으로써 가족, 친지, 이웃과 함께 어우러지고 서로 소속감을 확인한다. 시골 동네일수록 더욱 깊이 교제하고, 대도시에서는 시골만큼 크고 거창하게 축제를 열지는 않는다. 도시 변두리에 사는 이주민들도 고향에서 했던 대로 크게 축제를 열 수는 없다. 그러므로 이 축제들도 산업화가 더 가속화되면 그 열기가 식어지고 그 힘을 잃어버릴 것이라고 볼 수 있다. 앞으로 하나님이 산업화를 통해 사회의 전체적인 구조를 바꾸시고 기존의 힌두 전통을 조금씩 와해시키시며 복음의 문을 더욱 활짝 열어 가실 것이다.

5. 인도 CCC의 사역 현황

인도 CCC는 현재 전임 간사가 사모를 포함해서 약 300명 정도 되며, 인도 전 지역을 7개 지역으로 나누어 각 지역마다 부대표(Associate Director)를 두고 캠퍼스 사역(SLM), 교회 개척 사역(CLM), 직장인 사역(LLM)을 진행한다. 인도 CCC는 그동안 사역의 많은 부분을 예수 영화 사역에 치중해 왔고 또 그 사역으로 많은 사람에게 복음을 전했다. 그러나 예수 영화 본부에서 재정 지원이 끊기자 사역자들에게 급여를 지급할 수 없어서 사역의 형태를 바꾸어야만 했다. 그래서 예수 영화 사역에 투입되었던 전임 간사들의 일부는 캠퍼스 사역에 그리고 대부분은 교회 개척 사역에 투입되었다.

교회 개척 사역은 이전 예수 영화 사역의 열매를 바탕으로 많은 활동을 활발하게 진행하고 있고 교회 개척도 건물보다는 평신도 지도자를 중심으로 가정 교회를 확산시켜 가고 있다. 가정 교회의 지도자가 될 사람들을 확보하여 지속적인 훈련을 받게 함으로써 많은 가정 교회를 세워 가고 있다. CCC의 교회 개척 사역은 다른 단체들에 영향을 주어 함께 연합하거나 다른 단체들이 독자적으로 진행하기도 한다.

캠퍼스 사역도 예수 영화 사역 이후 조금씩 활성화되고 있지만 아직도 부진한 지역이 많다. 우선 GCTC 훈련생 통계를 보면 대략 캠퍼스 사역의 활성도를 평가할 수 있다. 올해 남아시아 간사수련회 때 GCTC 훈련생 수료식이 있었다. 전체 수료 인원은 18명으로, 이중 방글라데시에서 10명, 콜카타와 방갈로르 지역에서 각 1명씩, 그리고 첸나이 지역에서 6명이 나왔다. 첸나이 지역은 인도 전체에서 가장 부흥되는 지역이다. 인도 전체 7개 지역 중 4개 지역에서 간사를 배출했고 3개 지역에서는 1명의 수료 간사도 배출하지 못했다. 각 지역은 인구와 학교 분포상 한 국가보다 더 큰 지역이고 또 대부분 30명이 넘는 간사 자원이 있음에도 수료 간사가 배출되지 못했다는 사실은 학생 사역의 현실을 그대로 반영해 준다. 지금은 그래도 대부분의 지역에서 캠퍼스 사역의 중요성을 깊이 인식하고 있고 그 나름대로 열심히 활동 중이다. 지금의 열심이 반드시 몇 년 후에 GCTC 간사 지원 통계를 통해 그 열매로 나타나리라고 생각된다.

과거의 문제이지만 왜 GCTC 간사가 적게 배출되었는지, 왜 인도 CCC의 학생 사역이 힘 있게 일어나지 못했는지를 살펴보는 것도 필요할 것 같다. 15년 전 필자가 델리에서 사역할 때 자비량팀들을 데리고 각 지역을 순회하며 전도 여행을 했었다. 학생들을 훈련하려는 목적도 있었지만 각 지역의 사역 현황을 정확히 알고 싶기도 했다. 그때 깨달았던 사실 중 하나는 전체 리더십 구조가 피라미드 구조가 아니라 절구통 구조라는 점이었다. 많은 신입 간사들이 들어와서 5-6년간 사역하다가 그곳에서 자신의 비전(장래 포지션)이 보이지 않으면 곧 떠나 버리는 현상이 일어나서 중간 계층의 인적 자원들이 부족했다. GCTC 자원자들 대부분도 캠퍼스 사역의 열매로서 지원한 것이 아니라 예수 영화 사역자 중에 전임 간사로 전환한 경우가 많았고, 또는 CCC를 경험하지 못한 외부 자원들이 지원한 경우도 많았다. 많은 전임 간사 자원자들이 캠퍼스에서 사역의 열매를 경험하지 못한 채 들어왔고, 또 들어와서도 사역이 활발한 현장에서 훈련받기보다는 단지 클래스에서 강의 위주의 훈련을 받았기에 악순환이 반복되고 있다. 순론에 의하면 유에서 유를 낳는다. 활성화된 사역 현장이 없기에 사역의 모델이 그만큼 적었던 것이다. 그러나 다행히 지금은 예수 영화 사역에서 전환되어 새롭게 캠퍼스 사역에 치중하고 있다. 따라서 현재 나타나는 데이터는 다소 적지만 지금의 구조와 분위기를 계속 이어간다면 한국과 중국처럼 캠퍼스 사역에서 큰 부흥을 경험하게 될 것이다.

이번에 남아시아 간사수련회 때 학생 사역 책임자는 내년 1월에 남아시아 전체 학생수련회를 개최하겠다고 공표했다. 인도의 한 도시에서 남아시아 전체 약 300명의 학생을 대상으로 수련회를 하겠다는 것이다. 각국에서 오는 것이 쉽지 않으므로 사람을 모으는 데 초점을 두지 않고 소수 정예로 순장들을 훈련시키고 비전을 심어서 각국 캠퍼스 사역에 활기를 불어 넣겠다는 계획을 밝혔다. 우리가 생각할 때는 소수의 숫자인 것 같지만 각 캠퍼스의 핵심들이 모이므로 이곳에서 불이 붙어 인도 및 남아시아 전체 국가로 확산될 것이다.

우리 지역(North India)은 약 4억의 인구와 약 4천 개의 캠퍼스가 있는 지역으로 현재 29명의 전임 간사가 5개 도시에서만 사역을 하고 있다. 캠퍼스 사역을 중심으로 하며 이번 여름수련회 때 각 지역에서 약 80명의 학생을 모아 훈련시킬 예정이다. 인도 경제가 나아진 관계로 대부분의 전임 간사들이 스스로 생활비를 모금하고 있고, DMPD(사역 동역자 개발)가 도입된 이후 후원율이 많이 증가되어 안정되게 사역하는 중이다. 그러나 아직도 사역비는 외국의 지원에 의존한다. 그동안 리더십 문제로 다소 어려움을 겪었는데 남아시아 간사수련회 때 리더십이 교체되었다. 오랫동안 리더십 자리에 있었던 조지 나이난(Jeorge Nine)이 은퇴하고 새롭게 조스 삼(Jose Sam)이 지역 책임자로 임명받았다. 젊고 참신한 리더로 바뀌어 다들 환영하는 분위기이고, 이 교체는 새로운 기대를 품고 새롭게 출발하는 계기가 되었다.

II. 한국 CCC의 선교 현주소와 새로운 돌파구의 필요성

1990년 여름 한국 CCC는 국제 CCC에서 개최한 마닐라 선교 대회에 3천 명의 학생을 파송했다. 그때만 해도 10만 명의 선교사를 파송해야 한다는 비전은 있었지만 해외 선교에 대해 구체적인 전략과 방향이 서 있지 않았을 때였다. 그런데 하나님은 이 선교 대회를 통하여 한국 CCC만이 가질 수 있는 큰 틀의 선교 전략과 패턴을 허락하셨다.

그 첫 번째가 단기 선교였다. 영적 전쟁의 원리에서 단기 선교의 특징을 규정한다면 문이 열린 지역에 동시에 대규모 포탄을 쏟아붓는 것과 같은 역할이다. 1991년은 일본과 홍콩, 마닐라 3곳에 약 1,500명 정도를 파송했다. 그러면서 단기 선교가 정착되기 시작했다. 그 이전에도 단기 선교를 해 왔지만 사역의 측면보다는 비전 트립의 성격이 강했다. 마닐라 대회 이후 사역의 개념이 더 커졌다. 실제 군대 조직처럼 중순, 대순을 만들어 한 중순이 현지의 한 교회와 연합해서 그 지역에 복음을 전했는데 전도자들을 현지 교회에 등록시켜서 현지 교회 목회자가 양육할 수 있도록 했기에 실제적으로 교회 부흥을 가져왔다. 교회가 없었던 지역에 많은 교회가 개척되기도 했다. 훈련된 많은 학생 자원들을 가진 CCC로서는 이 단기 선교야말로 가장 기본적인 선교 전략이었다. 그뿐만 아니라 이 단기 선교는 국내 사역을 부흥시키는 수단이 되기도 했다.

1992년 2월에는 일본에 처음으로 자비량팀을 파송했다. 이 팀들은 현지 언어를 배우면서 현지 간사들의 사역을 돕는 좋은 조력자 역할을 했다. 이들은 대부분 단기 선교에서 양육된 자원들이고 또한 장기 선교사로 헌신할 좋은 자원들이었다. 이들은 현지 사역의 베이스캠프 역할을 감당했는데 이들의 역할과 공헌은 동아시아 사역의 열매를 통하여 충분히 입증되었다. 장기 선교사가 학생들과 직접적으로 접촉하기 힘든 영역들을 이 자비량팀들이 감당해 줌으로써 장기 선교사는 자비량팀들이 접촉하여 데리고 온 학생들을 양육하는 데 힘을 쏟을 수 있었다.

마지막으로 장기 선교사들이다. 장기 선교사들은 내부와 외부의 가용 자원을 최대한 동원하여 자신이 사역하는 현장에 투입해서 총체적 선교를 감당하는 사람들이다. 장기 선교사는 한국 CCC의 질 높은 자원들을 동원하여 사용해야 하고, 자원은 많지만 어떻게 활용할지 모르는 한국 교회에 도전을 주어 필요한 자원을 끌어내 사용할 수 있어야 한다. 또한 필요하다면 믿음은 없지만 가난한 나라에 선한 일을 하고 싶어 하는 개인이나 단체까지도 사역에 동원할 수 있어야 한다.

지금까지 KCCC의 기본적인 선교 전략은 바로 이처럼 단기 선교팀, 자비량팀, 그리고 장기 선교사의 사역 패턴으로 이루어져 왔다. 현재는 지금까지 해 왔던 우리의 기본 전략과 사역 패턴을 더욱 활성화해야 할 뿐만 아니라 한국 CCC의 사역 활성화 차원에서 새로운 돌파구가 필요한 상황이다. 한국 교회의 영적 분위기는 계속 하향 곡선을 그리고 있다.

앞에서 잠시 언급한 내용 중에, 영적으로 부흥한 나라들은 1차 산업에서 2차 산업으로 넘어갔을 때 영적 부흥의 시기를 맞았고, 2차에서 3차로 넘어가게 되면 영적으로 하향 곡선을 그리게 된다고 밝혔었다. 이는 물질을 향한 사람들의 환경적인 상황 때문에 그러하다. 그래서 교회에 젊은이들이 사라져 가고 기도의 열기는 식어 간다. 한국 교회뿐 아니라 여러 학생 단체들 속에서도 이러한 조짐이 보인다. 우리는 이 상황을 충분히 인지하면서 영적 흐름에 새로운 돌파구를 만들어 내려고 노력해야 한다. 국내의 영적 토양이 많이 열악해졌다. 통계를 보면 80년대 초반에는 10명을 전도하면 4명은 영접을 했었다. 그러나 지금 캠퍼스에서 10명에게 전도하면 영접은 둘째치더라도 몇 명이나 사영리를 들어 주는가? 이것이 바로 현재의 영적 분위기다. 이전에 비해 많은 사람이 복음에 무관심하다. 그러나 하나님이 문을 열어 놓으신 선교지는 그렇지 않다. 다가가면 관심을 가지고 들어 주며 좋은 반응을 보인다. 선교하러 온 팀들은 오히려 현지의 좋은 반응에 자신들이 은혜를 받고 돌아간다. 이들 중에서 헌신자들도 나온다. 미국 교회가 그나마 유지되고 있는 이유는 선교를 하고 있기 때문이다.

좀 더 적극적인 단기 선교를 통하여 많은 학생 자원들이 복음의 반응이 좋은 선교지에서 더 많은 은혜와 헌신의 기회를 누려야 한다. 단기 선교는 이 자원들을 훈련하는 장으로서도 활용되어야 한다. 특히 자비량팀들은 간사 자원을 배출하는 통로로도 활용되어야 하기에 본부는 자비량 운영 원칙을 다시 정비하고 1년 동안 이들을 교육하는 커리큘럼도 현지에 있는 선교사들에게 의존하기보다는 이미 활용되는 좋은 교제와 커리큘럼을 수합하여 일원화된 전략으로 교육해야 한다.

III. 인도 선교 전략
1. 사역의 초점과 방향

1) 철저히 사람을 세우는 사역: 말씀의 사람, 기도의 사람, 성령의 사람이 되도록 하나님은 사람을 통하여 그분의 뜻을 이루어 가신다. 그분이 쓰실 수 있는 사람을 길러 내는 것이 우리 사역의 초점이자 핵심이 되어야 한다. 즉, 모델적인 순장과 모델적인 간사를 양육하는 것이다. 그래서 이들이 자신과 같은 지도자들을 배출해 내고, 우리의 운동이 세대를 거듭해 지속될 수 있도록 해야 한다.

2) 우리는 선교사이기에 현지 CCC가 필요로 하는 사역에 초점을 맞추어야 한다. 현재 인도 CCC 사역의 형편을 잘 알고 이들이 가진 장점과 도와야 할 부분에 관심을 두어야 한다. 성공적인 사역 전략과 방법을 철저히 배우고, 우리에게는 있지만 이들에게 없는 것들을 이들이 활용할 수 있도록 토착화된 사역의 모델을 만들어 제시하는 것도 좋은 방법이다. 예를 들어, 한국의 사랑방(사역 훈련 공동체)을 실제 이곳에서 성공적으로 정착시켜 검증한 후에 인도 전 지역에 전수될 수 있도록 토착화하고 모델화하는 방법 등이다.

3) 선교 사역을 하면서 한국 CCC 사역에 부흥이 되고 도움이 되도록 물꼬를 트는 역할을 해야 한다. 즉, 한국 CCC에서 새로운 돌파구를 만들어 내려고

하는 Community 사역(지역 사회 사역)이나 Gain 사역(CCC 국제 NGO)이 활성화되도록, 그리하여 한국 교회 자원을 최대한 동원할 수 있는 아이템과 장을 마련해 주는 것이다.

2. 학생 사역(SLM)의 부흥을 위하여

인도 학생 사역의 부흥을 위하여 가장 효과적인 선교 전략 중 하나는 이미 다른 나라에서 적용하여 성공을 거둔, 한국 CCC의 학생 자원을 활용한 단기 선교와 자비량팀을 이용한 선교다. 특히 동아시아에서 거둔 열매는 국제적인 좋은 모델이다. 이 열매들이 국제 CCC에 사실보다 덜 알려진 것이 아쉽다. 동아시아 사역의 열매 뒤에는 한국 CCC의 단기 선교와 자비량팀들이 공헌한 바가 큰데도 동아시아 사역의 부흥만 알려졌지 그들의 공헌은 대부분의 국가에 잘 알려지지 않았다. 이제 동아시아 사역은 어느 정도 자립을 해 가고 있다. 한국 교회나 한국 CCC의 동아시아에 대한 선교 열기와 관심이 예전 같지 않게 점점 식어 간다. 인도가 새롭게 부각되고 있다. 만약 한국 CCC가 동아시아에 쏟아부었던 선교 열정을 인도에 쏟아붓는다면 동아시아보다 더 큰 열매와 효과를 얻을 수 있을 것이다. 이미 열매로 검증된 좋은 전략과 경험이 있기 때문이다. 동아시아의 경우 중국어를 제대로 구사하지 못하는 상황에서도 단기 선교 학생들과 자비량팀들이 많은 친구를 사귀어 열매로 연결시켰었는데 만약 그와 같은 노력을 인도에서도 한다면 더욱 효과를 볼 수 있으리라 생각된다. 인도는 어디에서나 영어로 소통이 가능하다. 우리의 학생 자원들이 이전보다 영어 수준이 향상되었기에 언어적인 부분에서도 유리한 입장이다. 다른 영역에서도 이와 같은 분위기와 환경이 조성되고 있다.

인도의 정치적·영적 분위기, 새로운 리더십과 함께 새롭게 출발하는 인도 CCC, 새로운 장을 열고자 하는 인도 CCC의 학생 사역 계획, 거기에 새로운 돌파구가 필요한 한국 CCC의 여러 상황을 고려해 볼 때 인도 선교로 방향을 트는 것이야말로 하나님이 한국 CCC에 주신 또 하나의 선교 기회다. 복음의 문이 활짝 열린 인도는 한국 CCC가 단기 선교와 자비량팀을 통해 국내 사역을 더욱 활성화할 수 있는 좋은 기회다. 이에 인도 선교의 전략 중 하나는 한국 CCC의 훈련된 학생들을 활용한 단기 선교와 자비량팀들의 선교다.

3. 대교회 사역(CLM)의 부흥을 위하여

인도에서의 대교회 사역(Church Led Movement)의 핵심은 교회 개척 사역(CPM)으로, 교회가 없는 지역에 교회를 세우는 사역이다. 이는 평신도 지도자를 훈련하여 교회가 없는 지역에 파송해서 가정 교회를 세워 복음을 전해 가는 방식이다.

인도 CCC는 목회자들이나 평신도 지도자를 모집하여 훈련을 시켜 주고 이 개척 교회들이 자립할 수 있을 때까지 3년간 매달 100불 정도를 후원한다. 이때 CCC의 역할은 가정 교회 지도자를 훈련하는 일과 재정이 CCC를 통해 전달되어 지속적으로 사역을 이어갈 수 있게 해 주는 것이다. 개척 교회가 꼭 CCC 이름으로 세워질 필요는 없다. 후원하는 교단이나 단체 혹은 교회 소속으로도 할 수 있다. 만약 한국 CCC가 마게도냐 프로젝트와 커뮤니티 사역의 일환으로 한국 교회와 함께 이 프로젝트를 진행한다면 해외에 교회를 개척하기를 원하는 한국 교회의 필요를 채워 줄 수 있다. 한국 교회로서는 신뢰할 수 있는 기관과 사역자를 통하여 해외 선교를 할 수 있고, 또 적은 재정으로 효과적인 선교를 할 수 있으며 그 교회의 이름으로 해외에 교회를 개척할 수 있다는 장점이 있다. 그러므로 얼마든지 한국 교회를 동원하여 이 사역을 함께 진행해 갈 수 있을 것이다. 우리를 통하지 않더라도 한국 교회는 그 일을 하게 될 것이다. 그러나 우리를 통해서 한다면 더 조직적이고 안전하며, 적은 재정으로 즉각적인 열매를 볼 수 있기에 한국 교회의 선교에도 큰 기여를 할 수 있을 것이다. 그뿐만 아니라 새로운 돌파구가 필요한 마게도냐 사역과 커뮤니티 사역에 새로운 장을 열어 줄 것이다.

4. 사회봉사 사역의 활성화

요즘 한국의 매스컴을 통하여 제3세계 어린이들을 돕는 운동이 일어나고 있다. 믿지 않는 사람들도 자신이 기부한 적은 금액이 가난한 지역의 생활과 교육에 큰 도움이 된다는 사실을 알기에 적극적으로 기부한다. 한국의 로터리 클럽들도 지역 클럽 차원에서 해외의 가난한 지역에 학교 지원 사업의 일환으로 컴퓨터를 보내기도 한다.

인도는 시골과 산악 지대에 열악한 곳이 많다. 1인당 GDP가 세계 163위인 빈곤 국가다. 주 정부마다 선거 때 표를 얻으려고 가난한 사람들에게 물과 전기, 의료 혜택과 무상 교육을 공약으로 내세우지만 실제로는 선거가 끝나면 공약은 지켜지지 않는다. 아니 지켜질 수가 없다. 중앙 정부나 주 정부 모두 재정이 없기 때문이다. 해외에서 돕지 않으면 25% 절대 빈곤자들이 열악한 상황에서 벗어나기가 쉽지 않다. 이들을 돕는 것은 단지 돕는 것으로 끝나지 않는다. 아직도 힌두교가 80%를 차지하는 이들에게 침투해 들어갈 수 있는 가장 확실하고 좋은 방법은 바로 이들의 필요를 채워 주는 것이다. 필요를 채워 주겠다는데 거부할 사람은 없을 것이다. 주 정부의 상황도 마찬가지다. 잘만 활용하면 우리 사역의 방패막이와 울타리의 역할을 해 줄 것이다. 미래 선교의 좋은 어장을 만들어 놓는 셈이다. 학생 사역과 연계시켜 진행한다면 이곳 학생 사역의 훈련의 장으로도 활용할 수 있다. 한국 CCC로서는 의료 선교팀을 활성화하고, 새롭게 시작한 Gain 사역을 활성화시킬 좋은 장이 될 것이다.

나가는 글

이 글에서는 하나님이 인도에 복음의 문을 활짝 열어 놓았다는 사실을 다각도로 살펴보았고, 또 한국 CCC가 지금까지 어떻게 선교를 해 왔는지 그리고 앞으로 어떤 돌파구가 필요한지, 마지막으로 인도와 한국 CCC의 상황 속에서 가장 전략적인 선교 방법이 무엇인지를 살펴보았다. 여기서 선교사인 우리가 꼭 기억해야 할 사실은 하나님이 우리의 모든 선교를 주관해 가신다는 사실이다. 이 하나님의 주권 앞에서 우리는 겸손함으로 하나님의 타이밍과 역사하심 속에서 내게 주어진 역할에 충실해야 한다. 하나님이 한국 교회와 한국 CCC에 많은 은혜를 부어 주셨다. 이제는 그것이 다시 선교지로 흘러가기를 원하신다. 그 일의 중심에 서 있게 하신 하나님께 감사드린다.

- 참고 자료

    CIA the World FactBook-India

MISSION STRATEGY 7

이슬람 사역의 현황과 가능성

스펄전(CCC 아라비아 선교사)

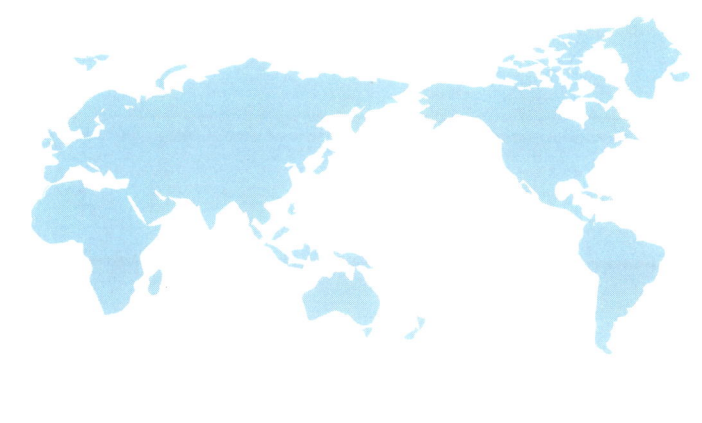

7

이슬람 사역의 현황과 가능성

들어가는 글

하나님은 우리가 '모든 족속'을 향해 나아가도록 명령(마 28:18-19 참조)하셨으며, 결국 모든 나라, 족속, 백성, 방언에서 셀 수 없이 많은 무리가 구원을 받을 것이라고 약속(계 7:9 참조)하셨다. 이 하나님의 명령과 약속에는 차별과 예외가 없다. 이슬람 국가에 사는 민족들도 반드시 구원을 받을 것이라는 말씀이다. 이 말씀에 의하면 분명히 모든 무슬림에게까지 복음이 전해져야 종말이 올 것이다. 따라서 우리는 그리스도인으로서 당연히 큰 부담감을 가져야 한다. 오늘날 이슬람은 전 세계 교회에 큰 도전이 되고 있으며, 남은 지역의 대부분을 차지한다. 이 시점에서 '이슬람 사역의 현황과 가능성'에 대해 논의하고 전략을 수립하는 일은 매우 중요하고 의미 있는 일이라고 생각한다.

1. 21세기 이슬람 지역의 현황

1) 이슬람 근본주의의 쇠퇴

20세기에는 이슬람 근본주의 운동이 활발하게 전개되었다. 특히 이스라엘의 아랍 국가 팔레스타인에 대한 축출로 본격화된 근본주의 운동은 발전을 거듭하여 최근 오사마 빈 라덴의 지도하에 알카에다(인도자라는 뜻)의 9·11 테러로 그 영향력을 극대화하였다. 미군의 적극적인 이라크, 아프가니스탄의 전쟁 개입, 빈 라덴의 사살 등으로 와해되는 듯했지만, 다시 재정비하여 새로운 모습으로 세상에 나타나기 위해 와신상담을 하고 있는 듯하다.

이슬람 근본주의 운동의 궁극적인 목표는 이슬람의 샤리아(법)에 의해 다스려지는 신정 국가를 건설하는 것이다. 전쟁 전의 아프가니스탄이 그들이 추구하던 하나의 모습이었을 것이다. 그들은 현대 이슬람 국가들의 세속주의와 비이슬람적 통치 형태를 비판하며, 이슬람 사회의 차별받는 비주류 계층을 포섭하여 근본주의 운동에 참여시켜 현대의 세속적인 이슬람 정부를 전복시키고자 하는 전략을 구사한다. 아마도 최근 '아랍의 봄'으로 촉발된 정치 체제 변화를 겪고 있는 아랍 국가들 사이에서 이슬람 근본주의자들이 권력을 잡는다면 새로운 국면으로 발전할 것으로 예상된다.

2) 정치 체제의 변화와 새로운 국면

한국의 광주 민주항쟁과 같은 민주화의 열망이 수년 전부터 이란에서 대대적으로 일어났고, 급기야 2011년 튀니지에서 시작된 '아랍의 봄'이라고 불리는 반정부항쟁 도미노가 장기 독재 정권하에서 억압받던 아랍권 국민 사이에서 요원의 불길처럼 일어났다. 결국 튀니지, 이집트, 리비아의 정권이 무너졌고, 바레인, 예멘 등지에서는 아직도 산발적인 봉기가 일어나고 있으며, 시리아는 끝이 보이지 않는 유혈 충돌이 진행 중이다. 이 항쟁들의 원인은 다양하지만, 정치적인 문제를 바탕으로 경제적인 문제가 가장 큰 요인으로 분석된다. 대부분 경제적으로 어려움을 겪는 아랍 국가들에서 항쟁이 일어났다. 정치적으로 장기 독재 체제를 유지하고 있지만 경제적으로는 풍요하고 안정적인 사우디아라비아, 쿠웨이트, 카타르, 아랍에미리트 등 부유한 산유국들은 산발적인 소규모 동요들을 잘 무마했다. 경제적인 문제 외에도 국민의 교육 수준과 민주화에 대한 열정에 따라 성패가 결정되었다. 정권이 붕괴된 국가 내에 새롭게 민주 정부가 세워지면 좋겠지만, 가장 큰 문제는 이슬람 근본주의가 정권을 잡기에 유리한 정치적 환경이 제공되고 있다는 점이다. 이슬람 근본주의가 정권을 얻게 된다면, 예전보다 교회와 기독교 선교사들의 활동에 더 많은 제재가 가해질 것으로 예상된다. 이제 이슬람을 향한 선교는 새로운 국면을 맞이하게 되었다.

3) 이슬람 지역을 강타하는 한류

21세기 초부터 한국 드라마를 중심으로 본격적으로 시작된 이슬람 지역에서의 한류는 이슬람 여성들의 마음을 사로잡기에 충분했다. 사회 활동이 제한된 여성들은 집 안에서 TV나 인터넷을 통해 현지어로 더빙된 한국 드라마(대장금 등)를 시청하든지 아리랑 TV를 통해 한국어를 배우고, 한국 아이돌 가수들의 K-Pop 공연을 보면서 한국 문화에 심취한다. 여성들은 집 안에서 남성들에게 한국 문화를 자연스럽게 소개하고 종교적으로 충분히 받아들일 수 있을 정도로 폭력적이거나 선정적이지 않다는 사실을 강조한다. 특히 청년 대학생들을 중심으로 한국을 사랑하는 클럽들이 결성되었고 한국인들과 한국 문화에 열광하는 사람들이 늘었다. 한류가 선교에 긍정적인 도움이 되고 있는 것은 사실이다. 그러나 이 한류가 무슬림들에게 지속적으로 영향력을 끼치려면 할리우드 문화나 홍콩 문화처럼 폭력적이거나 선정적으로 타락하지 않도록 기도해야 한다. 한류를 선교사들이 잘 활용한다면 선교에 좋은 통로가 될 수 있을 것이다.

4) 기독교 선교의 심각한 불균형

많은 교회가 이슬람 선교에 대해 부정적인 시각을 가지고 있다. 노력에 비해 열매가 없다고 말하지만 실상은 한국 교회가 다른 지역에 투자하는 인력과 재정 지원과 비교했을 때 이슬람 지역으로 향하는 선교사의 숫자나 재정적 지원은 매우 적다. 2011년 한국 선교사 파송 현황 자료에 의하면, 중동과 북아프리카 지역에 파송된 한국 선교사는 전체 선교사 2만 2천여 명 중 4%에 불과했다. 이러한 인적·재정적 지원의 불균형은 당연히 결과에서도 불균형을 초래한다. 선교 현지의 생활과 환경, 자녀 교육 환경에 있어서 MK스쿨이나 한국 학교 등의 혜택을 받을 수 없고, 본국으로부터 지원받을 때도 MK교사, 자녀 교육 프로그램, 세미나, 상담 등 여러 가지로 더 적은 혜택을 받고 있다. 또한 단기 선교팀이나 자비량(스틴트 Short term International, 1년 혹은 2년간 파송받는 단기 선교사)팀을 모집할 때도 거리와 비용 문제로 어려움이 있다. 특히 사역자들이 별로 없어서 사역자 간의 영적 교제권에서 멀리 떨어져 있다.

많은 사역자가 더 많은 희생과 대가를 치르게 되는 이슬람 지역으로 가려고 하지 않는다. 그러나 복음은 전해지지 않은 곳에 가장 우선적으로 전해져야 한다. 이들에게 더 많은 자원과 혜택과 지원이 우선적으로 제공되어야 한다. 파송하는 교회나 선교 단체가 지상 명령 성취에 대한 분명한 약속을 믿는다면, 이슬람 지역으로 가는 선교 후보생들을 우선적으로 선발하여 보내야 한다. 오늘날 지상 명령인 선교의 과업이 이슬람 지역에서도 힘 있게 진행되고 있지만, 그럼에도 복음이 전해지지 않은 지역, 수천 년 동안 복음의 혜택을 받지 못한 지역이 아직도 많이 남아 있다. 동시에 선교의 문도 많은 곳에서 점점 닫혀져 간다. 하지만 현대 선교의 많은 자원과 사역은 점점 더 불균형을 초래하는 방향으로 흘러간다. 특별한 지혜가 선교에 필요하다고 생각된다.

2. 전략적 접근 – 이슬람권의 해체

이슬람 세계를 향한 효과적인 전략을 수립하기 위해서는 공산권이 복음화되는 과정을 살펴보면 많은 교훈을 얻을 수 있다. 지난 20세기 말에 공산권이 해체되면서 오랜 기간 동안 미전도 지역으로 남아 있던 '철의 장막'에 복음이 신속하게 전해졌다. 이후 활발한 선교의 결과, 21세기에 들어서면서 중국, 베트남, 러시아, 동유럽, 중앙아시아 지역 등 대부분의 공산권 지역에서 교회의 부흥을 경험하고 있는 것은 오늘날 21세기 선교 전략에 시사하는 바가 크다. 사실 20세기 말에 공산권이 해체된 뒤, 그 속을 들여다보니 공산권이 하나가 아니었고 그 속에 무척이나 다양한 민족, 언어, 문화가 존재하고 있었다. 20세기 후반에는 교회가 공산권을 하나의 큰 덩어리로 보고 너무 부담스럽게 여겨서 두려움에 사로잡혀 접근조차 하지 못했었다. 그러나 공산권이 무너지고 난 뒤에 보니, 그들이 하나가 아니며 각기 다른 고유의 문화적 특성을 지닌 개체임이 밝혀져 각각 다르게 접근하게 되었다. 그러자 각 지역에서 많은 열매를 맺으며 복음이 급속하게 확산되었다.

마찬가지로 이슬람권도 그 안을 해부해 보면 매우 다양한 민족과 문화로 구성되어 있음을 알 수 있다. 근본주의 이슬람 단체의 국지적인 테러 행위가 21세기에 들어오면서 조직화되어 가고, 그 빈도도 급격히 증가되었지만, 오히려 이슬람 내에서 종교, 경제, 정치적 이해관계로 인해 이슬람권이 분열되는 움직임이 다양하게 포착된다. 철옹성처럼 보였던 과거의 공산권이 해체되었던 것처럼 과연 이슬람권도 해체되는 날이 올 것인가? 대답은 분명히 긍정적이다. 그 날을 대비하는 마음으로 교회가 지금부터 이슬람권의 해체 작업을 선교계 내부로부터 진행해 나간다면 이슬람 선교를 좀 더 효과적으로 감당할 수 있으리라고 생각한다.

　이슬람권의 해체 작업은 먼저 오늘날 선교계에서 '이슬람권'이라는 단어 사용을 지양하는 것부터 시작해야 한다. 왜냐하면 오늘날 각 이슬람 지역이 매우 다른 정치, 경제, 종족, 언어, 문화 등 다양한 모습을 지녔기 때문이다. 이슬람권이라는 넓은 개념의 선교적 접근과 결코 같을 수 없는 이슬람권 내의 문화적 차이로, 선교사들과 파송 교회들이 혼란스러워한다. 이슬람권을 해체해야만 선교사 동원과 훈련 단계에서부터 차별화된 맞춤식의 준비된 선교사를 배출해 낼 수 있다. 전 세계의 이슬람권을 언어와 문화적인 유사성을 고려하여 한국 교회가 이슬람권 선교를 준비할 때 대략 9개의 서로 다른 전략적 접근 지역으로 해체할 수 있다. 따라서 향후 이슬람권이라는 용어 대신 아래의 9개 지역권의 이름을 사용하면 더 효과적일 것이다.

(1) 인도네시아, 말레이시아, 필리핀 남부 등을 중심으로 한 동남아시아권(말레이어)

(2) 파키스탄, 인도, 방글라데시 등을 중심으로 한 남아시아권(힌디어, 우루드어)

(3) 위구르, 카자흐스탄, 키르기스스탄, 우즈베키스탄, 투르크멘 등 중앙아시아권(중앙아시아어)

(4) 터키, 아르메니아, 그루지야, 아제르바이잔을 중심으로 한 코카서스와 소아시아권(터키어)

(5) 타지키스탄, 아프가니스탄, 쿠르드, 이란 등을 중심으로 한 페르시아권(이란어)

(6) 모리타니, 모로코, 알제리, 튀니지 등을 중심으로 한 북아프리카권(아랍어, 불어)

(7) 리비아, 이집트, 수단 등을 중심으로 한 북아프리카권(아랍어)
(8) 요르단, 팔레스타인, 레바논, 시리아, 이라크 등을 중심으로 한 비옥한 초생달권(아랍어)
(9) 사우디아라비아, 쿠웨이트, 바레인, 카타르, 아랍에미리트, 오만, 예멘을 중심으로 한 아라비아반도권(아랍어)

이상과 같이 이슬람권 내의 서로 다른 문화권을 향해 서로 다른 전략적 접근을 시도해야 한다. 지금까지는 교회가 너무 안이하고 순진하게 이슬람권을 향해 나아갔지만, 앞으로 좀 더 구체적인 지역을 향해 접근해야 한다. 선교사나 선교 단체들도 앞으로 '중동' 또는 '이슬람권'이라는 용어보다는 더 구체적인 '페르시아권' 또는 '아라비아반도권' 등 지역 용어를 사용한다면 선교 지역에 대해 더욱 전략적이고 구체적으로 접근할 수 있다.

3. 이슬람 지역을 향해 나아가는 한국 선교사의 자세

1) 이슬람 지역의 테러 행위에 대한 자세

먼저 이슬람 국가에서 발생하는 국제적인 테러에 대처하는 한국 교회의 관점에 대해 지적하고 싶다. 이슬람 테러의 원인을 과도한 기독교 선교에 대한 반대급부라고 생각하는 교회의 시각에 문제가 있다. 이슬람의 교리와 태생적 본질 자체가 폭력과 테러를 합리화한다. 이에 맞서 교회는 분명히 어떤 이유로든지 폭력과 테러는 정당화될 수 없다는 사실을 견지하는 것이 중요하다. 테러 집단에 대해 한목소리로 규탄하고 기도 운동에 나서야 함에도 불구하고 한국에서 활동하는 한국인 이슬람 유학생들의 목소리에 동조하여 여론을 호도하는 일이 없도록 해야 한다. 한국 교회는 테러 집단들에 대해 분명한 목소리로 재발 방지를 요구해야 하며, 그들이 변화되도록 지속적으로 기도해야 한다. 아울러 현지로 나가는 선교사와 선교 단체는 테러 행위에 대한 두려움보다 어느 선교지든지 위기와 위험이 존재한다는 사실을 인정하고, 위기관리 훈련을 통해 예상치 못한 위기 상황에 대비하는 지혜가 필요하다. 또한 그러한 환경 속에서도 복음의 돌파(breakthrough)를 이루어 낼 자질을 갖춘 선교사를 선발하여 파송해야 한다.

2) 이슬람 포비아(phobia) 현상에 대한 자세

오늘날 이슬람 포비아 현상에 대해서도 이성적으로 대처해야 한다. 이슬람 포교 전략 중의 첫 단계는 이슬람 포비아를 조장하여 교회 내의 여론을 분열시키고 무슬림들이 자유롭게 자신들의 종교 활동을 할 수 있도록 만드는 것이다. 한국의 캠퍼스에서도 무슬림 학생들은 집단행동을 통해 자신들만의 이슬람 종교 행사를 학교의 허락하에 진행하고 있다. 이러한 현상에 대한 시각 차이로 교회는 지난 수년간 불필요한 논쟁을 하면서 분열되었고, 무슬림들에 대한 거리감과 두려움으로 접근조차 하지 못하면서 복음을 전하지 못했다. 또한 안타깝게도 이러한 분위기에 편승하여 일부 교회는 선교 주력지에서 이슬람 지역을 제외시켰다. 우리는 고도로 계산된 이슬람의 전략에 말려들어서는 안 된다. 중요한 점은 교회가 분열해서는 안 된다는 것과 무슬림을 두려워할 이유가 없으며, 또한 이슬람 국가가 기피해야 할 선교지도 아니라는 사실이다. 어쩌면 이슬람이 어떤 행동을 취하기도 전에 이미 우리 스스로 무너져 가고 있는지도 모른다.

3) 이슬람 지역에서 현지 교회와의 관계와 자세

한국 선교사는 현지에 도착해서 국제 동역자들 및 현지 동역자들과의 의사소통과 인간관계에 신경을 써야 한다. 대부분의 국제단체 리더십들은 사람과 사역을 모두 중요시한다. 그래서 되도록 사람들과 좋은 관계를 맺는 선교사들과 사역을 하고 싶어 한다. 선교사로서 동료 사역자뿐만 아니라 리더십들과도 개인적인 친분과 관계를 계속 쌓아 가는 것은 향후 장기적인 사역을 위해 매우 중요하다. 따라서 한국에 있는 동안 영어를 잘할 수 있도록 준비하는 것뿐만 아니라 다른 사람들과 동역할 때 필요한 인격적인 부분도 잘 준비해야 한다. 또한 한국에서의 사역 경력과 직분들을 내려놓고 겸손하고 성실하게 현지 문화와 언어를 존중하며 배우고, 충성스럽게 맡겨진 일을 감당하는 자세가 중요하다. 사역의 어려움은 물론 감사한 부분도 적절한 보고 방법을 통해 자주 표현하는 것이 좋다. 한국 선교사들은 영어의 한계와 사역의 분주함으로 의사소통이나 사역 보고를 등한시하는 경우가 많은데 이는 오랫동안 현지에서 동역하기 위해서는 좋은 자세가 아니다.

따라서 위에 제시한 이슬람권의 9개 지역에서 한국팀의 규모가 커진다면, 경험이 많고 영어와 현지 언어가 가능하며, 유능한 선임 선교사들을 각각 지역장(지부장)으로 세워서, 그 선교사가 각 지역 본부와 한국 본부 사이에서 긴밀한 의사소통을 할 수 있도록 책임과 리더십을 부여하는 것이 매끄러운 의사소통을 할 수 있는 좋은 방법이다. 한국 본부가 전 세계의 각 지역과 언제나 의사소통을 수월하게 할 수 있다고 생각하는 것은 큰 착각이다. 특히 한국 선교사들은 언어적 한계 때문에 현지에 도착해서 최소한의 의사소통에도 실패하여 현지팀과 다른 독자적인 사역 방향으로 나아가다가 갈등을 겪는 경우가 종종 있다. 매우 훌륭하게 희생적으로 사역을 진행하고 있음에도 오히려 평가절하되는 경우도 많다. 이때 현지에서 가까이에 있는 지역장이 현지 리더들이나 국가 본부와의 의사소통을 도와준다면 오해가 생기지 않고 좋은 방향으로 나아갈 수 있다.

4. 이슬람 지역에서의 캠퍼스 사역(Student-led Movement)

18세기부터 본격적으로 시작된 기독교 선교는 현재 많은 목표를 달성했다. 우리 세대 안에 남아 있는 과업을 완성할 수 있다는 희망이 보이기 시작했다. 그러나 21세기의 선교를 보면 양적으로는 증가했는지 모르지만, 단지 선교를 위한 선교를 하는 교회가 많아졌다. 선교도 물량주의와 성과주의라는 매너리즘에 빠져, 복음이 들어가지 않은 최전방 개척 지역에는 선교사를 보내지 않고, 비교적 안정적으로 교회 개척이 용이한 곳과 이미 교회가 있는 곳으로 선교팀을 보내는 현상이 두드러진다. 그래서 여전히 미전도 지역으로 남아 있는 곳에는 선교사가 없다. 교회가 많이 있는 국가에 캠퍼스 사역이 없거나 약하다고 해서 선교사를 우선적으로 파송하는 것은 좋은 전략이 아니다. 오히려 1-3년 정도의 스틴트를 중심으로 파송하여 현지의 헌신된 그리스도인들을 훈련시켜서 캠퍼스 사역자를 세워 놓고 빠져나오는 방법이 필요하다. 주된 선교 자원들을 복음이 전해지지 않은 지역, 교회가 없는 지역으로 보내서, 캠퍼스 사역을 통해 교회를 개척하고 민족적 부흥을 경험할 수 있도록 하는 새로운 개척 모델을 제시할 필요가 있다.

1) 단기 선교

단기 선교에 대한 올바른 접근이 필요하다. 사실 단기 선교의 문제점은 한두 가지가 아니다. 파악된 문제점들을 개선하려는 노력을 기울이는 한편, 동시에 단기 선교를 통해 사역이 개척되는 경우 등 긍정적인 요소를 잘 분석하여 활용한다면 이슬람 지역의 전방 개척지에서 효과적으로 사역할 수 있다. 특히 전방 개척지에서는 장기 선교사가 할 수 없는 일들 중에 단기 선교사들이 와서 잘 감당할 수 있는 일들이 많다. 그러나 가는 단기 선교팀과 받는 현지 선교사가 모두 잘 준비된 모습일 때 효과적으로 사역할 수 있다.

(1) 한국 교회의 단기 선교팀은 성격이 모호한 경우가 많다. 각 교회나 단체에서는 단기팀의 성격을 정확하게 규정하여 단순히 단기 선교팀이라고 하기보다는 성지 순례팀, 선교지 방문팀, 선교사 케어팀, 선교지 여행팀, 중보 기도팀, 선교지 봉사팀, 비전 트립 등 팀의 성격이 명확하게 드러날 수 있도록 명칭을 붙인다면 더 전략적으로 사역할 수 있을 것이다.

(2) 선교사들의 단기 선교 경험을 적극 활용하여 각 지역이나 국가별로 단기 선교 전문 선교사들을 육성하는 것이 필요하다. 그리하여 한국 교회에서 단기 선교를 가고자 할 때 친분이 있는 선교사를 찾기보다, 그 지역의 단기 선교 전문 선교사를 찾아서 협력하는 것이 더욱 효과적인 사역을 할 수 있다고 생각한다. 단기 선교 전문 선교사는 선교 현지에서 다년간의 경험이 있고, 현지의 여러 선교사와 교회를 잘 네트워크하며, 단기 선교팀의 성격을 정확히 파악하고, 현지의 필요를 잘 연결시킬 수 있는 코디 능력과 리더십을 갖춘 선교사이어야 할 것이다.

(3) 단기 자비량 선교사(1-2년)의 모집 인원을 획기적으로 증대하고 그들의 선발과 훈련을 강화해야 한다. 현지에서 사역하는 선교사에게 단기 자비량 선교사의 모집과 동원까지 맡기는 것은 가까운 선교지에 있는 선교팀에게는 효과적일 수 있지만, 고국에서 멀리 떨어진 전방 개척지에서 사역하는 선교사에게는 매우 힘든 일이다. 이러한 방법은 개척 선교사에게 또 하나의 무거운 짐이 된다.

(4) 파송하는 한국 교회와 현지의 한국 선교사들은 협력 선교의 시너지 효과를 기대해야 한다. 과거의 선교 방식을 '람보식 선교'라고 한다면, 현대 선교는 '협력 선교의 시대'이다. 다시 말해서 과거에는 밀림에 혼자 들어가서 교회

를 개척하는 방식이었다면, 현대는 거미줄처럼 복잡하게 얽힌 대도시 중심의 사역이다. 따라서 현대 선교는 여러 나라와 다양한 교단과 단체의 배경을 가진 선교사들이 한 도시에 공존하는 형국이다. 서로 협력하고, 공유하고, 나누지 않으면 중복 투자되고 하나님 나라 차원에서 불필요한 낭비와 경쟁을 유발할 수 있다. 현대 선교계에 '네트워크'라는 말이 새롭게 부각되는 이유가 여기에 있다. 그러나 안타깝게도 한국 교회와 한국 선교사들은 언어와 문화적인 한계성을 드러내면서 독립적인 사역을 선호한다. 국제단체와 국제 선교사들과의 연합에 적극적으로 참여하고, 그들과 파트너십을 가지고 창조적인 모델을 만들어 내야 한다. 그러면 단기 선교도 상당히 창의적인 방법으로 실시할 수 있고, 매우 효과를 볼 수 있다.

(5) 전략적이고 반복적인 사역이 중요하다. 이슬람 지역 대부분이 꾸준한 단기 선교가 필요한 곳이다. 올해는 이곳, 내년은 저곳이 아니라 전략적인 지역을 정했으면 매년 계속 갈 수 있는 성실함이 사역의 성과와 열매를 볼 수 있는 비결이다. 따라서 일부 성지와 유명 관광지 중심의 사역에서 벗어나야 한다. 대개 단기 선교팀은 사역도 하고 성지 순례도 하는 일석이조의 효과를 노린다. 그러다 보니 성지 순례가 가능한 지역 위주로 선택하게 되고, 현지 사역에서도 한 가지 사역에 집중하기가 힘들며, 실제 사역하는 기간은 짧아질 수밖에 없다. 전방 개척지에서의 단기 선교는 너무 많은 욕심을 부리지 말고, 한 가지 사역과 지역에 전념하는 것이 훨씬 효과적이다.

2) 이슬람 지역의 캠퍼스 사역은 새로운 패러다임으로 접근해야 한다.

분명히 캠퍼스는 한 나라의 중심적인 역할을 감당할 청년들의 못자리판과도 같다. 어느 민족, 어느 나라이든지 캠퍼스의 청년들을 변화시키는 일만큼 영향력 있는 사역은 없다. 그러나 대부분의 이슬람 국가가 여전히 캠퍼스의 문을 굳게 걸어 잠그고 있다. 특히 독재와 왕정 체제의 국가들은 캠퍼스에서 일어나는 반정부 움직임을 차단하기 위해서라도 캠퍼스의 문을 걸어 잠근다. 그러나 캠퍼스의 문이 닫혀 있든지 열려 있든지, 들어갈 수 있는 길이 넓은지 좁은지의 차이일 뿐이지 얼마든지 길이 있는 만큼 뱀 같은 지혜(마 10:16 참조)가 필요하다.

(1) 캠퍼스 사역은 그 사역의 경험이 있는 사역자가 감당하는 것이 효과적이다. 또한 대학생들과 잘 어울릴 수 있는 젊은 사역자가 좋고, 혼자 하는 것보다 팀으로 하는 것이 훨씬 효과적이다. 선교사가 단지 비자 문제를 해결하고자 학생 비자를 받은 것을 두고 캠퍼스 사역을 한다고 보는 것은 옳지 않다.

(2) 닫힌 캠퍼스일지라도 캠퍼스 밖에서 인터넷 사이트나 문화, 스포츠 클럽 등을 운영하면서 학생들에게 접근할 수 있다. 특히 최근 한류의 영향이 중앙아시아, 동남아시아를 거쳐 중동의 아랍권에까지 대단한 반향을 일으키며 흘러가고 있다. 한국 드라마의 매력에 빠진 현지 무슬림 대학생들이 한국어를 배우려고 '아리랑 TV'를 열심히 시청하기도 한다. 또한 대부분의 무슬림 대학생들은 한국의 대학생들과 마찬가지로 영어를 잘하고 싶은 열망이 있다. 영어와 한국어 등을 가르쳐 주는 한국 센터를 통한 사역은 아주 지혜로운 캠퍼스 사역의 한 방법이다.

(3) 이슬람 지역에서의 캠퍼스 사역은 인터넷의 중요성과 선교사의 전문성을 깊이 고려하여 다양한 사역을 창조해 나가야 한다. 이슬람 지역의 정치, 경제, 문화 상황이 매우 다양하다고 서두에서 언급한 만큼 어떤 특정한 사역이 모든 지역에 어울린다고 말하는 것은 모순이 있다. 그러나 이슬람이 강한 지역에 복

음을 가지고 침투하려고 할 때 전통적인 방식으로 접근하는 것은 무모하거나 비효과적인 방법인 것은 확실하다. 따라서 선교사들은 더욱 효과적인 복음 전달을 위해 지역의 무슬림들에게 접근할 창의적인 접근 방법을 찾아보아야 한다. 즉, 21세기에 급격하게 발달한 미디어, 컴퓨터, 인터넷 분야는 복음 전파 사역에 매우 유리한 방법으로 활용할 수 있다. 왜냐하면 무슬림 학생들도 미디어, 컴퓨터, 인터넷의 편리함을 알고, 스마트폰, 태블릿 PC, 인터넷, 위성 TV 등을 앞다투어 사용하고 있기 때문이다. 그러므로 선교사들은 미디어를 활용한 사역을 개발해 나가야 한다. 또한 교회는 미디어 사역에 적합한 인재들을 키워 내고 사역자로 훈련시키는 일을 매우 중요하게 생각해야 한다. 예를 들어, 위성 TV 사역에는 TV 프로그램을 만드는 엔지니어, PD, 작가 등 다양한 전문직 선교사가 필요하다. 인터넷, 컴퓨터 사역에는 웹 디자이너, 동영상, 인터넷 편집 기술자 등이 필요하다. 현대의 무슬림 청년들은 딱딱한 내용의 책을 읽기보다는 듣고 보는 것을 즐긴다는 사실에 주목해야 한다.

5. 이슬람 지역에서의 다양한 사역

1) 전문인 선교사

교수, 의료, 교육, 구제 등 이슬람 지역에는 다양하고도 창의적인 사업 분야를 통해 사역할 기회가 많다. 이에 한국 교회는 목회자 선교사만을 파송한다든지, 선교사 후보생에게 신학을 공부할 것을 요구하는 등의 전통적인 고정관념에서 벗어나야 한다. 선교사에게 파송 교회는 매우 중요하다. 어떤 경우는 파송 교회가 목사 선교사를 요구하기 때문에 그 기대를 충족시키려고 신학을 하기도 한다. 하지만 목사 안수를 받기 위해 거쳐야 할 과정인 전도사, 강도사, 부목사 사역까지 하다 보면 나이가 들어 버리고, 선교에 대한 열정을 잃어버리거나, 선교지에 도착하여 많은 나이와 성장해 버린 아이들의 교육에 신경 쓰느라 현지 적응에 어려움을 겪고, 현지 언어를 유창하게 배우지 못하는 장벽에 부딪히고 만다. 게다가 전문적인 지식이나 경험이 없고, 목회 경험이 유일한 목회자 선교사는 무리하게 교회 개척을 추진하는 데 많은 에너지를 소비한다. 파송 교회에서도 교회 개척에 대한 기대감을 표시하는 경우가 대부분이기에 불필요한 부담감 속에서 사역에 임할 수밖에 없다. 또한 선교사 지원자가 한국 내의 상황에 따라 여기저기 사역지를 옮겨 다니다가 선교 열정이 식어 가고 비전을 잃어버리기도 한다. 선교 본부는 지원자가 빠른 시간 안에 준비되어 선교지를 향해 나아갈 수 있도록 돕는 것이 중요하다. 개인에 따라 독신일 때 선교지로 나갈 수 있도록 돕는 것이 선교사 본인과 선교지에 유익할 수도 있다.

아울러 선교사의 준비 과정을 신학으로만 한정하지 말고 향후 사역에 필요한 기술과 관련된 공부를 할 수 있도록 적극 유도하고, 파송 교회에서 다양한 연수의 방법을 연구하고 모색할 필요가 있다. 선교사의 전문성은 선교사 개인의 문제라기보다는, 한국 교회의 고정관념과 조직의 문화에서 비롯되는 경우가 많다. 파송 교회의 패러다임이 바뀌고, 이슬람권 선교에 대한 구체적인 정보가 먼저 교육되어야 선교사 후보생들이 선교사로 나가기 위해 어떤 준비를 해야 할지 정확히 알 수 있다.

2) 현지인 지도자 세우기

현지인을 육성하여 현지인이 사역을 리드할 수 있도록 하는 방법이 중요하다. 선교사가 아무리 유능하고 신령할지라도 선교사는 어디까지나 외국인일 뿐이다. 선교사는 결코 100% 내부인(insider)이 될 수 없다. 오직 예수님이 행하신 것처럼, 그 문화권에서 태어나서 그 속에서 전 일생을 보낼 때 진정한 내부인이 될 수 있다. 선교사는 선교지에서 열매가 있다고 해서 영원히 그 선교지에서 살 것처럼 행동해서는 안 된다. 부족하더라도 현지인 지도자를 세워서 그들이 스스로 생존하고, 재생산할 수 있도록 돕는 역할을 수행해야 한다. 그리고 궁극적으로 모든 리더십과 재정과 인사권을 현지인 지도자에게 점차적이고 신속하게 이양해야 한다. 바울처럼 다른 개척지로 가서 또 다른 제자를 육성해 내는 것이 올바른 태도다. 현지인이 현지인에게 전도할 때 가장 효과적이다. 자국민이 모국어로 전도하는 것이 전하는 자나 듣는 자가 모두 자연스럽고, 복음을 구체적으로 전하고 들을 수 있다.

3) 개종자 케어와 구도자

개종자들(MBBs: Muslim Background Believers)을 케어하고 현지에서 육성하는 것이 중요하다. 대개의 개종자들은 핍박과 삶의 고통 때문에 기독교 국가로의 이민을 고려한다. 복음 전도자가 부족한 상황에서 소수의 개종자마저 모국을 등진다면 누가 그들의 민족과 가족을 전도하겠는가? 선교사의 또 하나의 임무가 있다면 개종자와 함께 핍박을 견디며 그 개종자가 진실한 그리스도인으로 살도록 격려하는 일이다. 아울러 구도자 중심의 사역을 해야 한다. 무작위 전도는 이슬람권에서 불가능할뿐더러 효과적이지도 않다. 접촉 단계에서부터 구도자를 찾기 위해 노력하고, 창의적인 아이디어를 생각해 내는 것이 효과적이다. 우리가 생각하는 것보다 훨씬 많은 수의 구도자들이 무슬림들 속에 존재하고 있다. 그들을 찾아내는 일이 선교사들의 임무이고, 그들에게 효과적으로 복음을 전하는 것이 중요하다.

4) 무슬림 유학생, 여행객, 난민들

이슬람 지역 출신의 유학생, 여행객, 이민자 들을 전도하는 일이 중요하다. 그들이 모국으로 돌아가면 그 가족과 도시에 끼칠 영향력이 크기 때문이다. 또한 기독교 국가에 체류하는 동안 복음을 전하는 데 장애가 없고, 무슬림들도 주위 눈치 보는 일이 없이 편안한 상태로 복음을 들을 수 있기에 효과적이다. 아울러 그들을 육성하고 제자화하기 위해서는 한국이나 미국에서 타민족을 대상으로 전도하는 사역 단체와 현지에서 사역하는 선교사 간의 네트워크가 활발히 이루어져야 한다.

5) CCC 나사렛(졸업생)과 평신도들

이슬람 지역에 직업을 가지고 진출한 일반 평신도들의 역할이 매우 중요하다. 그들이 해외 파견 근무를 가기 전에 한국의 모 교회에서 기본적인 선교 훈련을 받도록 유도해야 한다. 그리고 선교지에 한인 교회가 있는 경우, 그 교회의 역할 또한 매우 중요하다. 한인 교회가 선교사를 후원하는 일에 너무 많은 재정과 에너지를 소비하기보다 선교 현지에 나와 있는 일반 그리스도인들을 훈련하는 일에 더 많은 재정과 관심을 기울여야 한다. 그 사역은 어쩌면 한 사람의 선교사를 후원하는 일보다 더 효과적인 결과를 가져올 수 있다. 왜냐하면 이슬람권에서 직장을 다니거나 사업을 하는 그리스도인들은 선교사들보다 훨씬 더 자연스럽게 무슬림들을 접촉할 수 있고, 복음을 전할 기회가 더 많기 때문이다.

6) 이슬람 지역을 향한 사역을 위해 장기적인 안목이 필요하다.

한국 교회는 선교사를 파송할 때 교회 개척 중심, 열매 중심의 사역을 기대한다. 무슬림들이 개종하는 것이 그리 쉽지 않은 일이다. 우리가 간과하는 점은 열매를 거두려면 씨를 뿌려야 하는데 그 일에는 별로 관심을 기울이지 않는다는 사실이다. 먼저 복음의 씨를 편만하게 뿌려야만 시간이 경과한 뒤 그 씨앗 중에서 간혹 돌과 가시와 엉겅퀴를 이기고 싹을 틔운 소량의 수확을 기대할 수 있는 곳이 이슬람 지역이다. 따라서 한국 교회와 한국 선교사는 장기적인 안목을 품고, 마냥 기도하면서 기다리기보다는 바로 지금부터 주변의 무슬림들에게 복음을 전하는 일을 적극적으로 실천해야 한다.

나가는 글(한국 CCC의 21세기 이슬람 선교를 위한 결언)

지금까지 오늘날 이슬람 지역의 현황에 대해 살펴보고, 이슬람 지역 해체를 통한 전략적 접근을 강조하면서 이슬람 지역 선교사의 자세와 효과적인 캠퍼스 사역뿐만 아니라 다양한 사역 전략을 소개했다. 이슬람 선교는 결코 포기하지 않는(Never give up!) 끈기와 성실한 자세가 중요하다. 몇 번 시도해 보고 안 된다고 하지 말고 지혜롭고 창의적으로 접근해야 한다. 즉, 이슬람 지역 선교사는 썩어지는 한 알의 밀알이 될 각오를 하고 뱀 같은 지혜와 비둘기 같은 순결함을 지니고 그곳에 가야 한다. 무엇보다 인내로 현지 언어를 습득하고 모든 수단과 방법을 동원하여 복음을 전하는 삶을 살아야 한다. "하나님이 우리에게 주신 것은 두려워하는 마음이 아니요 오직 능력과 사랑과 절제하는 마음이니…복음과 함께 고난을 받으라"(딤후 1:7-8).

8
PACT의 현황과 가능성

열방(CCC K국 선교사)

PACT의 현황과 가능성

들어가는 글

한정된 정보로 어떤 나라나 사역에 대해서 전략적인 발제를 하는 것이 매우 어렵지만 나라와 사역 소개가 선교 전략 수립에 도움이 되기를 바라면서 이 글을 시작한다.

PACT 대륙은 NAMEStan 대륙이 NAME과 PACT로 분리되어 새롭게 생겼다. P: 페르시아(이란), A: 아르메니아, 아제르바이잔, C: 스탄(카자흐스탄, 키르기스스탄, 우즈베키스탄, 타지키스탄, 투르크메니스탄, 아프가니스탄), T: 터키, 이렇게 10개국이다. 아르메니아를 제외한 9개국의 주 종교는 이슬람이다. 이 나라들의 일반적인 정보와 기독교 정보 그리고 우리 단체의 사역자 정보를 통해서 PACT 대륙에 대한 선교적 접근 가능성을 살펴보고자 한다.

1. 현재의 상황

1) 일반적인 국가 상황

PACT 대륙의 나라들은 다민족 국가를 이루고 있으며, 도시화률은 낮은 편에 속한다. 주 종족의 언어가 대표성을 띠며 각기 자신들의 종족 언어를 가진 경우도 많다. 인간 개발 순위를 보면 중간 이하의 수준이다.

■ PACT 10개국의 종족과 언어 및 인간 개발 순위

국명	수도	종족 수 (미전도 %)	주 종족	도시화률	언어	인간 개발 순위
이란	테헤란	103(90%)	Persian	69.5%	Persian	88/182
아르메니아	예레반	36(35%)	Armenian	63.7%	Armenian	84/182
아제르바이잔	바쿠	40(63%)	Azerbaijani	52.2%	Azerbaijani	86/182
카자흐스탄	아스타나	76(54%)	Kazakh	58.5%	Kazakh	82/182
키르기스스탄	비슈케크	47(57%)	Krgyz	36.6%	Krgyz	120/182
우즈베키스탄	타슈켄트	67(55%)	Uzbek	36.9%	Uzbek	119/182
타지키스탄	두샨베	46(59%)	Tajik	26.5%	Tajik	127/182
투르크메니스탄	아슈하바트	42(52%)	Turkmen	49.5%	Turkmen	109/182
아프가니스탄	카불	76(93%)	Pashtu	24.8%	Pashtu	181/182
터키	이스탄불	60(63%)	Turkish	69.6%	Turkish	79/192

2) 일반적인 사역 상황

PACT 대륙의 종교 상황은 아르메니아를 제외하면 모두 무슬림의 비율이 현저하게 높다. 카자흐스탄은 53.68%로 낮은 편이지만 다른 나라들은 80% 이상의 인구가 무슬림인 무슬림 국가들이라고 할 수 있다. 복음주의 기독교인의 비율은 1% 이하로 현저히 낮다.

■ PACT 대륙의 인구와 기독교인의 비교

국명	인구	무슬림 인구(%)	크리스천(%)	복음주의(%)
이란	75,077,547	74,054,491(98.64)	384,897(0.51)	117,678(0.21)
아르메니아	3,090,379		2,918,245(94.43)	268,186(8.7)
아제르바이잔	8,933,928	7,824,334(87.58)	244,790(2.74)	18,517(0.2)
카자흐스탄	15,753,460	8,456,457(53.68)	1,914,045(12.15)	104,511(0.7)
키르기스스탄	5,550,239	4,924,727(88.73)	292,498(5.27)	40,152(0.7)
우즈베키스탄	27,794,296	23,605,696(84.93)	208,457(0.75)	84,957(0.3)
타지키스탄	7,074,845	6,645,402(93.93)	73,578(1.04)	6,952(0.1)
투르크메니스탄	5,176,502	4,977,724(96.16)	94,730(1.83)	1,718(0.0)
아프가니스탄	29,117,489	29,074,395(99.85)	14,559(0.05)	8,442(0.0)
터키	75,705,147	73,159,940(96.64)	163,140(0.21)	7,267(0.0)

3) CCC 사역 상황

PACT 대륙의 CCC 사역 현황도 기독교인의 비율과 같이 매우 낮은 수준이다. 모든 나라가 Stage 1 또는 2의 수준이고, 캠퍼스 사역(SLM)이나 직장인 사역(LLM)이 일어나지 못하는 나라도 있으며, 사역자 수는 매우 적다. 수도를 비롯한 몇몇 도시에서 사역이 진행 중이다.

2. 복음 전도와 신자들의 상황

PACT의 나라들은 대부분 무슬림 나라다. 이란은 공식적으로 개종할 수 없는 나라로 알려져 있다. 무슬림들에게 전도하는 것은 당연히 불법이다. 그래서 직접적인 방법이 아니라 인터넷과 위성 방송으로 복음이 전해진다. 이를 통해 복음을 듣고 예수님을 믿는 사람들이 늘어나고 있는 추세다.

우즈베키스탄의 신자들은 매주 예배 처소를 옮겨 다니며 예배를 드린다. 그러다가 발각되면 단순 참석자는 최소 15일, 성경책을 소지하고 있으면 더 중형으로 다스리고, 예배 인도자는 오랜 시간 동안 형편없는 식사와 고문, 구타 등 많은 고초를 당한다. 그러한 상황 속에서도 지속적으로 복음이 전파되고 있으며 신자들은 나날이 증가하고 있다.

키르기스스탄은 새 종교법이 통과되어 외국인들은 설교나 전도를 할 수 없다. 그 때문에 선교사들이 큰 어려움을 겪었지만 비교적 많은 선교사가 활동하고 있는 나라다. 그래도 아직은 활동이 자유로운 나라 중 하나다.

카자흐스탄은 2011년 10월 새 종교법이 전격 발효되면서 1년의 유예 기간을 두어 종교 기관의 재등록을 실시했다. 현지 발기인 50명 이상이 자필 서명하고, 종교 경찰이 개별 확인을 거쳐서 서류 심사를 한 후 하자가 없으면 등록증을 교부했다. 이 재등록 과정에서 30% 이상의 교회가 등록 취소되었다. 재등록을 받은 교회들조차 다른 명목으로 단속하고 등록을 취소시키려는 움직임들이 일어나고 있다. 복음 전도에 비교적 자유로웠던 카자흐스탄은 새 종교법이 통과 발효되면서 전도 환경이 확실히 어려워졌다. 종교 집회의 자유가 제한되었고 등록된 곳 외에서는 종교 활동이 제한을 받는다. 공공장소에서의 복음 전도는 불법으로 규정되었다.

아제르바이잔은 종교 서적 반입이 금지되어 있으며 종교적 모임은 모두 불법으로 여겨 처벌한다.

투르크메니스탄은 공식적으로 선교사가 1명도 없다. 외국 기업들도 이 땅에서 활동하기가 어렵다.

아프가니스탄은 샘물교회 사건 이후로는 한국인들이 공식적으로 들어갈 수 없는 나라가 되었다. 그렇지만 미국을 비롯하여 여러 나라의 사람들이 다양한 모습으로 그 땅을 섬기고 있다.

3. 사역을 위한 가능성

PACT 대륙은 분명히 사역하기 어려운 나라들이 대부분이다. 얼마 전 흥미로운 통계를 접했는데, 아랍의 무슬림들이 마음의 문을 열고 상대의 말을 들을 때까지 시간이 얼마나 걸리는지에 대한 통계였다. 그들은 200번의 의미 있는 만남 이후에 상대를 친구로 받아들이고 친구의 이야기를 듣는다고 한다. 이 통계는 무슬림 전도 전략을 세우는 데 아주 유용하리라고 확신한다. 무슬림 사회에 들어가서 그들과 친구가 되는 것은 단시간에 이루어지지 않는다는 것을 이곳에서 살면서 직접 느끼고 있다. 진정한 친구가 되어 마음속 이야기를 들어 주고 받아 주는 관계를 맺으려면 의미 있는 만남이 많이 이루어져야 한다.

최근 팀들의 사역을 살펴볼 때 정면 도전의 방법보다는 우회하는 전략적인 방법이 필요하다는 생각이 든다. 나의 하나님과 예수님을 소개하면 무슬림들은 자신들의 하나님과 선지자 예수를 생각하고 성경은 변질되었다고 쉽게 이야기한다. 그들과 싸울 것인가, 아니면 다른 방법으로 접근할 것인가? 우리의 목표는 한 사람이라도 복음을 듣고 예수를 믿어 변화되어 새로운 삶을 살고 또 다른 사람의 삶에 영향력을 미치는 사람을 일으켜 세우는 것이다. 그리고 그들이 하나둘 모여 함께하면서 이 땅에서 하나님 나라의 운동을 일으켜 나가는 것을 보는 것이다.

대교회 사역(GCM)은 좋은 모델이라고 말할 수 있다. 예수를 믿고 죽음의 위협을 받으면서도 굴하지 않고 사역하는 팀장과 그 가족에게 전도를 받고서 6개월을 그들의 삶을 지켜보고, 다른 사람들과 다른 가족들의 사랑을 느끼고 보고 난 후 예수를 믿어 지금은 한 팀으로 합류해서 함께 복음을 전하는 팀원들이 있다. 지난해 20개의 가정 교회 개척을 목표로 삼고 사역을 했는데 한 해 동안 43개의 가정 교회가 세워졌다. 그 무슬림들은 복음의 삶을 보고 믿었다. 그리고 또 다른 무슬림들에게 복음의 삶을 보여 주고 있다. 말하는 전도보다는 삶을 보여 주는 전도가 확실하게 좋은 열매들을 맺고 있다.

캠퍼스 사역팀은 신실한 한두 명의 학생을 매개로 해서 복음 전도 사역을 확장해 나간다. 전혀 모르는 사람이 아닌 같은 반 친구에게 복음을 들으면 그들은 많은 질문을 던지면서 복음을 전한 학생의 삶을 계속해서 지켜본다. 삶의 변화가 뚜렷하고 자신과는 다른 삶의 선한 모습을 볼 때 그들은 진지하게 복음에 대해 생각해 본다.

카자흐스탄의 무슬림 대학생들을 대상으로 사역하면서 느낀 점은 무슬림들에게 복음을 전하기가 무척 어렵다는 것이다. 사영리를 읽어 주는 것조차도 쉽지 않다. 한 사람에게 전도하려면 오랜 기간 동안 서로 신뢰 관계를 맺어야 제대로 복음을 전할 수 있다. 신뢰 관계가 형성되었더라도 막상 복음을 전하면 자신의 하나님(알라, 쿠다이)과 자신의 종교를 이야기하는 경우가 많다. 내가 사역에서 가장 중요하게 생각하는 부분은 관계 형성이다. 꾸준히 의미 있는 만남을 이어가면서 진정한 친구가 되어 주고, 그들의 말을 들어 주는 외국인 친구로서 그들이 자연스럽게 마음의 문을 열고 다가오기를 기다린다. 그들의 마음을 억지로 열려고 하면 오히려 배척하고 떠나가 버린다. 목적을 가진 만남이 아니라 서로를 이해하고 걱정해 주는 진정한 친구가 되기 위해서 애쓰며, 의미 있는 만남을 지속적으로 유지해 가야 한다.

4. 무슬림들에게 어떻게 복음을 전할 것인가?

1) 무슬림들에게 복음을 전하는 최선의 방법은 무엇인가?

가장 최선의 방법은 그들과 친구가 되는 것이다. 친구에게 호의를 베풀고 집에 초대해서 잘 대접하는 것은 무슬림 문화의 한 부분이다. 만약 당신이 무슬림인 이웃을 찾아가서 자신을 소개하고 그들에게 도움이 필요할 때 도와주겠다고 말한다면 그들은 매우 좋아할 것이다. 이렇듯 무슬림들과는 장기적으로 관계를 유지시켜 그 관계가 성숙하게 될 때까지 기다려야 한다. 그런 후에야 예수 그리스도에 대해 전할 좋은 기회가 주어진다.

2) 무슬림들과 어떻게 영적인 대화를 할 수 있는가?

그것은 생각보다 무척 쉽다. 그들은 영적인 것들에 대해 대화하는 것을 좋아한다. 무슬림들 역시 당신과 영적인 대화를 나누는 것을 환영한다. 왜냐하면 그리스도인을 무슬림으로 개종시키려는 목적이 있기 때문이다. 이슬람에 대한 간단한 질문으로 대화를 시작하되 즉시 복음을 전하려는 시도는 위험하다. 기독교의 어떤 교리들은 무슬림들에게 '알라'의 신성을 모독하는 것으로 보일 수 있다.

3) 무슬림들이 신성모독이라고 느끼는 것들은 어떤 것들인가?

무슬림들은 예수는 중요한 선지자로서 왔을 뿐 하나님의 아들이 아니며 십자가에서 죽지 않았다고 주장한다. 또한 하나님이 유다의 얼굴을 예수의 얼굴처럼 바꾸었기 때문에 십자가에서 죽은 사람은 유다였다고 주장한다. 모하메드와는 별개로 예수는 코란에서도 가장 중요한 선지자다. 따라서 이렇게 기독교 신앙과 일치하는 것들이 무슬림들을 화나게 만든다. 이러한 언급들은 무슬림과 친밀한 사이가 될 때까지 피하는 것이 유익하다. 그리고 절대로 코란, 모하메드, 그들의 신앙에 대하여 부정적인 표현을 해서는 안 된다.

4) 그들의 문화 중에 우리가 알아야 할 것은 무엇인가?

우리가 그들의 관점을 존중한다는 것을 나타내 보여야 한다. 예를 들어, 절대로 상반되는 의견을 가진 사람을 방문하거나 악수를 하면 안 된다. 만약 무슬림의 집을 방문했다면 부인들은 부인들끼리, 남편들은 남편들끼리 다른 방에서 대화해야 한다. 부인들은 몸에 붙는 옷을 입어서는 안 되며, 팔과 다리를 전체적으로 분명하게 가려야 한다. 물론 모든 무슬림이 그들의 신앙에 따라서 철저하게 행동하지는 않는다. 그러나 그들은 대부분 술과 담배를 하지 않고 제한된 음식만 먹는다(유대인과 비슷함).

5) 우리가 해야 할 일 중 가장 중요한 일은 무엇인가?

위의 여러 가지 사항 중에 가장 중요한 일은 우리 안에 있는 그리스도 예수의 사랑을 그들에게 전하는 일이다. 그리고 그리스도의 사랑이 우리를 통해 그들에게 나타나도록 소망해야 한다. 그리스도인으로서의 우리의 삶이 그들에게 복음을 전하는 통로가 된다. 이것이 우리가 할 수 있는 어떤 말보다 더 값진 가치를 지닌다.

5. 무슬림들이 우리에게 던지는 네 가지 기본적인 질문

1) 왜 당신은 그리스도가 하나님의 아들이라고 하는가?

예수 그리스도에 대해 마리아와의 신체적인 관계(아기로 탄생)보다는 영적인 부분이 훨씬 더 많다는 것을 설명해 주어야 한다. 또한 무슬림들은 기독교가 편지로 신앙을 가르친다고 믿는데 우리는 이에 대해 사람의 기록이기에 약간의 실수가 있기도 함을 인정할 수 있다. 그러나 여기서 중요한 점은 예수 그리스도가 하나님의 아들로 세상에 오셨다는 성경 구절을 그들에게 제시하여 그들이 그 말씀을 읽도록 하는 것이다. 하나님은 이사야서에서 그분의 말씀이 하나님의 예정을 완벽하게 완성할 것을 약속하셨다.

2) 왜 당신들은 예수가 십자가에서 죽었다고 말하는가?

구원 계획은 우리의 신앙에 그 기초를 둔다. 이것은 무슬림에게 아주 중요한 부분이다. 왜냐하면 그들에게는 천국에 들어가게 된다는 어떤 확신이나 보장이 없기 때문이다.

우리는 "용서란 무엇인가?"라는 질문을 그들에게 던질 수 있다. 이슬람교는 이슬람의 다섯 가지 중요한 신앙 활동을 하는 사람들에게도 용서에 대한 확신을 보장하지 않는다. 따라서 우리는 다른 어떤 종교에서도 가르치지 않는, 예수님이 죽으심으로써 우리의 죗값을 대신 치르셨다는 사실을 설명해 주어야 한다.

3) 삼위일체는 하나님을 모독하는 것이 아닌가?

삼위일체는 그리스도인에게조차 설명하기 어려운 주제다. 성경을 통해 설명하되(신 6:4, 고전 8:4, 엡 4:6, 딤전 2:5 등) 단순하게 설명해 주는 것이 좋다.

4) 성경은 원본과 다르게 바뀌지 않았는가?

무슬림은 '코란'(모하메드가 하나님께 받았다는 하나님의 가르침), '토라'(모하메드의 개인적인 가르침), 성경이 모두 하나님께로부터 왔다는 것을 믿는다. 하지만 오늘날의 토라와 성경은 그 원본이 아니라 수정된 것들이라고 믿는다. 그러나 코란은 어느 누구도 하나님의 말씀을 수정할 수 없다고 가르친다.

우리는 그들에게 몇 가지 질문을 할 수 있다.

"만약 그것들이 모두 하나님의 말씀이라면 성경이 그 원본과 다르게 수정되었다고 말하는 것은 하나님을 모독하는 일이 아닐까?"

"그리고 성경과 토라가 수정되었다면, 어떻게 코란만 수정되지 않았다고 믿을 수 있을까?"

그리고 좋은 기회를 잡아 '예수' 비디오테이프를 그들에게 권유하라. 이 비디오는 이미 여러 곳에서 강력한 복음 전파의 도구로 사용되고 있다.

5) 그 외에도 무슬림들에게 무엇을 말해 줄 수 있는가?

우리가 하나님을 알고 난 후에 변화된 삶을 나눌 수 있다. 그리고 하나님과의 인격적인 교제, 우리의 기도에 대한 응답하심 등을 이야기해도 좋다. 대부분의 무슬림은 하나님과의 인격적인 교제에 대하여 매우 놀라워한다. 이슬람 신앙에서는 신앙 행위를 통해서 구원을 받기 때문에 하나님과의 인격적인 교제가 없다.

무슬림들은 서방 세계가 기독교와 연합되어 있다고 알고 있으므로 서방 세계가 모두 그리스도인은 아니라는 점과, 성경에서 말하는 새로운 삶과 서로 다른 문화와 환경을 인정하는 기독교에 대해 설명할 수 있다.

그러나 무슬림에게 복음을 전하는 데 가장 중요한 점은 그들과 오랫동안 사귀면서 관계를 발전시켜 나가며 우리 안에 있는 그리스도의 사랑을 그들에게 보여 주는 것이다. 바로 이것이 복음을 전했을 때 그들로부터 관심과 긍정적인 반응을 얻을 수 있는 유일한 길이다.

6. 한국 사역자들의 가능성

아프가니스탄에는 한국인이 들어갈 수 없다. 투르크메니스탄에 외국인이 들어가는 것은 정말 어렵다. 외국인 사업가들도 그 땅에 머무는 것이 쉽지 않다. 우즈베키스탄은 현지 그리스도인들뿐만 아니라 외국인들의 종교 활동에 제한을 가한다. 아제르바이잔도 종교 활동의 자유를 제한한다. 키르기스스탄과 카자흐스탄도 작년에 통과된 새 종교법의 영향을 피할 수 없다.

이렇게 상황이 어려운데 어떻게 우리 한국 사역자들이 PACT 대륙에서 사역할 수 있을까? 전 세계에 불고 있는 한류의 열풍으로 많은 곳에서 우리를 환영하고 우리를 만나고 싶어 하며 함께 이야기를 나누고 싶어 한다. 이것은 하나님이 우리 한국인에게 주신 선교의 기회다. 언제까지 그 문이 열려 있을지 알 수 없다. 지금 이 시간이 그 기회를 이용할 좋은 시기다. 그곳은 한국인들의 기도의 영성이 필요하다. 또한 한국인들의 구령의 열정이 필요하다. 함께 뒹굴면서 상처 난 영혼을 끌어안고 싸매어 주는 정이 이들에게는 필요하다. 사랑으로 감싸 줄 한국인들의 감성이 필요하다.

나가는 글

2003년 동아시아 간사수련회 때 10만 선교사 파송에 대한 비전을 받으면서 10만 선교사가 오는 길에 안내자가 되기 위해 먼저 가서 기다려야겠다는 생각을 했다. 2013년은 그로부터 10년째 되는 해다. 아직도 복음을 거부하고 예수님을 왜곡해서 이해하는 매우 큰 세력이 있다. 이제는 이들 가운데로 들어가야만 한다. 더 이상 쉬운 나라는 없다. 쉬운 길을 찾아가기보다는 좁은 길, 어려운 길, 결과가 눈에 바로 들어오지 않는 길, 더 눈물을 쏟아야 하는 길을 가야 한다. 한 손에 복음 들고 한 손에 그리스도의 사랑을 들고서 사랑을 오해하는 그곳에 가야 한다. 단기의 성과에 집착하지 말고 오랜 시간 그들과 함께하면서 그들에게 복음을 보여 주고 그들이 보고 믿을 수 있도록 도와야 한다. 내가 복음으로 살면서 그 복음을 보고 그들이 그리스도를 만날 수 있도록 하는 것이 우리의 전략이 되어야 한다.

한국에 들어와 있는 무슬림 선교사들이 3만 명이라고 한다. 그들은 한국인들에게 친구로 다가간다. 특히 결혼으로 상대방을 무슬림화하려고 한국 여성들과 결혼하는 일이 많다고 한다. 결혼을 목적으로 하는 거짓말은 죄가 되지 않는다는 코란의 가르침에 따라 그들은 아무런 죄의식도 없이 거짓말을 하고 한 사람씩 무슬림화시키고 있다. 카자흐스탄뿐만 아니라 전 세계의 많은 나라 사람들이 한국을 좋아한다. 지금 한류 열풍이 불고 있다. 한류가 흐르는 곳이라면 어디에서나 한국인들이 환영을 받는다. 그들이 우리를 환영하는 이때에 그들 곁에 가서 그들과 함께하는 것이 선교의 첫걸음이자 완성이 아닐까 생각한다.

MISSION STRATEGY

9
비즈니스를 통한 커뮤니티 사역 -파키스탄

정랑미(CCC 파키스탄 선교사)

9

비즈니스를 통한 커뮤니티 사역-파키스탄

들어가는 글

서남아시아 중동 지역 선교의 대부분의 전략과 전술은 이슬람 지역에서의 생존과 직결된 것들이다. 사우디아라비아 같은 몇몇 산유국을 제외하고는 서남아시아 지역은 전쟁과 종교 분쟁 그리고 테러의 위험과 같은 경제적·정치적 어려움을 지닌 제3세계 후진 국가들이 대부분이다. 특히 이 지역은 대부분 무슬림 국가들로 한국의 민주주의와 민족주의의 개념으로는 쉽게 이해할 수 없는 현실성을 가지고 있기에 한국 선교사들뿐만 아니라 다른 선교사들이 접근하여 효과적인 사역을 할 수 없는 미개척지이기도 하다.

그러하기에 지금까지의 서남아시아 지역 보고는 선교 활동의 구체적인 내용은 거의 없고 정치, 경제, 종교적인 내용이 주를 이루었다. 이 지역은 한 지역의 독자적인 사역보다는 네트워크를 통해 상호 협조적인 전략으로 접근해야 한다. 그 방법이 지금까지의 선교 방향과 비자 문제 등의 여러 가지 문제를 해결해 주고, 새로운 선교 방향을 제시해 줄 것이다.

I. 서남아시아 지역에서의 커뮤니티 사역의 필요성

1. 캠퍼스 사역의 어려움 때문이다.

CCC의 가장 큰 효율적인 사역은 바로 캠퍼스 사역이다. CCC 학생들이 캠퍼스에 섰을 때, 문화, 종교, 경제, 모든 부분을 넘어서 현실적인 접근이 가장 빠르게 이루어져 효과적인 사역을 할 수 있다. 하지만 대부분의 이슬람 국가들과 공산주의 국가들의 문제점은 캠퍼스 사역의 접근 시도부터 어려움이 있다는 것이다.

파키스탄의 캠퍼스 사역도 마찬가지로 종교적인 이유와 테러의 위험 때문에 학생과 직원의 신분이 아니면 캠퍼스 출입에서부터 신분 확인 절차를 비롯하여 출입의 제한과 감시를 받는다. 학생 비자를 받아 사역할 수도 있지만 이는 시간의 제한을 받기에 장기간의 사역이 불가능하다. 이러한 이유로 파키스탄 CCC는 아직까지 캠퍼스 사역의 뿌리조차 내리지 못하고 있다.

2. 선교 동원과 선교 훈련이 동시에 이루어져야 한다.

인터넷과 온라인을 통해 정보의 홍수 속에 살고 있는 세대라고 해도 이슬람 지역은 기본적인 정보를 제외하고는 그 문화와 그들의 삶에 대한 이해가 아직은 한국인인 우리에게 넘을 수 없는 벽이다. 이런 현실 속에 선교의 동원은 모든 이슬람권 사역자들의 가장 큰 고민 중 하나다. 그러기에 그 지역은 사역자들이 하루 속히 세워져야만 우리가 넘을 수 없는 이해의 벽을 넘어 더 효과적인 선교 전략을 기대할 수 있다. 이전과 같은 육성과 훈련 파송의 단계적인 사역이 아닌 동원과 훈련 파송이 동시에 이루어질 수 있는 네트워크가 이슬람권 사역에서는 가장 효과적일 것이다.

3. 후원 파송의 어려움 때문이다.

아직 성도 공동체가 없는 이슬람 문화권에서 후원 파송은 현실적으로 불가능하며 기존의 선교사 파송 국가에 의존할 수밖에 없다. 재정적인 독립을 할 수 없는 선교 국가는 선교에 있어서도 의존적이거나 피주도적이 될 수밖에 없다. 서남아시아 지역에서의 커뮤니티 사역을 통한 네트워크는 이러한 후원의 문제들을 해결하고 자체적인 파송을 할 수 있게 하는 대안이다.

II. 커뮤니티 사역을 통한 네트워크 전략
1. 비즈니스와 Underground 선교 훈련

1) 관리직 직원의 선교사화

서남아시아 지역에서의 비자 발급은 선교지 생존과 직결되는 매우 큰 문제다. 대부분의 서남아시아 지역은 비자 발급이 어렵다. 엔트리 비자가 허용이 되는 국가에서는 비자 여행이라는 명목으로 근접 국가를 경유함으로써 쉽게 해결할 수 있다. 그러나 파키스탄처럼 엔트리 비자가 허용되지 않는 곳 특히나 근접 국가가 인도와 같이 선교 제한국이거나 출입 금지국 혹은 여행이라고 하기에는 상당히 멀리 떨어진 곳이라면 문제가 크다. 그러므로 장기적인 사역이 제한되는 경찰국가 이란 같은 곳은 커뮤니티 사역의 네트워크를 통한 유동적인 접근이 가장 효율적이다.

예를 들어, 학교나 학원과 같은 비즈니스를 할 경우 이란의 사역자가 파키스탄에서 언어와 문화를 통한 선교 훈련을 한 후 이란으로 간다면, 또한 중국의 사역자가 파키스탄에서 이슬람 국가의 문화와 언어를 배우고 아프가니스탄으로 간다면, 각 지역의 전문적인 지식을 가진 사역자들이 비자 문제가 생길 때마다 네트워크를 통해 주변국이나 필요국으로 옮겨 선교 훈련과 커뮤니티 사역을 동시에 할 수 있다. 이로써 비자 문제는 물론 가장 전문적인 선교 훈련을 통한 동원과 파송을 동시에 해결할 수 있다.

2) 전 훈련생의 전문화

커뮤니티 사역과 Underground 선교 훈련이 동시에 이루어진다면 전 훈련생의 전문인 양성이 가능해진다. 즉, 선교 지원자들은 커뮤니티 사역을 통해 기본적으로 선교지에서 생존할 수 있는 기술이나 지식을 훈련받고 동시에 관리직 직원들(선교사들)로부터 선교지의 전문적인 정보와 지식을 얻을 수 있다. 따라서 선교지로 파송을 받았을 때 그곳에서 독립적으로 생존이 가능하다.

이 전략의 또 다른 이점은 고넬료처럼 필요성을 절감한 선교지의 사역자가 직접적인 훈련에 관여함으로써 더욱 현실적인 훈련이 가능하며, 선교지에서 적응하는 시간을 줄여 주고, 훈련과 현실 체감의 차이를 대폭 줄일 수 있다는 것이다. 선교지로 가기 전에 다양한 선교지의 문화를 먼저 간접적으로 경험할 수 있어서 문화 충격을 완화시켜 준다.

2. 선교지 파송의 팀 구성

커뮤니티 사역에서는 팀 구성이 가장 중요한 전략인데, 비즈니스를 구성할 수 있는 기본적인 단위의 인원이 필요하다. 네트워크 선교의 전략적인 팀을 구성할 수 있다면 매우 효율적이다. 그러므로 다음과 같은 팀 구성이 가장 이상적이다(싱글 선교사도 한 가정 단위로 본다).

- 고넬료 가정(선교지에 대한 경험이 있거나 선교의 역사를 가진 선교사 가정)
- 중국 가정(중국의 막대한 선교 인력을 수용하고 이해할 수 있는 가정)
- MBB 가정(이슬람 문화를 온전히 이해할 수 있는 무슬림 개종자 가정)

- CBB 가정(이슬람 지역에서 무슬림에 대해 온전히 이해할 수 있는 크리스천 가정)

3. 재정 관리

1) 파송 선교사 지원

대개 아시아, 아프리카 지역의 선교사들은 자국의 모금만으로 파송받는 것은 불가능하다. 미션 단체의 지원이 이들의 선교비 모금의 대부분을 차지한다. 개인마다 약간씩 다르겠지만 앞에서 언급했듯이 선교비의 독립이 이루어지지 않은 나라의 선교사들은 선교 지원국에 의존적이거나 피주도적인 사역을 할 수밖에 없다. 본국의 선교 후원은 선교사 개인의 독립과 정체성을 위해서 매우 필요한 요건이다.

하지만 현실적으로 선교 후원의 독립이 가능한 국가는 얼마 되지 않는다. 따라서 비즈니스를 통한 수익의 사용처를 바로 이 파송 후원에 집중해야 한다. 물론 전면적인 지원이 아닌 선교사 개인과 커뮤니티 지원의 비율을 조정하고, 지속적인 지원이 아닌 선교지의 커뮤니티 수익으로 점차 대체하게 하여 독립적인 재정의 원칙을 세워야 한다. 후원 모금에도 커뮤니티 사역이 하나의 해결 방법이 될 수 있다.

2) 커뮤니티 지원

선교국에서의 비즈니스 초기 정착 비용도 후원국이나 파송국의 모금에만 의존하지 말고 파송국이나 네트워크의 커뮤니티를 통해 지원받는 것이 가장 이상적이다. 비즈니스의 초기 정착 비용과 안정화 기간 동안의 적자와 국가마다 비즈니스의 다양한 어려움을 서로 전략적으로 지원하는 형식은 네트워크를 더욱 견고하게 통합해 준다.

III. 문제점

1. 비즈니스적 전략화

비즈니스를 통한 커뮤니티 사역의 가장 큰 문제는 정체성의 혼란을 겪는다는 점이다. "내가 누구인가"라는 정체성에 대해 고민하면서 사역자들은 비즈니스맨이라는 말을 결코 앞세우지 못한다. 그러한 이유로 비즈니스보다는 사역에 우선순위를 두다 보니 비즈니스의 이익에 반하는 결정을 내리는 경우가 허다하다. 또한 비즈니스의 발전보다는 효과적인 사역 방법을 모색하다 보니 비즈니스의 성과가 더딜 수밖에 없다.

따라서 팀이 함께 비즈니스의 전략을 모색하고 네트워크 관계를 지속적으로 유지한다면 정체성의 혼란 앞에 세워진 기틀 덕분에 좀 더 안정적으로 커뮤니티 사역을 할 수 있다.

2. 경영의 전략화

비즈니스를 하며 가장 힘들었던 점은 단연 세금 문제였다. 신앙의 양심으로는 결코 타협할 수 없는 뇌물이 늘 세금과 연관되어 있었다. 특히 파키스탄 등의 후진국들은 세금 부과 기준이 있기는 하지만 원칙적으로 실행되지 않으며, 한번 부과된 세금은 완납을 하거나 뇌물과 연관된 전쟁을 해야 한다.

뇌물이 매우 일반화되어 있는 곳에서의 비즈니스는 사역자들 간의 의견까지도 결정에 큰 영향을 미친다. 예를 들면, 파키스탄에서 신임 리더가 된 파키스탄인 사역자가 160불 정도의 세금 문제로 세무서를 방문했는데 약 80불의 뇌물로 그 문제를 장기간 해결할 수 있는 대안을 가지고 돌아와 감사 기도를 할 때, 과연 우리가 무엇을 대상으로 싸워야 하는지를 고민할 수밖에 없다. 뇌물 공여가 자연스러운 문화에서 살아온 사역자는 그 일이 고민거리가 되지 않는다. 하지만 다른 사역자에게는 그 문제가 경영상의 어려움으로 다가온다.

따라서 이러한 문제뿐만 아니라 경영상의 다양한 문제를 해결할 전략을 가지지 않는 이상 비즈니스를 통한 커뮤니티 사역은 늘 제자리걸음이며 또한 네트워크라는 대전제를 이루는 일이 무척 어려울 수밖에 없다.

나가는 글

파키스탄에는 비즈니스를 통한 커뮤니티 사역을 하는 사역자들이 많다. 그중에는 동아시아 지역에서 일차적인 성공을 거두고 온 사람들도 있고 협력을 통한 네트워크를 하는 사람들도 있다. 동아시아와는 달리 파키스탄에서는 아직까지 커뮤니티 사역에서의 성공 사례를 찾기가 어렵다. 하지만 무조건 이 사역이 불가능하다고 말할 수만은 없다. 속도가 느릴 뿐 이 땅에서도 다양한 시도가 이루어지고 있으며 그 시도를 아직 포기하지 않았기에 언젠가는 효과적인 전략들을 보고할 수 있을 것이다.

다만 이 모든 것이 파키스탄이나 다른 한 나라에서만 이루어진다면 우리가 지금까지 달려왔던 시간을 고스란히 다시 반복해야 한다. 우리는 문화의 벽인 이슬람의 장벽을 뛰어넘어야 한다. 거대하고 견고한 이슬람의 벽을 넘으려면 여호수아 군대가 여리고를 둘러싸고 기도했던 것처럼 각국의 사역자들이 좀 더 유기적인 네트워크로 함께 움직이는 효과적인 전략을 모색해야만 한다.

MISSION STRATEGY 10

세계 선교와 한국 기독교인의 역할

-한인 디아스포라 2세 포함-

전남주(CCC 미주 선교사)

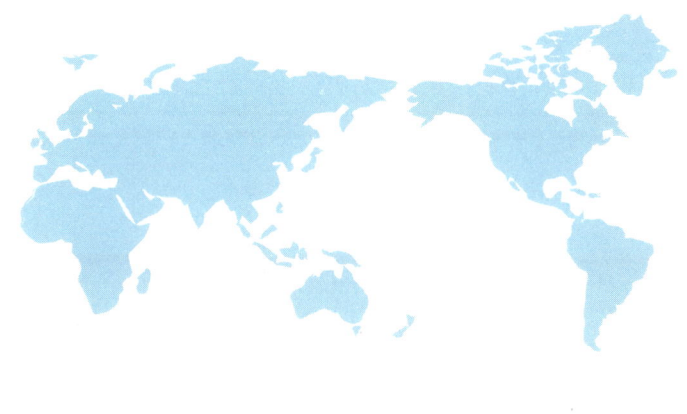

10

세계 선교와
한국 기독교인의 역할
-한인 디아스포라 2세 포함-

들어가는 글

하나님의 궁극적인 의도인, 모든 민족이 복음을 듣고 구원을 받는 일에 긍정적이며 적극적으로 참여하는 일보다 더 중요한 일은 없다. 이 일을 전심으로 수행하는 것은 유별난 일도 아니다. 그저 해야만 하는 일을 하는 것일 뿐이다. 이 일을 수행함에 있어서 우리는 신중한 태도를 지녀야 한다. 갈릴리 출신 어부들의 태도도 사뭇 신중했다. 베드로는 그의 글에서 자신들을 '아름다운 일(excellency)을 선포하는 자'라고 말했다.

"온 천하에 다니며 만민에게 복음을 전파하라"(막 16:15)라고 하신 주님의 명령은 복음을 듣는 일과 복음을 전하는 두 가지 일에 천하 만민이 모두 동참해야 함을 의미한다. 즉, 거듭남과 말씀 선포에 예외인 개인이나 민족이 없다는 뜻이다. 같은 맥락에서 어느 특정한 민족이나 국가가 세계 선교의 주체가 될 수 없으며 모든 사람과 모든 민족은 각각 세계 선교를 위한 역할이 있다. 단지 기회와 상황이 다를 뿐 지상 명령은 누구에게나 주어졌다.

현재의 한국 기독교가 세계 선교에 막대한 영향을 끼치고 있는 것은 사실이지만, 우리는 이 시대에 주어진 기회와 역할을 신중한 태도로 수행해야 한다.

I. 세계 선교와 한국인의 역할

1. 한국 교회의 성장

2010년 1월 말에 KWMA(한국서계선교협의회)가 발표한 바에 따르면 한인 선교사 수는 22,130명이며, 169개국에서 선교 활동을 하고 있다. 한국은 미국 다음으로 선교사를 가장 많이 파송하는 나라다. 하나님의 특별한 주권으로 말미암아 한국 교회가 내적·외적으로 성장하여 세계 선교에 공헌하고 있음은 부인할 수 없는 사실이다. 이러한 선교 성장 배경을 여러 가지로 분석해 볼 수 있다.

김한식은 그의 글에서 한국 교회의 성장과 세계 선교의 참여를 언급하며 한국인의 강점을 이렇게 정리했다. 1) 수난을 견디는 강한 힘, 2) 말씀에 근거한 신앙 바탕, 3) 순교로 무장된 신앙 전통, 4) 민족주의와 선교의 조화. 또한 한국 교회의 아쉬운 점으로 1) 열정 위주, 2) 지속성 미약(훈련 등한시, 후원자 관리 미숙), 3) 인내성 부족, 4) 대상에 대한 이해 부족 등을 들었다. 수긍이 가는 부분도 있지만 덧붙여야 할 내용도 많다.

2. 한인 디아스포라를 중심으로 한 해외 교회의 성장

2005년 7월 정부가 발표한 통계에 의하면 175개국에 6,637,000명의 한인 디아스포라가 정착해 살고 있다고 한다. 그리고 그 이민자들이 세운 교회가 5천 개가 넘는다.

그 후 7년이 지난 지금은 거의 7백만 명 이상이 해외에서 거주하며, 그들이 세워 출석하는 교회는 줄잡아 6천 개 이상으로 본다.

또한 그들의 복음화율에 대한 정확한 통계는 없지만, 대략 미주 지역은 70-

80%, 유럽, 중국, 필리핀 등의 높은 복음화율, 구 소련권과 중국의 조선족 등 한인 디아스포라들에 대한 선교사들의 오랜 선교 활동 등을 고려해 볼 때, 전체 해외 한인 디아스포라 사회의 복음화율은 한국 내 복음화율(20%)보다 두 배 이상인 40% 내외의 놀라운 성장을 보인 것으로 추산된다. 이들 한인 디아스포라 교회는 부분적인 어려움과 문제점이 있음에도 자립된 교회 재정을 기반으로 자신들이 거주하는 나라와 그 주변국에 선교사를 파송하는 적극적인 선교 기지의 역할을 담당하고 있다.

2만 명 이상의 선교사 파송으로 세계 2위의 선교 대국이 된 한국 교회가 만약 선교의 전진 기지인 약 6천 개의 한인 디아스포라 교회와 연합하여 전략적인 선교를 펼쳐 간다면 한민족 복음화와 세계 복음화를 위해 한 단계 올라간 선교 전략을 펼칠 수 있을 것이다.

3. 한인 디아스포라 2세의 역할

중국과 구 러시아에 건너간 한민족 디아스포라의 역사는 꽤 길다. 현재는 그들의 3-5세들이 자라고 있으며, 미주에는 벌써 2-3세들이 중·고·대학생이 되는 등 젊은 층이 주를 이룬다. 최근에 건너간 동아시아나 유럽과 남미 등에는 빠르게는 벌써 2세들이 청년층이 되어 그 사회의 주축이 되었다.

세계 선교 차원에서 이들이 지닌 장점은 상당하다. 그들이 거주하는 나라의 언어는 그들에게는 모국어이므로 언어의 소통과 전달에 전혀 문제가 없다. 또한 현지의 문화 적응에 특별한 시간과 방법이 필요하지 않다. 그들은 현지인들과 동일하게 살고 있다. 특히 세계 인구 중 다수가 사용하는 중국어와 영어 등의 언어를 구사하는 2세들은 선교의 소중한 자원들이다. 그들이 이미 적응해서 살아가는 자신들의 환경이 바로 선교의 현장이다. 세대가 지나면서 현지 문화에 동화되어 가고는 있지만, 조상들로부터 물려받은 신앙의 정체성과 헌신은 어느 정도 유지되는 편이다.

9·11 테러 이후, 서구 선교사들의 선교지 진출이 주춤하거나 감소 혹은 철수의 기미를 보이자 선교 현장에서는 후임자들의 문제가 대두되었다. 아시아 여러 나라에서는 아시아인으로서 영어를 자유롭게 구사하고 선교의 감각을 갖춘 준비된 2세들을 찾기에 급급했다.

선교 현장에서 필요한 자원을 당장 발굴하여 활용하는 전략은 시기적으로 약간 늦은 감이 있지만, 지금이라도 이들을 양육하고 준비시켜서 앞으로 효과적인 자원으로 활용해야 한다.

4. 극복해야 할 과제들

현지에서 살아가는 2세들은 사실상 이민 현지의 1세나 다름없다. 그들이 겪는 삶은 부모와 선조들이 이전에는 전혀 경험해 보지 못했던 삶이다. 이민 1세들은 한국에서 태어나고 성장하다가 성년이 된 후에 이민을 갔기에 익숙한 한국의 환경 위에 새로운 환경이 접붙여진 경우다. 그러나 2세들 즉, 현지 1세들은 태어나면서부터 그 나라의 환경과 문화를 접하기에 거부감이나 이질감 없이 자연스럽게 그것들을 습득한다. 이민 1세들이 자녀들에게 하는 충고는 때로는 심한 이질감을 부추기거나 어쩌면 그들에게는 불필요한 말이기도 하다.

안타깝게도 2세들은 그들이 보고 배울 롤모델이 없다. "아빠처럼 살아라" 하면서 그들을 지도하기에는 현실적으로 무리가 따른다. 너무 방관한 나머지 그들이 방향을 쉽게 잃기도 하고, 반대로 1세가 경험한 한국에서의 삶의 방식을 강조함으로써 자녀들이 거부감과 괴리감을 느끼기도 한다. 세대 간의 경험이 다르고 소통하는 언어가 다른 데서 오는 거리감은 심각한 현상을 유발한다. 한국에서는 조상과 부모의 경험의 터 위에 자신들의 노력과 습득을 한 단계씩 쌓아갈 수 있지만, 이민 2세들은 부모가 곁에 있음에도 자신들이 스스로 길을 개척

해 가야 하므로 부담감과 외로움에 빠지기 쉽다.

2세들은 다문화의 장점을 활용할 수 있는 좋은 위치에 있다. 부모와 한인 교회로부터 영적·감성적·역사적인 많은 유산을 받을 수 있고, 태어난 나라에서는 자연스럽게 경험하며 학습되는 또 다른 다문화의 유산을 습득할 수 있다. 양쪽의 좋은 유산을 활용하여 새로운 문화를 창출해 내기도 하지만 그렇지 못한 부정적이 면도 있다. 양쪽의 좋지 않는 것을 선택하여 발전시키거나, 혹은 자신의 정체성을 바람직하지 못한 쪽으로 은닉하는 모습을 보이기도 한다.

예를 들면, 미국에서 사는 2세의 경우 '나는 한국 사람도 아니고 미국 사람도 아니야'라고 생각하기보다는 '한국 사람이면서 미국 사람'인 태도를 취하는 것이 권장할 만하다. 그러나 반대의 경우도 있다. "한국 사람으로서 그러한 태도는 좋지 않구나"라고 지적받았을 때, "난 미국 사람인데요"라고 대답하거나, 혹은 "미국 사람으로서 어떻게 생각하니?"라는 물음에 "난 한국 사람인데요"라고 대꾸하는 것이다. 때로 이러한 현상은 정체성에 혼란을 가져오거나 급기야는 문화적 기회주의로 발전할 수도 있다.

이 모든 것을 감안해 볼 때 그들의 현실적 상황을 이해하면서 그들을 지도해 줄 2세 지도자가 분명히 필요하지만 현실적으로 숫자 면에서 턱없이 부족한 상태다. 2세들을 지도하는 데 있어서 1세들이 지도해 줄 수 없는 부분이 상당히 많다. 2세들은 1세들을 항상 긍정적으로 바라보지는 않는다. 교회에서도 학교에서도 2세 지도자들이 많이 양산되어야 한다.

그들에게는 선택해야 할 문화가 최소한 2개 이상이 항상 존재하므로 신앙의 전통과 정통을 전수받고 따르는 데 한계가 있다. 좋은 자원일수록 신중하게 다루어야 하며 이에 따른 많은 연구와 투자가 필요하다.

II. 한국 선교사의 역할과 책임

2만 선교사 파송 시대에 한국 교회를 축복하시고 사용하시는 하나님의 은혜에 놀라지 않을 수 없다. 이에 우리의 양적인 성장과 함께 질적인 성숙도 요구된다. 하나님이 성실과 최선을 기대하시며 우리에게 맡겨 주신 역할과 그에 따른 책임을 결코 간과해서는 안 된다.

1. 개인과 파송 단체의 준비

어느 집회에서 인도자가 선교의 부르심에 대해 이야기했을 때 그 부르심의 응답으로 누군가 일어났다면 그는 선교사로 나가야 한다는 개인적인 부담을 가질 수 있다. 이와 마찬가지로 집회를 인도한 단체나 교회가 일어난 사람을 꼭 선교지로 보내야 한다는 부담을 가질 수도 있다. 그러나 이때는 서로 신중해야 한다. 서로의 부담을 빨리 해결하려고 충분한 준비를 갖추지 않은 채 선교 현장으로 불쑥 떠나거나 혹은 갑자기 파송하면 안 된다. 선교에 대한 헌신의 과정을 신중하게 결정함으로써 부르심의 역할과 그 역할에 따른 책임을 건강하게 감당해야 한다.

1) 개인의 준비

선교 현장에는 누구나 가야 하지만, 사실 아무나 가서는 안 된다. 개인은 당연히 건강, 재정, 선교지에 대한 정보 등 수많은 요소를 살피면서 준비해야 한다. 무엇보다도 신앙의 성숙이 요구된다. 일반적으로 일단 선교 헌신을 결정해서 파송을 받고, 그리고 선교 현장에 가면 신앙이 저절로 성숙해질 것이라고 생각하기 쉽다. 절대 그렇지 않다. 이를 믿고 무리한 결정을 내려서는 안 된다.

우리나라 속담에 "안에서 새는 바가지 밖에서도 샌다"라는 말이 있다. 평소에 직장, 학교, 지역사회, 혹은 가정 내에서 전도를 전혀 해 보지도 않았으면서 선교지에 나가려는 경우가 있다. 선교지에 일단 가기만 하면 평소에 하지 않았던 전도나 육성이 저절로 될 것이라는 이상한 기적을 믿는 것이다. 그러나 성숙되지 않고 평소에 훈련되지 않은 상태의 헌신자가 선교 현장에서 당할 개인의 어려움과 함께 일하는 팀이 겪을 어려움을 상상해 보라. 또한 그들이 복음을 전하여 연결된 현지인들이 그들 아래에서 신앙생활을 시작하면서 경험하게 될 신앙과 훈련의 질을 생각해 보라.

선교지의 신앙의 질은 그곳에서 복음을 전하고 헌신하는 선교사의 신앙의 질과 직결된다. 바울 아래에서는 바울을 닮은 제자들이 양육되었다. 우리나라에 들어온 최초의 선교사들은 대부분 최고 양질의 선교사들이었다.

상식적으로 생각해 보라. 어느 선교사가 1년에 2개 이상의 교회 개척을 목표로 삼았다면 언어와 문화가 같은 한국에서 개척하는 것이 수월하겠는가, 아니면 조건이 전혀 다른 선교 현장에서 개척하는 것이 수월하겠는가?

2) 파송 단체의 준비와 선발

(1) 파송 단체는 누구를 보낼 것인지, 어디로 보낼 것인지, 그리고 얼마나 많은 자원을 적절하게 선발하여 보낼 것인지 등을 늘 고민한다. 개인의 준비 사항에서 언급했듯이 파송하는 단체가 성숙하지 않다면 그들이 보내는 선교사도 거의 같은 수준일 가능성이 높다. 즉, 성숙한 단체가 성숙한 사람을 선발하여 파송한다.

선교사와 파송 단체 간의 관계를 무시할 수 없다. 성숙한 단체는 늘 건강하게 사람들을 다루며 전도와 선교 활동이 무리 없이 연결되고 확산되어 간다. 그들은 조급해하지 않고 과시하지도 않으며 다른 단체들과 경쟁하지 않는다. 선교를 선교라는 목적 외에 다른 수단이나 구실로 이용하지 않는다.

(2) 선교지 정보

어디로 가야 할 것인지의 문제는 매우 중요하다. '마게도냐의 환상과 부르심'을 현대의 문맥에서는 어떻게 해석하며 적용해야 할 것인지가 우리의 당면한 과제다. 사실 각자가 혹은 단체가 모두 기도 중에 사도행전에 나오는 것과 똑같은 환상을 직접 볼 수는 없을 것이다.

'마게도냐의 부르심'을 오늘날의 해석으로 표현하자면 '정보의 부르심'이라고 해도 지나치지 않는다. 가고 싶은 곳을 가는 경우도 있지만, 성경에서는 가야만 하는 곳을 가는 경우를 많이 언급한다. 가야만 하는 곳을 가는 것이 바로 '정보의 부르심'이다.

그러므로 세계 선교의 현장에서 들려오는 정보들을 잘 모으고 잘 분석해야 한다. 가기가 용이하거나 인기가 많아서, 아니면 자신의 요구나 필요가 채워질 것을 기대하면서 선교지를 선택하면 절대 안 된다.

필리핀의 경우를 예로 들어 본다. 10여 전 그곳에서 활동하던 한인 선교사들은 이미 미국 선교사들이 다른 곳으로 재배치 내지는 철수하고 있는 것을 감안하여 그들도 동일하게 재배치 및 철수를 고려했다. 이유는 필리핀 현지인 지도자들이 전도와 교회 개척 그리고 선교 부분에 자생력을 가지고 성장하고 있었기 때문이었다. 그런데 현재 필리핀에서 사역하는 한국 선교사가 약 1,500여 명이라고 한다. 이 통계가 사실이라면 필리핀은 한국의 전체 파송 선교사 2만 명 중 약 12분의 1이 가서 꼭 도와야만 하는, 복음 전파가 시급한 나라인지 반문해 볼 필요가 있다.

(3) 후속 관리

선교사를 파송하면서 후속 관리를 염두에 두지 않는 것은 공중에 연을 날려 놓고 연줄을 끊어 버리는 격이다. 사도행전에서 안디옥 교회와 바울이 보여 준

사례는 우리에게 교과서적인 지침이다. 바울은 전도 여행 중에 그들에게 보고했고, 여행을 마치고는 그곳에 돌아가 함께 시간을 보냈다. 같이 있으면서 자신의 건강도 돌보고, 말씀을 나누며 그들과 예배도 함께 드렸을 것이다. 또한 차후 선교에 대한 구체적인 계획과 인원 보강, 예산 등도 세웠을 것이다.

잘 보내는 것에만 급급해하지 말고 잘 돌아오게 하는 계획도 세워야 한다. 우주 탐사선 프로젝트에서는 우주 공간에서 얼마나 많은 일을 수행하게 하는지도 중요하지만 얼마나 잘 돌아오게 하는지에 프로젝트의 성패가 달려 있다. 잘 돌아오게 할 정확한 계획과 확신이 없으면 아예 출발조차 시키지 않는다.

우리의 현실은 어떠한가? 사람을 잃고, 그리고 잃어버린 사람으로 말미암아 선교 현장도 잃어버리지는 않는지 점검해 보아야 한다. 후속 관리에 포함되어야 할 최소한의 고려 사항은 다음과 같다.

① 안식년과 재교육

② 자녀 양육과 교육

③ 건강 검진과 유지

④ 상담과 보고

⑤ 재배치에 관한 고려

2. 선교지 선정에 대한 제언

일반적으로 선교지는 자신의 문화 혹은 생활수준보다 열악한 곳을 선택한다. 아마도 어려운 조건에 있는 자들을 돌아보며 베풀어야 한다는 인도주의적인 측면이 크게 작용해서 그런 것 같다. 선교를 처음 시작한 나라들은 영국과 미국을 중심으로 한 서구권 국가들이었다. 서구의 문화가 이미 높은 수준이었기에 자연스럽게 선교는 높은 문화에서 낮은 문화로 향하는 것이라는 생각이 자리 잡았다. 이러한 것들에 바탕을 둔 현대 선교의 원리와 방법, 실천 등을 포함한 선교 정책이 제3세계에 소개되면서 그것을 답습해 가는 형태를 취하며 발전해 갔다.

그러나 흥미롭게도 예수님이 제자들을 택하는 방식과 사도행전의 선교 활동은 우리의 일반적인 생각과 달랐다. 바울이라는 예외적인 사람도 있지만 예수님은 주로 갈릴리 출신들과 지극히 평범한 유대의 사람들을 부르셨다. 이들은 당시에 로마 속국이었던 왜소한 팔레스타인에서 세계의 중심이었던 로마, 아덴, 에베소, 빌립보, 고린도 등 당대의 메가 시티들을 선교 대상지로 삼았다. 즉, 초대 교회의 선교 방향은 낮은 문화권에서 높은 문화권으로 향했다.

1) 동일 문화권과 후진 문화권

이러한 문화권으로 갈 때에는 선교사들이 자신들이 이미 배운 지식과 이미 소유한 것을 가지고 가도 큰 어려움이 없다. 준비 단계에서도 많은 것을 희생하지 않아도 된다. 이미 아는 것도 많고 가진 것도 많기에 선교 현장에서 고도의 기술 습득과 큰 수고를 하지 않아도 나누어 줄 것들이 많다. 현지인들은 선교사가 소유한 지식과 진보된 기술과 방법, 의식주, 신소재, 문화 등을 선호하며, 그것을 나누어 주는 선교사들을 환영한다.

이 틈새를 이용하여 복음도 함께 전파하는 전도는 매우 효과적인 방법이다. 활용할 수 있는 자원을 최선으로 만들어 효과를 극대화하고, 무엇을 가지고 있는지를 잘 살펴서 선교 현장에 지혜롭게 연결해야 한다.

2) 선진 문화권

우리보다 나은 선진 문화권에서의 선교는 접근 방법이 앞의 경우와는 다르다. 때로는 우리가 가진 상식으로는 접근이 어렵기도 하므로 수고와 연구 등 준비를 훨씬 많이 해야 한다. 그리고 다른 문화권에 비해 실패 확률도 높다. 바로 이 점이 우리가 높은 문화권의 그들에게 선교하려는 의욕을 반감시키는 요인이 되기도 한다.

그러나 선진 문화권의 사람들에게도 복음을 전해야 한다. 이 세상에 사는 사람 중 전도 대상에서 제외된 사람은 하나도 없다. 바울과 여러 사도가 로마로 가기를 원했고, 대도시에서 사역을 했던 것을 보면, 어쩌면 우리도 우선적으로 이러한 곳을 고려해서 선교 전략을 세워야 하지 않을까 싶다.

3. 파송 기관(sending body)과 현지 기관(receiving body)의 협력 관계

건강하게 선교 활동을 하려면 보내는 기관과 현지에서 함께 일하는 기관이 둘 다 필요하고, 이들 간의 협력 관계가 중요하다. 개척 사역 등과 같은 특수한 현장 상황을 제외하고는 모두 이 협력 관계 안에서 활동이 이루어져야 한다. 국내 사역에서도 철저한 계획과 운영, 정확한 평가를 통해 그 성장을 기대하는 것처럼 선교 현장에서도 동일한 절차들이 반드시 요구된다.

이 두 관계에서는 최소한 다음과 같은 것들이 다루어져야 한다.

① 보고와 감독
② 선교 현황 파악과 재배치

4. 국내 전도와 해외 선교의 균형

최근에 미국 기독교 기관의 보고에 의하면 미국은 선교사가 필요한 나라가 되어 가고 있다고 한다. 파송 선교사가 2만 명을 돌파한 한국의 기독교는 기독교인이 1천2백만 명에서 8백만 명으로 줄어들어 전체 인구의 18%의 비율을 차지한다는 충격적인 통계를 몇 년 전에 본 적이 있다. 이 통계에서는 무종교인이 전체 인구의 약 47%였다. 이 통계는 2005년에 발표된 것인데 7년이 지난 현재, 무종교인이 차지하는 비율이 늘어나면 늘어났지 줄어들지는 않았을 것이며 기독교인의 수에도 적지 않은 변동이 있었을 것으로 예상된다.

국내 기독교인은 감소하고 무종교인은 늘어나는 상황에서 해외 파송 선교사는 급증하여 2만 명 선을 웃돈다. 이 숫자를 그저 자랑스러워할 수만은 없다. 이러한 현상에 대해 전문가들이 어떤 해석을 내놓을지 흥미롭다.

본회의 선교 전략뿐 아니라 많은 선교 단체의 기도와 전략, 각종 선교 대회에서 쏟아져 나오는 전략들을 보면 선교사를 10만 명 파송하는 것에 목표를 둔다. 하지만 10만 선교사의 목표보다 먼저 실행되어야 할 전략이 있다. 바로 한국 기독교인의 수가 1천만, 혹은 2천만이 되도록 우리의 관심과 기도를 모으는 것이다. 한국 기독교인의 현저한 감소 추세가 계속 이어진다면 언젠가는 5백만 성도에 10만 선교사의 시대가 올 것이며, 참으로 염려스럽게도 한국 교인 50명 중 1명꼴로 선교사가 나온다는 예상을 해 볼 수 있다.

여기서 한 가지 의문점이 든다. 해외 선교사들이나 선교사 후보생들이 출국하기 전에 한국 내에서 얼마나 많은 사람에게, 얼마나 오랫동안 복음을 전했을까? 그들은 평상시에 복음 전도를 생활화하며 육성과 훈련에 참여했을까? 혹시 지금도 한국에서 개인 전도와 육성에 한 번도 참여해 본 적이 없는 사람들이 선교사 파송을 받으려고 후원 모금과 비자 발급 등의 준비로 분주하지는 않은지 염려스럽다.

해외 선교의 확장은 국내 교회의 꾸준한 성장과 비례한다. 예루살렘 교회나 안디옥 교회를 보면 알 수 있다. 또한 서구의 많은 나라도 자국 내 교회 성장이 멈추자 곧 해외 선교도 침체되는 현상을 겪었다.

나가는 글

세계 선교를 위한 한국인의 역할은 분명하다. 이 일을 거부하거나 회피해서는 안 된다. 이는 지상 명령과 같다. 우리의 현실과 역할을 감당하기 위해 철저한 분석과 평가를 내려야 하며, 역할 수행에 있어 적극적인 헌신과 책임을 감당해야 한다.

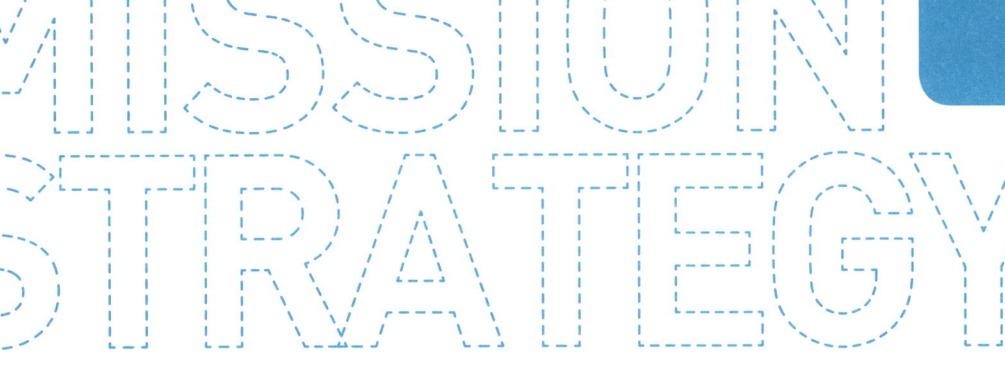

11

동아시아 오리엔트 지역의 선교 비전과 도전

이명춘(CCC 동아시아 오리엔트 대륙 선교·행정 책임자)

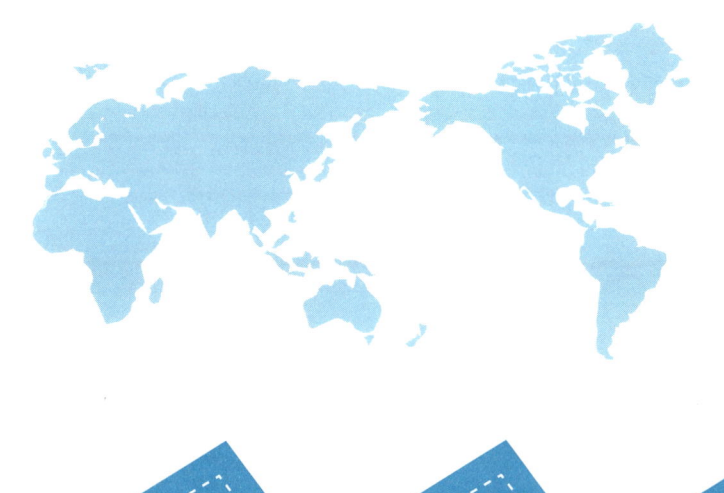

동아시아 오리엔트 지역의 선교 비전과 도전

들어가는글(주님의 지상 명령[마 28:18-20]과 CCC)

'오늘의 학원 복음화는 내일의 세계 복음화' 라는 비전은 주님의 지상 명령 성취에 동참하도록 CCC에 주신 사명이다. 미래의 지도자들에게 생명과 소망을 갖게 하여, 주님의 복음이 땅 끝까지 전파되는 일에 한 부분을 감당하는 부름에 순종한 CCC를 통해, 지난 50여 년간 많은 젊은이가 헌신해 왔다. 이 젊은이들이 가정과 사회 속에서 사람들을 변화시키는 일들이 구체적으로 일어나는 것을 지켜보며, CCC는 Campus(대학생) 사역은 물론, Community(여러 사회 공동체)와, Coverage(모든 이에게 복음 전파) 사역 전략을 세워, 지구 상의 모든 사람에게 복음 전파하는 일을 극대화하는 데 다시 초점을 맞추었다.

사영리 책자와 예수 영화는 전 세계 구석구석에 주님의 사랑과 용서를 전하는 데 놀랍게 사용되었고, 제자들을 육성, 훈련, 파송시켜서 영적 운동을 일으키는 일에 수많은 동역자가 기도와 물질로 동참하고 있다. 주님의 지상 명령 성취는 20세기에 들어서서 가속화되기 시작하여, 현재 전 세계 인구의 30%가 그리스도인이라고 불리지만, 아직도 복음이 들어가지 않은 미전도 종족이 많다. 주님은 그들에게 그리스도의 사랑을 가지고 갈 수 있도록 길을 열어 주셨고, 다양한 도구를 개발하게 하셨으며, 그 사랑을 받아들이도록 사람들의 마음도 준비시켜 주셨다. 닫힌 국가들의 문도 열어 주셨고, 멀리 있는 사람들과도 만나 한순간에 복음의 이야기를 나누게 하셔서 그리스도 안에서 성장할 수 있도록 돕는 기술들도 발전시켜 주셨다.

이러한 기회와 상황을 빠르게 이해하고, 그에 맞는 사역 전략을 세우도록 CCC 안에 좋은 지도력을 주신 주님께 감사드린다.

1. CCC의 새로운 비전

뉴라이프 2000 프로젝트를 통해, 전 세계 모든 사람에게 예수님의 복된 소식을 전하는 일은 20세기 중반에 시작된 CCC 운동에 큰 도전이었고, 이 도전은 CCC 간사들과 제자들, 동역자들의 헌신으로 놀라운 성과를 거두었다. 이 결과를 토대로 21세기를 시작하면서, 주님으로부터 새로운 비전 'Movements Everywhere'(어느 곳에서나 영적 운동을 일으키기)를 받아, 모든 사람이 예수 그리스도를 신실하게 믿는 사람이 자기 주변에 있다는 것을 알게 하는(So that everybody knows someone who truly follows Jesus Christ) 사역에 초점을 맞추게 되었다. 이는 하나님이 우리에게 주신 처음 비전이 바뀐 것이 아니라 새로운 시대에 맞게 조정된 것이다.

인류 역사를 살펴보면 수많은 운동이 민족과 인종과 국가와 세계 속에서 사람들에게 영향을 끼쳤다. 이제 우리 그리스도인들은 영적 운동을 일으켜 사람들이 삶의 진정한 의미를 발견하게 해 주고, 사회과 국가와 전 세계를 변화시켜 하나님 나라를 세우는 사명을 완수하는 도전 앞에 서 있다. 이 일은 먼저 예수 그리스도의 사랑과 용서로 변화된 삶을 살아가는 사람들만이 감당할 수 있다. 이들이 그리스도의 헌신적인 사랑과 무한한 용서와 기쁨과 감격을 충분히 누리며 살아갈 때, 그 삶의 영역에 있는 주변 사람들에게 그리스도의 선한 영향력을 끼칠 수 있다.

2. 새로운 비전 성취를 위한 새로운 전략

탁월한 지도자와 잘 갖추어진 제도는 사람들을 모으고 따르게 하는 데 중요한 요소다. 그러나 이 세대는 변화된 삶을 진솔하게 실천하며 섬기고 사랑하는 사람들에게 감동하며, 그들을 본받아 그렇게 살아가기를 갈망한다. 이야기를 들어 주고 공감해 주며, 진정성 있게 다가갈 때, 사람들은 마음의 문을 연다. 그리스도의 사랑은 상처받고 굳어진 마음을 치료하며 부드럽게 할 수 있는 강력한 힘이다. 예수 그리스도가 우리의 모든 것의 해답이심을 믿는 CCC는 이 세대 사람들의 마음의 문을 열어, 그리스도의 사랑을 알 수 있게 하기 위해 다섯 가지 사역 전략을 세워 영적 운동을 일으키려고 한다.

이 다섯 개의 MCC(Mission Critical Components, 사명 완수의 결정적인 구성 요소)는 그리스도를 신실하게 따르는 이들이 모든 민족과 종족, 사람들에게 그리스도의 사랑으로 다가갈 수 있도록 돕는, 이 세대에 맞는 새로운 사역 전략이다.

1) SLM(Student-led Movement): 학생들이 주도적으로 영적 운동을 일으킬 수 있도록 돕는 전략이다. 그리스도 안에서 변화된 젊은 대학생들이 캠퍼스에서, 학생 공동체 속에서, 나아가 자기 삶의 영역에서, 스스로 다른 학생들의 삶에 그리스도의 선한 영향력을 끼치도록 돕는다. 이렇게 개발된 지도력을 졸업 후 직장이나 사회 공동체 속에서도 지속적으로 행사하여 하나님 나라를 확장해 간다.

2) LLM(Leader-led Movement): 모든 공동체 속에서 영향력을 행사하는 지도자들이 자발적으로 영적 운동을 확산하도록 돕는 전략이다. 이 전략은 지위나 직책을 활용하려는 사람들이 운동의 주체가 되는 것이 아니라, 자신의 삶을 통해 자신이 속한 공동체 구성원들에게 예수 그리스도의 사랑을 체험하도록 도와주고 이끌어 주는 사람들이 운동의 주체가 된다. 지도자의 명칭을 가져서 지도자가 되게 하는 것이 아니라, 변화된 삶의 메시지로 사람들을 이끌어 갈 수 있음을 알게 하고, 그렇게 하도록 돕는 사역이다.

3) GCM(Global Church Movement): 복음으로 변화된 사람들을 훈련시켜서 교회를 세우고, 그들이 또 다른 사람들에게 복음을 전하고 훈련시켜서 지구촌 구석구석에 하나님의 교회를 세우는 전략이다. 이 전략은 교회라는 외형적 건물을 세워 가는 것이라기보다는 그리스도인들이 함께하는 공동체를 만드는 것이다. 함께 모여 주님을 찬양하고, 말씀을 나누고, 격려하며, 그리스도의 모습을 닮아 가도록 노력하며, 사랑으로 그리스도의 몸을 세워 가는 일들이 전 세계에서 일어나도록 돕는 전략이다.

4) VLM(Virtually-led Movement): 가상공간을 통해 복음을 전하고, 사람들을 훈련시켜서 영적인 운동을 일으키도록 돕는 전략이다. 21세기는 앉아서도 전 세계의 사람을 다 만날 수 있는 시대다. 때로는 직접 눈으로 보는 것보다 훨씬 더 생생한 사실을 가상공간을 통해 접할 수 있기에, 많은 사람은 더 많은 지식을 빨리 얻기 위해, 멀리 있는 사람들을 만나 정보를 교환하기 위해, 이 공간에서 많은 시간을 보낸다. 언제든지 이들을 만나서 이야기를 들어 주고 도움을 주는 일이 이 전략의 사역 방법이다. www.greatcommission2020.com 웹사이트에 들어가 보면 하루에도 수십만 명의 사람이 복음 전도 웹사이트에 들어와서

그리스도의 복음을 접하고, 수많은 사람이 예수님을 믿으며, 더 알기를 원한다는 것을 실시간으로 알 수 있다.

5) CAM(Capacity accelerated Movement): 영적 운동을 극대화할 수 있도록 우리 조직의 역량을 키우는 전략이다. 운동의 세 요소는 힘, 승법 번식, 경영이다. 영적 운동을 일으키려면 '힘'이라는 요소인 복음 증거와 '승법 번식'이라는 제자화가 이루어져야 하고, '경영'을 해야 한다. 예수님이 열두 제자를 둘씩 보내셨던 것처럼, 효율적인 사역을 위해 주님이 주신 CCC의 공동체의 역량을 든든하게 세워야 한다.

이 전략들은 21세기를 사는 사람들에게 더 효율적으로 접근하여 복음을 전하고, 제자를 삼아 영적 운동을 일으키도록 개발된 것이며, 변화에 따라 새롭게 발생하는 하나님이 주시는 기회를 놓치지 않는 일에 초점을 맞추었다. 우물가의 여인의 갈급함을 채워 주시려고 그곳을 찾아가신 예수님처럼, 우리 주변에, 우리 시대에 예수님의 복음이 필요한 사람들에게 다가가기 위해서는 그들이 공감하는 것들을 찾아야 한다.

3. 하나 된 비전과 믿음의 목표들(Unified Vision & Faith Goals)

세계의 70억의 인구 중 아직 그리스도의 사랑을 모르는 사람들이 50억이나 된다(다음 장 도표 참조). 이 사람들이 모두 복음을 들을 수 있도록 하는 것이 주님의 계획이시며, 모든 그리스도인은 그 계획을 이루는 일에 부름을 받았다. CCC는 받은 사명을 완수하기 위해 전 세계의 CCC 간사들과 제자들을 통해, 인구 천 명당 1개의 승법 번식하는 공동체를 백만 개 만드는 목표를 세웠다.

이 공동체에는 캠퍼스에서 영적 승법 번식을 하는 그룹(순), 가족 모임, 이웃들과 함께 그리스도의 선한 영향력을 끼치는 모임, 직장에서 예수님의 사랑으로 사람들을 감동시키는 모임이 포함된다. 또한 크고 작은 교회 공동체 내에서 믿음을 실천하고 사람들을 사랑으로 섬기는 구성원도 포함되며, 가상공간에서 사람들을 만나 복음을 증거하고, 그리스도 안에서 자라 갈 수 있도록 도와주며, 그러한 일들을 주변에서 실천할 수 있도록 도전하고 격려하는 사람들의 모임도 포함된다.

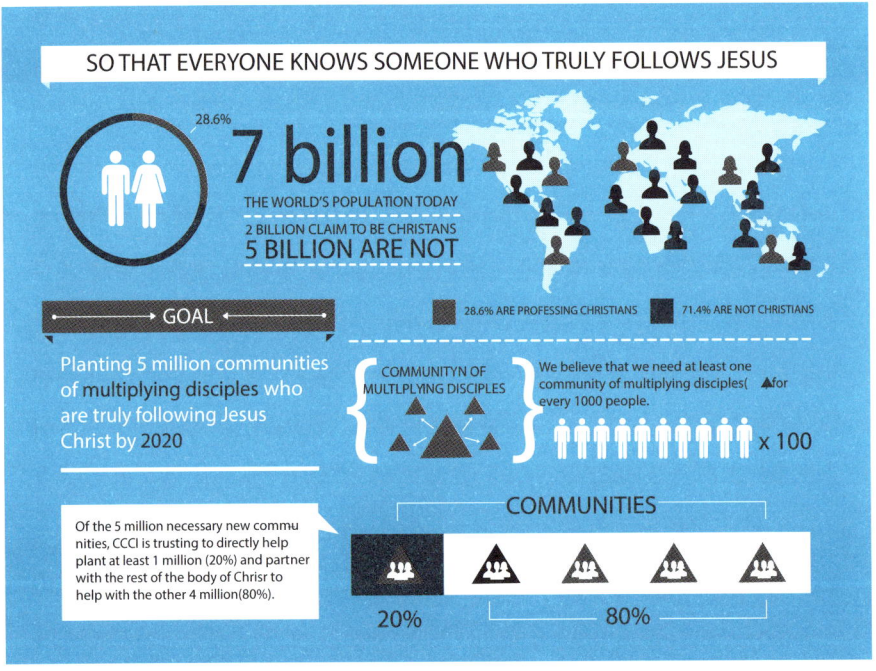

CCC의 하나 된 비전과 믿음의 목표들(Unified Vision & Faith Goals)

도표에서 볼 수 있듯이 CCC뿐만 아니라 교회와 다른 그리스도인의 공동체가 이 일에 참여하여, 전 세계 구석구석에 있는 모든 사람에게 그리스도의 사랑을 알 수 있도록 해야 한다. 주님은 한 영혼이 주님께로 돌아오는 것을 원하신다.

이 일을 위해 교회가, 그리스도인 공동체가, 그리스도인들이 주님을 신실하게 따라갈 때, 성령이 능력으로 역사를 이루실 것이라 믿는다.

4. 동아시아 오리엔트 지역의 비전

"선교사를 가장 많이 보내는 주요 지역"(Major Missionary Sending Base)

'오늘의 학원 복음화는 내일의 세계 복음화'라는 비전에 헌신된 고(故) 김준곤 목사를 통해 한국 CCC는 복음의 황무지였던 한국 대학생들 속에서 영적 운동을 일으켜 왔다. 한국과 같은 지역에 속한 아시아의 여러 나라도 가까이에서 한국 CCC가 일으키는 운동을 보고 배우면서 영적 영향력을 함께 키우고 있다. 전 세계 CCC의 Stage III(자국에서 영적 운동이 일어나고, 운동에 필요한 자원-인력과 재정이 자국 내에서 충족되는) 나라 7개 중 2개가 동아시아 오리엔트 지역(한국과 싱가포르 CCC)에 속해 있다. 지금은 아시아 지역을 넘어 전 세계가 한국 CCC와 동아시아 오리엔트 지역의 학생 운동을 포함해서 평신도 운동, 교회 운동을 배우기를 열망하고, 그 사역의 일환인 CM 2007은 지구촌 대학들의 간사들과 제자들에게 큰 도전을 주면서 많은 열매를 맺었다.

동아시아 오리엔트 지역은 지속적으로 간사들과 제자들의 숫자가 늘어나는 추세며, 세계 선교를 위해 인적·물적 자원들을 보내고 있다. 이 지역은 현재 미국을 제외한 나머지 12개 지역(대륙) 중 간사 수, 재정 자립도, 모금되는 재정이 가장 많은 지역으로 성장했고, 장·단기 선교사를 가장 많이 보내는 지역이다.

동아시아 오리엔트 지역에 속하는 7개 나라의 사역을 아래와 같이 선교에 초점을 맞추어 정리해 보았다.

- 몽골 CCC는 기독교에 문을 열었던 20년 전에 곧바로 영적 운동을 시작하여, 학생, 교사, 청소년, 군 선교 등에 있어 승법 번식하는 제자들을 육성

하고 있고, 금년(2012)에 처음으로 자립 선교사를 파송했다.
- 일본 CCC는 여러 나라로부터 선교 자원들을 받아, 대학에서부터 영적 운동을 일으켜 교회와 함께 일본 복음화의 꿈을 꾸고 실행하는 동시에, 일본인 간사와 학생들을 파송하여 여러 나라에서 영적인 영향력을 끼치고 있다.
- 대만 CCC는 국내 여러 영역에서 영적 운동을 일으켰고, 이미 오래전부터 인적·물적 선교 자원들을 보내 세계 선교에 기여하고 있다.
- 싱가포르 CCC는 한국 CCC 이상으로 세계 선교를 위해 인적·물적 자원뿐만 아니라 사역의 경험과 전략들을 나누고 있다. 40주년을 맞는 싱가포르 CCC는 금년(2012)에 40개의 선교팀을 보내고, 40만 불을 모금하여 선교 현장에 보내려는 믿음의 목표를 세워 놓고 진행하고 있다.
- 한국 CCC가 이룬 선교 업적은 과거보다 미래가 훨씬 더 클 것이라고 기대할 수 있다. 대학생 사역은 물론 나사렛 형제들 운동(졸업생 사역)은 많은 나라에서 배우기를 원하는 사역이며, A6 프로젝트(ACTS 6000 Campus Pioneering Project, 6천 개 미개척 캠퍼스 개척)는 이미 여러 나라에서 전 세계 6천 개의 주요 대학 복음화에 대한 비전과 열정을 일으키고 있다.
- 파키스탄 CCC는 한국 다음으로 오래된 CCC 사역의 역사를 가지고 있지만, 자국 내에서조차도 그리스도인의 영향력은 아주 미미하다. CCC가 복음 활동에 가장 적극적인 단체로 알려져 있지만, 소수의 기독인에게 국한되어 있다. 파키스탄이 동아시아 오리엔트 지역으로 들어온 이후, 새롭게 사역을 정비하고 도전적인 사역을 전개하면서 금년(2012)에 21명의 새로운 SLM 간사와 24명의 GCM 간사를 선발하여 훈련 중이다. 하나님이 이 땅을 변화시키셔서 중동 땅에 그리스도의 소식이 가득 차게 하실 것을 기대하고 있다.

- 북한은 한국 기독교 역사에 큰 획을 그은 곳이지만 지금은 복음의 황무지가 되었다. 그 땅의 백성을 사랑하시는 주님은 한국을 중심으로 여러 나라가 협력하여 북한에 그리스도의 사랑과 은혜를 보여 주기를 원하고 계신다. 평양 대부흥 운동이 그 땅에서 다시 일어나 하나 된 통일 민족이 전 세계에 복음 증거하는 일에 육로를 활짝 여는 날이 속히 올 것을 믿고, 기도와 힘을 모아야 한다.

하나님의 신실한 일꾼이며 주신 사명에 충실한 동아시아 오리엔트 지역에 하나님이 더 큰 사명을 맡기시는 것은 당연한 일일 것이다. 이제 그 도전이 무엇이며, 더욱 충성해야 하는 일이 무엇인지 알고 행해야 하는 과제가 우리 앞에 놓여 있다.

나가는 글(동아시아 오리엔트 지역을 향한 도전)

바울이 마게도냐 환상을 본 것처럼, 우리는 세계 도처에서 "건너와서 도우라"라는 요청을 지속적으로 받고 있다. 동아시아 오리엔트 지역에 속한 나라들이 경험한 영적 운동과 그 운동을 확대할 수 있는 자원을 받고 전략을 배워, 자국 내에서 영적 운동을 일으키려는 열망과 소원을 세계 곳곳에서 품고 있다. 새로운 캠퍼스를 개척하는 학생 운동은 물론 가정과 사회에서 평신도 지도자로서 선한 영향력을 끼치는 일, 그리고 교회를 세워 하나님 나라를 확장하는 일에 우리의 지식, 지혜, 경험, 자원을 더 구체적이며 전략적인 협력 속에서 나누어야 한다.

특별히 우리의 혈육인 북한의 복음화를 위해 한국 CCC가 선교적 입장에서 적극적으로 참여할 것이 요구된다. 한국 선교사가 북한 내지에 들어가는 것이 현실적으로 어렵기 때문에 출입이 가능한 나라들과 선교 협력을 강화하여, 통일 이전에 북한 선교의 문을 열어 두어야 한다. 북한 주민 구호와 개발을 위한 사업에도 해외팀들과 함께 활발하게 참여하여, 동토의 땅을 녹이고 그리스도의 사랑의 씨앗을 뿌려 자라게 해야 한다.

지정학적 위치가 가깝고 오랫동안 교류해 왔던 일본의 복음화는 민족 복음화에 버금가는 사명으로 받아들여, 한국 CCC는 지난 30여 년간 선교 협력을 해 왔다. 이에 대한 일본 CCC의 평가에 따라 긍정적인 면은 발전시키고, 부정적인 면은 개선하여 한국 교회 및 선교 단체와 연합하여 지속적으로 기여할 수 있는 더 효율적인 방안을 모색해야 한다.

선교의 마지막 최전방이 손을 뻗으면 닿을 수 있을 정도로 가까이에 와 있다. 유럽과 미국, 아프리카와 아시아 전 인구의 30% 이상이 그리스도인이다. 그러나 아직도 우리 주변에는 복음의 불모지가 있다. 수년 전 파키스탄이 동아시아 오리엔트 지역으로 포함되면서 우리는 새로운 도전을 받았다. 이 도전을 겸허히 받아들여 지금까지 일해 오면서 하나님이 새로운 문을 열어 주시는 것을 목도했다. 복음이 예루살렘으로부터 시작하여 사마리아와 땅 끝까지 전파되리라는 주님의 예언이 이제 아시아를 거쳐 예루살렘을 향해 흘러가는 큰 물결이 되어 중동의 관문인 파키스탄을 지나고 있다고 믿는다.

이제는 간사들이 먼저 북한과 일본뿐만 아니라 세계 곳곳에 영적 운동의 불씨를 옮기겠다는 비전과 사명, 열정을 품어야 한다. 간사들은 비전과 사명, 열정으로 제자들의 삶을 변화시키고, 제자들을 통해 복음의 지경이 더 넓어지게 하는 일에 힘써야 한다. 모든 그리스도인은 세계 선교에 부름을 받아 가정과 공동체에서 영적 운동을 일으키는 일에 보냄 받은 자임을 깨닫고, 제자들이 헌신할 수 있도록 도와야 한다. 그들 스스로가 영적 운동을 일으키는 주체가 되도록 훈련시키고, 지구촌(Global) 지도자로서 역량을 기르도록 도전하고, 그 장(Field)을 만들어 주어야 한다. 선교 전문가들의 장이 점점 줄어들고 있다. 전문인 선교사들이 세계 곳곳에서 복음의 영향력을 끼칠 수 있도록 우리 제자들이 준비되어야 한다.

　선교 협력은 절대적으로 필요하다. 사회는 소셜 네트워크(Social Network)라는 이름 아래에 운동을 일으키고 있다. 하나님이 우리에게 주신 것을 나누어 활용하는 파트너십은 하나님의 큰 공동체 속에서 반드시 이루어져야 한다. 협력은 시너지(Synergy)를 가져오고 그 시너지는 각자가 할 수 있는 역량 이상의 것을 모아 하나님의 위대한 일을 성취해 갈 수 있게 한다.

　아시아에서 유럽을 향해 바울의 눈을 돌리게 하셨던 주님이, 우리의 눈을 들어 희어져 추수할 벌판을 바라보게 하심을 깨달아, 그 현장을 보고 느끼면서 그곳에 복음의 낫을 들고 가야 하며, 또한 다른 이들이 가도록 돕는 일을 우리가 해야 한다.

MISSION STRATEGY

12

21세기 한국 대학생의 실체와 트렌드

김훈중(CCC 학원사역연구소 소장)

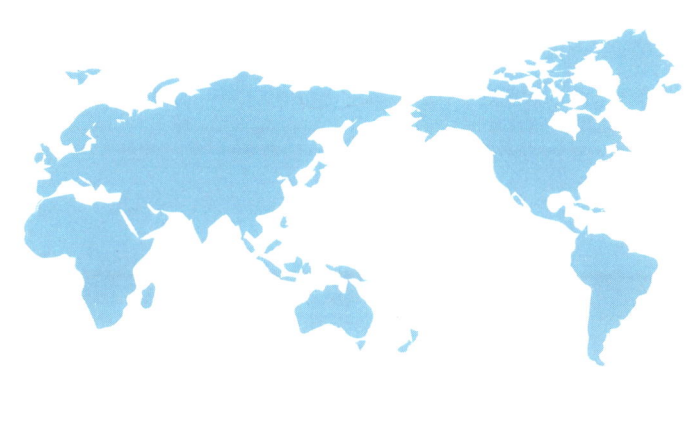

21세기 한국 대학생의 실체와 트렌드

들어가는 글

 어느 나라든지 대학생은 그 사회에서 가장 잠재력 있고 가능성 있는 미래의 주역으로 인식한다. 정치, 경제, 사회, 문화 등 모든 영역에서 청년들의 지적·사회적·도덕적·인격적 수준은 미래의 그 사회를 보여 주는 중요한 지표다. 기독교 사역자의 관점에서 볼 때에도 마찬가지다. CCC가 대학생 선교에 집중해 왔던 이유도 앞으로 나라를 이끌어 갈 지도자들이 주님을 만나서 나라와 세계를 향한 꿈을 꾸도록 돕는 일이 민족 복음화와 세계 선교의 지름길이라고 생각했기 때문이다.

 그런 점에서 현재의 대학생들이 어떤 존재들인지 눈여겨보는 것은 매우 중요하다. 그런데 문제는 대학을 졸업한 많은 성인이 이미 대학 시절을 경험했기 때문에 이 부분에 대해서 나름대로의 고정된 생각을 가지고 있다는 것이다. 또한 자신이 경험했던 대학 생활과 크게 다르지 않을 것이라고 생각하기도 한다. 몇 년 전 20년도 넘은 사역 자료들을 들추어 본 적이 있었다. 자료 안에는 당시 정기 모임에서 받았던 주보와 순서지도 들어 있었다. 그런데 매우 놀랍게도 그 모든 자료가 지난주에 사용한 것인지 20년 이전에 사용한 것인지 구별하기가 어려웠다. 물론 우리 사역의 성격이 지나치게 달라지는 것도 문제겠지만, 어쩌면 우리는 20년 전의 청중을 염두에 둔 채 오늘의 사역을 진행하고 있는지도 모른다.

이 글을 통해서 오늘날의 청년 대학생들의 모습을 살펴보고, 그들이 왜 그러한 모습으로 형성되었는지 추적해 보며, 그들이 캠퍼스와 민족의 영적 운동과 세계 선교를 주도할 수 있도록 도와주는 방안을 깊게 생각해 보기를 소망한다.

1. 신자유주의 경제 체제 관점

1) 무한 경쟁 세계화의 물결

먼저 현재의 20대가 지난 20년간 어떤 화두 속에 살았는지를 살펴보자. 공교롭게도 20살이 된 대학생들은 네 번의 정부를 거쳤다. 군사 정권이 끝나면서 민주화 운동도 자연스럽게 그 열기가 가라앉았고, 문민정부가 들어서면서 화두는 세계화로 이어졌다. 우루과이 라운드를 통한 시장 개방과 OECD 가입 등으로 경제 이슈는 세계 시장으로 눈을 돌리게 만들었다. 그리고 그 흐름은 정권이 몇 차례 바뀌면서도 그 기조를 이어갔다. 그것과 발맞추어 교육계에도 대학 순위를 발표하는 등 세계와 경쟁하기 위한 경쟁 교육이 부각되기 시작했다. 세계에서 서울대가 몇 위인지 등의 부추김을 통해서 학생들은 지옥 같은 입시 경쟁으로 내몰렸다. 공교육뿐만 아니라 사교육 시장도 엄청난 수치로 증대되었다. 자연스럽게 학생들은 성적, 경쟁, 대학교 입학, 취업이라는 경제 이슈에 빠져버릴 수밖에 없었다.

대통령	김영삼	김대중	노무현	이명박
	문민정부	국민의 정부	참여 정부	실용 정부
경제 이슈	세계화, IMF 우루과이 라운드, 시장 개방, OECD	IMF 극복 구조 조정, 경기 활성화(부동산, 카드)	세계화, FTA 국민소득 2만 불, 부동산 폭등, 주식 활황	FTA 타결, G20 MB노믹스, 줄푸세
대북 이슈	김일성 사망, 핵확산방지 조약(NPT) 탈퇴	남북 정상회담(6.15), 햇볕 정책, 금강산 관광	남북 정상회담(10.4), 개성 공단	김정일 사망, 천안함
주요 사건	지존파, 성수대교, 삼풍백화점, 대구지하철 가스폭발, 아현동 가스폭발, 강릉 무장공비 침투, 황장엽 망명	씨랜드청소년수련관 화재, 미국 기지 발암 물질 방류, 효순 미선 사고, 노벨평화상	월드컵 4강, 대통령 탄핵소추, 호주제 폐지, 종합부동산세, 전자 정부	촛불 집회, 민간인 사찰, 미네르바 고소, 4대강
교육 이슈	역사 바로 세우기, 초등학교 명칭, 경쟁 논리 교육, 1995 중앙일보 대학 순위 발표 시작	중학교 의무교육, 공동체주의 교육	공교육 정상화, 삼불정책 실패, 형평성/공공성 교육, 사학법 개정 후 재개정	영어 공교육, 대안교과서 한국 근·현대사, 외고, 자사고 선호 증대
사교육 시장	8조	13조	25조	39조
출산율	1.78	1.54	1.17	1.25
가족계획 정책	착한 일 하면 여자 짝꿍 시켜 주나요?	사랑으로 낳은 자식, 아들 딸로 구별 말자.	엄마! 저도 동생 갖고 싶어요.	두 자녀는 행복, 세 자녀는 희망!
대학 진학률	52%	68%	82%	82%
이혼 건수	53,500	91,200	144,900	124,100
여성 취업	800만	850만	940만	980만
아이돌 그룹	서태지와 아이들	HOT, 핑클	슈퍼주니어	소녀시대

현재 손에 꼽히는 서울의 한 명문 대학의 취업률이 60%대에 머문다. 그 60%에는 월급 150-200만 원이 채 되지 않는 회사에 입사한 학생들도 포함되어 있다. 언론에 발표된 내용보다 학생들을 직접 만나 접한 현실은 더욱 충격적이었다. 또한 대학별로 취업률을 포함한 대학 평가를 통해서 지원금, 대학 퇴출 여부를 결정하기 때문에 학교에서는 더 강하게 학생들의 학업 역량 증진, 언어 공부 등을 요구한다.

그에 비해 기업의 취업의 문은 좀처럼 넓어지지 않고 있다. 비정규직으로 대체하는 비중이 계속 늘고 있다. 더욱더 싼 값으로 사람의 노동력을 쓰려고 한다. 이러한 현실에 대해서 정부는 국가 경쟁력이라는 명분으로 큰 틀에서 기업들의 손을 들어 주는 방향으로 정책을 펼쳐 간다. 학생들은 대안을 찾고, 더 노력하기에 앞서 매우 큰 상실감과 절망감을 경험한다. 대학 등록금은 높아만 가고, 졸업 후 취업할 가능성이 적다는 것은 대학을 다닐 수도 없고 안 다닐 수도 없는 어려운 상황에 처하게 한다.

그런 점에서 대학은 취업을 위한 전쟁터가 되어 버렸다. 1학년 때부터 공무원 시험과 언어 습득 준비로 학생들은 너무 바쁘다. 게다가 좋은 학점은 기본으로 갖추어야 한다.

서울의 한 대학에서는 입학을 확정한 1월부터 온라인 강의를 신입생들을 대상으로 개설한다. 매주 온라인 수업을 듣고 주 1회씩 조교의 관리 아래서 스터디 모임을 한다. 조교나 선배들에게 "시간을 많이 뺏기는 동아리 활동은 자제하라"라는 말을 자주 들었던 탓인지 우리는 신학기 신입생 접촉에 많은 어려움을 겪었다.

2) 신앙의 중심성의 흔들림

시험 기간을 앞두고 중요한 노트를 누군가 훔쳐 가서 충격에 빠진 학생들이 생기는 등 더불어 살아가는 사회성이나 인간 존중의 가치가 무너지고 있다. 최근 크게 문제가 되는 중·고등학교 폭력은 경쟁의 스트레스와 인간의 존엄성에 대한 가치가 무너진 결과로 보는 의견이 우세하다. 그럼에도 처벌의 강화나 법적 조치 등의 표면적 방식에 머무르는 대책만 내놓은 것이 안타깝다.

학생들은 극단적 선택을 하기도 한다. 2010년 통계청에서 발표한 사망 원인 통계를 살펴보면 전체 연령대의 사망 원인 1위는 암이다. 그러나 20-29세의 청년 대학생들의 사망자 중 자살이 전체의 44%를 차지한다. 청년들의 죽음 중 반 정도가 자살이라는 뜻이다. 이는 10-19세의 자살 사망률 24%보다 두 배나 높은 수치다.

또한 최근 학원복음화협의회에서 발표한 '2012 한국 대학생의 의식과 생활에 대한 조사 연구'를 살펴보면 "자살을 생각해 본 적이 있다"라는 응답에서 기독 대학생과 비기독교 대학생과의 의식 차이가 거의 보이지 않는다. 이런 현상은 《아프니까 청춘이다》라는 책이 베스트셀러가 되는 결과로 나타나거나 '힐링'이라는 단어가 TV 프로그램에 자주 등장하게 만들었다.

이 흐름 속에서 기독교 신앙은 필연적으로 내상을 입을 수밖에 없었다. 하나님을 믿고 따르는 신앙이 모든 것의 기준과 중심이 되기보다는 세상 모든 사람처럼 경쟁과 성공이 중심이 되었다. 하나님은 인생의 주인이 아니라 학생들의 경쟁에서의 승리를 위해 축복하시고 도움을 주시는 분 정도로 전락했다. 기독교인은 하나님의 축복으로 지식 경쟁이나 취업 경쟁에서 앞서 나가야 하는 것이 당연하다는 식의 기독교 논리도 심심치 않게 등장하고 있다.

또한 동거나 성 경험에 대한 윤리적·도덕적인 의식도 믿지 않는 사람들과 차이가 거의 없다. 2006년, 2009년 통계와 비교해 보면 빠른 속도로 비슷해지고 있음을 알 수 있다. 하나님의 다스리심이 기독교인의 삶에 영향력을 행사하지 못하고, 세상의 다스림이 영향력 있게 주도해 나가고 있는 것이다.

3) 사역적 연관성

이러한 현실은 대학생의 신분으로서 하나님을 알아 가는 일, 하나님을 위해 순종하고 헌신하는 일을 주저하게 하는 요인이다. 1학년들이 여름수련회를 최고점으로 활동하고, 순장의 삶을 준비하는 훈련이 강조되는 2학기에 CCC를 떠나는 현상이 반복되고 있다. CCC의 사역적 입장에서 1학년 2학기는 순원들을 순장의 삶으로 연결시켜야 하는 부담이 크기 때문에 1학기와는 다르게 순 모임을 강조하고 다양한 강의와 점검을 통한 훈련을 시킨다.

1학기 때까지는 사랑과 관심, 돌봄을 받으면서 큰 부담 없이 활동하다가 이제 자신에게 사랑과 관심을 주었던 순장처럼 자신이 활동해야 한다는 도전을 받으면 많은 학생이 주저한다. 캠퍼스 간사들의 말을 들어 보면, 1학기에 연결된 학생들의 절반을 다음 해에 순장으로 세우는 것이 정말 쉽지 않다고 한다. 실제로 2학년 학생들의 여름수련회 참석 인원은 전해 1학년 때의 참석 인원의 절반도 되지 않을 때가 많다.

이러한 상황에서 우리가 고민하고 초점을 두어야 하는 부분을 살펴보자.

(1) 학생들의 미래에 대한 불안을 품어 주는 목회적 사랑의 마음이 기초가 되어야 한다.

학생들은 우리가 꿈꾸는 비전을 이루어 내야 할 사역의 도구나 기반이 아니라 사랑하고 격려해서 용기를 갖게 하고, 어려운 환경에서도 하나님의 살아 계심과 개개인을 향한 그분의 놀라운 창조의 계획을 신뢰하면서 믿음으로 살아가도록 도와야 하는 대상이다.

이와 같은 사랑과 인내가 열매를 맺어서 학생들이 하나님을 기대하면서 믿음을 가질 때, 비로소 진정으로 주님과 복음을 위해서 헌신할 수 있는 기초가 마련된다. 조금 더 여유롭게 학생들의 성숙도를 살펴보면서 사랑의 투자가 이루어지는 사역이 필요하다.

  사랑과 신뢰의 기초가 충분하지 않은 상태에서, "하나님이 헌신하는 사람을 축복하실 것이다"라는 식의 도전은 도리어 상처와 불신을 자초하는 결과로 나타난다. 그리고 현실에 대한 진지한 고민과 성찰이 없는 사역자로 이해될 뿐이다. 실력 있는 학생들을 놓치는 결과로 이어지기도 한다.

(2) 또 다른 경쟁력에 대한 안목을 제공하는 일이다.

  몇 년 전에 《스토리가 스펙을 이긴다》라는 책이 인기를 끌었다. 스펙보다 스토리, 즉 학생이 대학 시절에 경험하고 체험했던 모든 활동이 그 사람이 어떤 사람인지 더 분명하게 보여 줄 수 있다는 것이다. 모든 사람이 스펙 쌓기에 몰두할 때 다양한 활동과 경험으로 차별성 있는 의사소통, 팀워크, 동기 부여, 창의성 등의 능력을 준비해야 한다.

  그러한 점에서 CCC의 순장 활동은 리더로서, 사회 구성원으로서 일하기에 적합한 많은 역량을 준비할 수 있는 기회다. 가르치고, 소통하고, 팀을 구성하고, 리더십을 발휘하고, 다양한 해외 문화와 사람들을 만날 기회를 접하고, 한 사람을 키우는 인내심 등을 배울 수 있는 장점을 충분히 활용할 필요가 있다.

(3) 이럴 때일수록 살아 있는 생명의 공동체가 중요하다.

  경쟁에서 밀려나는 것에 대한 두려움, 희망을 찾기 어려움, 믿음으로 헌신된 삶을 살아가는 것에 대한 두려움을 함께 나누고 격려해 줄 믿음의 동역자들의 존재가 매우 절실하다. 공동체 안에서 하나님의 사랑을 경험하고, 대인 관계 안에서 안정감 있게 삶을 공유하면서 각자의 비전을 찾아 나가야 한다. 이렇게 함께하는 공동체는 단순히 위로하고 격려하는 차원에서 그치지 않고, 협력과 의사소통, 팀워크와 배려 등의 발전을 함께 도모할 수도 있다.

또한 공동체는 청소년기와도 관련이 깊은데, 미국의 경우 부모로부터 충분한 돌봄과 사랑을 받지 못했던 청년 대학생들이 선호하는 교회는 부모들이 선호했던 새들백 교회나 윌로우크릭 교회 스타일이 아니었다. 부모 세대가 다른 사람들의 간섭이 적어도 좋은 극장식 예배를 좋아했다면, 자녀 세대는 훨씬 더 공동체성이 강한 교회를 선호한다.

공동체는 지금 시대의 청년 대학생들에게 다양한 성장과 성숙을 가져다줄 중요한 도구다. 목적 있는 공동체 운영에 대한 고민이 절실하다.

2. 청소년에서 성인으로 가는 과도기 관점

1) 주도적으로 살아갈 기회의 부족

현재의 대학생들을 바라보면서 너무 어려졌고, 과거의 고등학생들 같다는 말을 많이 하곤 한다. 과거와는 달리 성장해 있어야 할 부분이 잘 보이지 않는다는 것이다. 뉴스에서는 대학생을 둔 학부모가 교수를 직접 찾아가서 이런저런 부탁을 대신했다는 보도도 나온다. 무엇보다도 그들이 청소년에서 독립적 성인으로 넘어가는 과정이 과거와 다른 추세로 흘러간다는 점을 알아야 그들을 이해하는 데 도움이 된다.

이 현상은 이미 미국에서도 나타나서 많은 연구가 진행된 상태다. 미국은 1900년대 초에는 청소년이 독립된 성인으로 성장하는 데 평균 2년이 걸렸다고 한다. 10대 중후반이면 벌써 스스로 정서적·정신적·재정적으로 독립을 해서 성인으로서 살아갔다는 것이다. 1970년대에는 평균 5-7년의 청소년기를 거쳤다고 한다. 조금 더 빨리 청소년기가 찾아와서 조금 더 늦게 끝났지만 그래도 10대 후반에는 대부분 독립적인 성인이 되었다. 그러나 최근의 조사를 보면, 청소년기가 15년 이상 지속되면서 20대 중반이 되어도 끝나지 않는다. 20대 중반이 되고, 대학을 졸업하고도 부모로부터 독립을 하지 않은 청소년들에게 꽤 이상한 일들이 많이 일어나고 있다고 한다. 이처럼 한국이나 미국이나 할 것 없이 부모를 떠나 스스로 생각하고, 주도하고, 책임지고, 결정하는 성인으로서의 삶의 시작 시기가 점점 늦어지고 있다.

다양한 이유가 있겠지만 대학 입학 전 12년을 공부하면서 스스로 생각하고 공부하는 주도적인 영역의 발달이 느리게 진행되는 것이 큰 이유다. 여기에는 부모의 과잉 참여와 학원에서의 친절한 학습 방식이 그 원인이 될 수 있다. 생각하고 스스로 찾아가면서 자기 방식을 만들어 가는 성장의 기회를 주기보다는 쉽게 점수를 올릴 수 있는 방법을 알려 주고 결정까지 모두 해 주는 과잉 친절이 학생들의 성숙과 성장을 늦춘다.

실제로 한 대학 교수는 수업을 마쳤는데도 학생들이 무언가를 주의 깊게 기다리고 있다는 느낌을 자주 받았다고 한다. 그래서 알아 보니 학생들이 마지막 5분 종합 정리, 중요한 것들을 짚어 주기, 핵심 사항 요약 등을 교수가 해 주기를 기대한 것이었다. 그래서 때때로 답이 없고 연구를 해 보도록 펼쳐 놓는 대학 강의에 학생들이 적응을 잘 못하는 것 같다고 토로하기도 했다. 심지어 부모가 해결사로 등장해서 교수를 직접 만나 리포트 제출 기한을 늦추어 달라는 부탁까지 한다고 했다. 자녀들의 취업을 위해 취업 박람회와 설명회에까지 부모들이 참석하는 풍경은 이제 아주 일상적인 모습으로 자리 잡았다.

CCC 활동 여부도 부모의 결정에 의지하기도 한다. 어찌 보면 당연한 결과인지도 모른다.

이처럼 스스로 어려움을 겪어 가면서 결정도 내려 보고, 잘못된 결정에 대한 책임도 지면서 성인으로 성장할 기회를 잃어버린 이들은 청소년기를 길게 보낼 수밖에 없다.

2) 성인됨의 모델 부족

맞벌이 등으로 바빠진 부모와 충분히 대화하지 못하면서 스스로 책임지는 성인의 삶으로 이끌림 받는 기회가 적어지는 것도 청소년기가 오래 지속되는 중요한 이유다.

아버지들은 조기 은퇴, 높아진 이직률의 사회에서 살아남기 위해서 가정을 돌보는 것이 힘들다. 여성의 사회 진출과 자아 성취, 교육비의 급증으로 뒤늦게 맞벌이에 나선 어머니들 때문에 아이들은 부모와 접촉할 시간이 과거에 비해 현저히 줄어들었다. 부모는 아이들을 위해 열심히 돈을 벌고 더 좋은 교육의 기회를 제공하려고 온 힘을 다하지만, 학생들은 같이 시간을 보내면서 모델이 되어 줄 부모의 존재 자체를 필요로 한다.

최근 학원복음화협의회에서 발표한 '2012 한국 대학생의 의식과 생활에 대한 조사 연구'를 살펴보면 현재 대학생들이 부모와 대화하는 시간은 어머니와 평균 20분, 아버지와 10분으로 나타났다. 고등학교 학생들에 대한 조사는 나와 있지 않지만 이것보다는 확실히 적으리라는 것을 예상할 수 있다. 이 짧은 시간 동안 어느 정도 수준의 대화를 나누는지는 개인별 편차가 있겠지만 접촉의 기회가 적으면 적을수록 성인으로의 성장은 느려질 수밖에 없다.

옛날에는 마을이라는 하나의 공동체에서 여러 어른을 가까이에서 볼 수 있었고, 형제들이 많아서 서로 보고 배우면서 어떤 집단 내에서 자신의 책임과 역할을 알아 갈 기회도 있었다. 그러나 도시화가 일어나고 가정의 자녀수가 적어지자 이웃과의 교류나 형제간의 교류도 거의 없어져 버렸다.

3) 사역적 연관성

이와 같은 성장 배경은 "나는 누구인가" 하는 정체성의 확립을 늦어지게 하고, 결국 하나님을 알아 가고 신뢰하는 것에서도 피상적으로 머물 수밖에 없게 만든다. 영적 성장이 전반적으로 느려졌다. 과거에는 보통 1년 정도가 지나면 순장으로 세울 수 있었는데 이제는 1년으로는 너무 부족하다고 이야기를 한다. 심지어 예수를 인생의 주인으로 모시는 회심도 한 번의 사건이 아니라 짧게는 몇 개월, 길게는 수년에 걸쳐 일어나는 과정으로 보는 견해가 나올 정도로 시간이 걸린다고 한다. 성장의 느려짐은 졸업 후 간사가 되는 것에도 영향을 주기 때문에 지속적으로 연결된 문제다.

그런 점에서 학생들을 대하고 훈련하는 데 목적을 분명하게 세울 필요가 있다. 우리는 50년간의 사역 경험을 통해서 전통적으로 만들어진 1년의 사역 스케줄을 가지고 있다. 하나하나 모두 도움이 되고 필요한 과정이었기에 형성된 스케줄이지만 초점이나 분명한 목적성 없이 그대로 운영하는 것으로는 느려진 성장에 대처하기가 어렵다.

(1) '하나님과의 인격적인 만남'이 '하나님에 대한 학습'에 머무르지 않도록 주의하면서 훈련시켜야 한다.

학생들은 초·중·고교를 거치면서 필연적으로 학원 학습에 익숙해져 있으므로 순 모임에서 교재로 공부할 때 학습 능력이 뛰어날 수 있다. 그러나 답을 잘 찾을 수는 있지만 스스로 하나님이 누구이신지 생각하면서 그분과 인격적인 교제를 나누고, 예수 그리스도의 살아 계심을 맛보고 경험하는 일에는 익숙하지 않다. 꼭 필요한 내용을 교육하는 것도 중요하지만 생활과 활동으로부터 배우고 맛볼 기회가 반드시 필요하다.

예를 들어, 거지 순례 전도를 생각해 보자. 짧은 며칠간 어떤 강의도 순 모임도 없지만 참석자들은 하나님의 살아 계심, 먹이심을 경험한다. 순간순간 기도하면서 하나님의 세밀하신 도움의 손길도 체험한다. 그 짧은 기간의 생활과 활동은 학생들이 학습으로는 절대로 배울 수 없는, 살아 있는 신앙의 실제다.

캠퍼스 현장에서는 이러한 종류의 경험과 활동의 비중을 높이는 양육과 훈련에 대해 고민해야 한다. 단기 선교나 스틴트(Short term International, 1년 혹은 2년간 파송받는 단기 선교사)는 선교적 필요를 감당하기 위한 프로그램이지만, 양육과 훈련이라는 측면에서 하나님을 실제로 경험하고 인격적으로 교제하는 것을 발전시킬 수 있는 매우 중요한 기회이기도 하다.

(2) '탁월한 가르침'과 더불어 '순전한 삶의 모델링'이 필요하다.

영적 성장에 있어서 모델의 중요성은 다시 거론할 필요가 없을 정도다. 제자화의 중요한 원리이기도 하지만 캠퍼스에서 내놓을 만한 좋은 모델은 생각보다 적다.

제자로서의 삶의 모델링보다 지금 캠퍼스에서 강조되는 것은 강의 중심의 교육이 아닌가 싶다. 순장으로 세워지기 전에 예비순장학교를 다니고, 순장으로서의 역할을 잘 감당할 수 있도록 다양한 강의와 코스가 준비되어 있다. 과거에 비해 다양하고 전문화된 강의가 많아졌다. 신학적으로 교육을 많이 받은 사람들을 통해 강의 내용도 깊어졌다. 그렇지만 영적 훈련과 성장이 좋아졌다고는 보기 어렵다.

학생들이 설교나 강의를 많이 듣는 것에 반해 실제 삶의 변화에 영향을 크게 끼치는 것은 오히려 설교자나 강의자의 간증, 스토리, 모델링으로 삼을 수 있는 내용이다. 제자의 삶은 삶 속에서 가르쳐져야 한다. 간사가 먼저 하나님과 동행하면서 따라갈 길을 보여 주는 실제 삶의 공유가 필요하다.

그런 점에서 단기 선교나 스틴트를 통해서 선교사들과 일상을 함께 나누며 직접 부딪히는 경험은 매우 중요하다. 주로 강의나 설교, 순 모임 중에 교육적으로만 배우던 신앙에서 벗어나 삶으로 녹여 내는 신앙을 훈련할 수 있는 장점이 있다. 믿지 않는 사람들에게 비난받는 이유가 우리의 고백적 신앙의 문제라기보다 그 고백이 생활 속에서 신앙의 실천으로 연결되지 못하기 때문일 경우가 많은데, 단기 선교나 스틴트의 현장 경험은 삶의 총체적 변화로 이어지는 기회가 될 수 있다.

(3) '사역적 역량의 성장' 만큼이나 '전인적 역량의 성장' 도 중요하다.

간사의 입장에서는 학생들이 빨리 성장해서 신학기 신입생 사역, 전도와 순 사역에 열심을 내는 것이 무엇보다 중요하다. 순전한 학생들은 간사의 인도대로 잘 따라오기도 한다. 그런데 여기서 놓치지 말아야 할 것은 학생들의 전인격적인 성장에 대한 관심이다.

학생들의 적성과 강점, 은사를 잘 파악하여 졸업 후에 평생 제자로서의 삶을 살아갈 때 어떠한 부분을 더욱 발전시켜야 할지 고민하면서 전인적인 사람으로 훈련시킨다는 목적을 분명히 가져야 한다. 취업을 하고 직장 생활에서 평생 순장으로 살기 위해서는 기본적인 스펙 외에도 좋은 대인 관계, 불신자들 속에서 그리스도인으로 영향력 있게 섬기는 힘, 다름을 받아들이는 능력 등이 필요하므로 그 영역들을 스스로 준비할 수 있도록 지속적인 관심을 쏟으며 도와주어야 한다. 간사가 모든 부분을 준비시켜 줄 수는 없지만 학생들이 주도적으로 그러한 문제들을 해결해 갈 수 있도록 인생의 코치가 되어 주어야 한다. 대학에 들어오기 전에 이 영역들이 어느 정도 형성되었을 것이라고 단정 지으면 안 되는 시기를 우리는 살고 있다.

3. 대중문화 관점

지금의 학생들은 태어나면서부터 디지털 세계를 접하고, 인터넷 활용이 당연한 시대를 살아간다. 온종일 수십 개의 채널에서 방송이 나오고, 스마트폰과 수를 셀 수 없을 정도의 팟캐스트가 있어서 언제 어디서든지 원하는 것을 보고 듣는다. 거의 모든 대학생이 스마트폰을 가지고 있다. 바쁘게 공부하고 생활하는 중에 틈틈이 자신만의 공간인 온라인 세계에 빠져 지낸다.

대학생들의 70% 이상이 온라인 게임을 한다는 통계를 본 적이 있다. 사실 대부분 초등학교 시절부터 온라인 게임을 한다. '실컷 하면 곧 그만하겠지' 라는 부모들의 생각은 너무 순진한 생각이다. 계속 재미있는 게임이 개발되고 있으므로 게임에 대한 열심은 직장 생활을 하면서까지 이어진다. 그래서 요즘은 비싼 캐릭터를 구입할 수준의 경제 능력을 가진 사람들을 겨냥한 게임들도 많다.

1) 왜곡되는 현실

이러한 현상들을 단순히 중독으로만 보면 곤란하다. 학생들은 지속적으로 게임을 해서 자신의 캐릭터를 계속 키워 나가 레벨을 높이는 데 목적을 둔다. 레벨이 높으면 높을수록 그 세계에서 칭찬과 존경의 말들을 듣는다. 그러므로 레벨을 올리려고 시간과 돈을 들여 캐릭터를 키우고 구입한다. 자신의 캐릭터가 가진 무기나 옷 자체가 자신의 정체성을 나타내 주는 듯한 착각을 하는 것이다.

온라인 게임의 상위 10개 중 5개가 MMORPG(Massive Multiplayer Online Role Playing Game, 다중 접속 온라인 역할 수행 게임)이다. 다수의 이용자가 동시에 각자의 역할을 수행하는데 그 안에는 각자의 스토리가 있으며, 사냥, 대화, 음악 연주, 춤추기 등을 통해 자신의 레벨을 올린다. 현실 세계와 비슷한 모든 것을 할 수 있는 것이다. 그러는 동안 자신이 어떤 존재인지, 또 대인 관계나 현실에 대한 이해의 왜곡이 서서히 일어난다.

게다가 음란물에 대한 노출도 심각한 상황이다. 보통 초등학교 시절부터 접하기 시작하므로 성 폭력 피해자나 가해자의 연령대가 계속해서 낮아지고 있다. 전문가들은 장기간 음란물에 노출될 경우 사람을 도구화하고 수단화하는 비인격화가 일어난다고 주장한다. 사람을 인격적인 대화와 사귐을 나누는 대상이 아니라 자신의 필요와 즐거움을 위한 도구로밖에 인식하지 못하는, 심각한 질병에 이르는 것이다.

2) 심심하지 않은 모바일 시대

스마트폰의 보편화로 페이스북과 카카오톡의 활용의 극대화를 통해 많은 사람과 연결되기도 한다. 쉬지 않고 문자 메시지를 주고받고, 쉽게 친구를 사귄다. 자신의 일상의 사건이나 사진들을 올리면서 자신을 나타내고, 마찬가지로 다른 사람의 일상을 보는 것이 보편화되었다. 일정 관리, 이메일, 간단한 문서 작업, 업무 등을 쉽게 처리할 수 있게 되면서 어디에서나 일을 할 수 있다는 장점도 있다.

하지만 비서처럼 자신을 도왔던 스마트폰이 비서의 자리를 떨치고 일어나 사람을 종으로 만들어 버리는 현상이 일어나고 있다. 모바일로 연결되는 순간부터 바로 옆자리의 친구와 단절되는 현상도 무시할 수 없을 정도로 나타난다. 스마트폰 없이는 아무것도 할 수 없을 정도로 불안해하고, 항상 스마트폰에 매여 있는 자신을 보면서 과거의 피처폰을 다시 사용하는 사람들도 꽤 늘었다. 실제로 한 통계를 보면 대학생들의 스마트폰 평균 이용 시간은 하루에 2시간 42분이고, 대학생들의 49%는 스마트폰이 없을 때 불안감을 느낀다고 응답했다. 이제는 스마트폰 사용이 생활의 일부가 아닌 전부가 되어 버렸다고 해도 과언이 아니다.

3) 사역과의 연관성

온라인과 모바일에서 왕성하게 활동하는 청년 대학생들은 현실에서의 삶의 능력과 실제로 사람을 만나서 대화하고 관계를 발전시키는 능력이 저하되고 있다. 무엇보다 사람을 다루고 양육하는 것이 중요한 사역에서 이 부분의 약화는 매우 치명적이다. 실제로도 순 사역에서 순원들과 친밀한 관계를 형성하고, 동기를 부여하고, 여러 상황을 다루고, 때때로 설득하고 위로하는 등의 활동에서 약점을 드러낸다. 순원들이 떠나가는 이유는 여러 가지이지만 가장 근본적인 문제는 순장과의 인격적이고 진실한 관계 형성이 이루어지지 않았기 때문이다. 이 세대를 보면서 제안하고 싶은 내용은 다음과 같다.

(1) 육성과 훈련 과정에서 하나님 안에서의 분명한 정체성을 확립하도록 돕는다.

하나님의 계획과 선하신 뜻 가운데서 창조되고 이 세상에 보내진 자신의 가치가 다양한 환경과 경험을 겪으며 왜곡되어 버린 부분을 회복해야 한다. 이 부분이 명확하게 정립되지 않으면 끊임없이 방황을 하고, 확립되지 못한 정체성과 소속감을 찾아 헤매기도 한다.

예수를 믿고 영접했지만 단지 죄 용서와 천국의 약속을 믿는 단계에 머물러 있어서, 내 인생의 주인으로서 함께하시는 그분의 동행을 풍성하게 누리지 못하는 경우가 많다.

(2) 문화적 영향을 넘어설 수 있는 깊이 있는 영성으로 이끌어 가라.

문화의 도전은 항상 거세기 때문에 금욕적인 노력이나 회피로는 근본적으로 해결되기 어렵다. 그렇기 때문에 더욱더 깊이 있는 영성이 개발되어야 한다. 주님과 동행하면서 주님이 부어 주시는 풍성한 은혜를 맛보고 살아갈 수 있도록 돕는 것이 무척 중요하다.

실제로 학년이 올라갈수록 깊이 있는 영성에 대한 사모함이 커진다. 여름수련회 때 실시한 설문을 보면, 고학년일수록 말씀과 기도에 더욱 집중하기를 원하는 것을 알 수 있다. 새신자나 저학년을 위한 문화 콘텐츠나 최근 유행을 고려한 프로그램도 좋지만, 궁극적으로는 어디에서도 맛볼 수 없는 영적 풍성함으로 그들을 이끌어야 한다.

(3) 온라인, 모바일 세대를 최대한 활용하여 불신자와의 최초 접촉을 극대화하라.

지금 세대는 기계나 시스템을 본능적으로 잘 사용할 수 있는 디지털 네이티브다. 이들은 쉽게 온라인이나 모바일 기계를 사용하기에 새 친구나 불신자들을 접촉할 기회가 많다는 장점이 있다. 동영상을 모바일 페이지에서 보여 주면서 순 모임을 하는 시스템이 정착되고 있기에 그 장점을 극대화할 수 있다. 물론 깊이 있는 양육을 할 수 없다는 약점이 있지만 그 부분은 성숙한 순장들에게 위임하면 좋다. 모바일 세대인 그들의 주도하에 사람들과 네트워크를 발전시켜 나간다면 그 네트워크가 복음이 흘러갈 길이 된다. 실제로도 모바일 환경에 익숙한 학생들이 동영상이나 솔라리움을 통해 불신자들과 일반적인 대화에서 영적인 대화까지 재미있게 나누는 모습을 볼 수 있다.

나가는 글

복음을 전하고, 제자를 양육하고, 민족 복음화와 세계 선교를 위해 선교팀을 파송하는 일이 쉬웠던 적은 단 한 번도 없었다. 준비된 사람들로 가득 차 있었던 시기도 없었다. 사람들을 어떤 눈으로 바라보고 어떤 초점을 가지고 대하느냐에 따라서 그들이 희망 없는 세대가 되기도 하고 매우 유용한 세대가 되기도 한다.

과거의 경험에 근거하여 현재의 세대를 판단하려는 생각을 내려놓아야 한다. 젊은 간사나 학생들을 기성세대의 안목에 맞게 변화시키고 훈련하는 일은 중요하지 않다. 그들이 이 세대에 가장 유용할 수 있다는 가능성을 가지고 지켜보면서 멘토와 코치로서의 역할을 우리가 해 주어야 한다. 그들은 지금 성장하고 있고, 안목에 따라 훨씬 더 경쟁력 있게 준비될 수 있으며, 이 세대를 위해 가장 적합하게 준비된 사람들이라고 믿어 주면 좋겠다. 청년 대학생들의 현주소 배후에 하나님의 특별하신 계획이 있음을 믿음의 눈으로 바라보자.

- 참고 자료

    Hurt, Chapman Clark
    스토리가 스펙을 이긴다, 김정태
    디지털 네이티브, 돈 탭스콧
    이머징 교회, 에디 깁스 & 라이언 볼
    트렌드 코리아 2012, 김난도
    아프니까 청춘이다, 김난도
    2010 사망 원인 통계, 통계청
    2006 대한민국 게임 백서, 문화 관광부 한국게임산업개발원
    2012 한국 대학생의 의식과 생활에 대한 조사 연구, 학원복음화협의회
    대학알리미(http://www.academyinfo.go.kr)
    기타

13

한국 CCC 통일봉사단의 비전과 역할

이관우(CCC NK 사역 팀장)

한국 CCC 통일봉사단의 비전과 역할

들어가는 글(통일봉사단의 정의)

통일봉사단은 통일을 위해 한 손에는 사랑을, 한 손에는 복음을 들고 사랑의 실천과 나눔 운동에 적극 참여하며, 통일이 되면 즉시 화해와 복지, 그리고 복음 전도를 위해 일정한 시간 6개월에서 1년 동안(학생은 휴학, 직장인은 휴직)을 북한 선교를 위해 드릴 것을 서약하고, 통일 이전에는 북한 선교를 위해 준비하며 기도로 헌신하는 (통일 일꾼) 형제단 운동이다.

1990년대 초부터 한국 CCC는 북한 동포에 대한 관심과 사랑의 마음의 일환으로 전국 330여 대학이 북한과 마을 단위로 영친을 맺고 기도해 왔다(1.1.1 기도 운동, 북한 양촌 운동, 통일봉사단). 1995년 5월 17일부터 26일까지 횃불선교센터에서 187개국 4천여 기독교계 대표가 참가한 GCOWE' 95(세계 선교 대회)가 열렸다. 그 기간 중 5월 20일 오후 4시, 잠실 올림픽주경기장에서 열린 SM 2000(Student Mission 2000)에 8만여 명의 전국 대학 기독 학생들이 참석하여 기독교통일봉사단으로 헌신하였고 발대식을 가졌다. 그리고 지금까지 10만여 명 이상이 서명하여 이 세대에 지상 명령 성취를 위한 통일봉사단 요원이 되었다.

통일봉사단은 협의의 관점에서는 통일을 준비하는 한국대학생선교회 소속의 북한 사역팀이지만 광의의 관점에서는 하나 된 New Korea의 요소요소마다 리더로서 섬길 수 있는 자질을 갖춘 자를 세우고 그들을 통해 새로운 주님의 나라 (New Kingdom Korea)가 임하는 것을 돕는 사람들로 구성된 단체다.

1. 통일봉사단의 필요성

1) 총체적 복음화

북한이 갑자기 붕괴되면 영적으로 최악의 공백이 생길 것이다. 나라 안팎의 온갖 이단과 각종 종파와 장사꾼, 사기꾼 등 이단 범죄 집단들이 홍수처럼 밀려들면, 김일성, 김정일, 김정은 체제하에서 단순하게만 살았던 북한 동포들은 혼란과 충격에 빠질 것이 분명하다.

그러나 선교적 측면에서 보면 붕괴된 북한은 복음의 옥토(沃土) 이상의 영토(靈土)일 수 있다. 무엇보다 우선적으로 해야 할 일은 예수 복음과 예수 사랑을 단시일 내에 집중적으로 '남한의 전 교회가, 전 복음을, 북한의 모든 동포에게' 총체/총력으로 나누어 주어야 한다.

2) 신앙과 사랑의 동질성 회복

교회의 통일 대비는 시급하고 최우선이어야 한다. 일제 강점기 때는 일본이 망하기만 하면 만사형통일 줄 알았다. 그러나 막상 그날(광복)을 맞이해서 보니 그날은 긴 터널의 끝이 아니고, 남북 분단 50년의 더 길고 고통스러운 또 다른 터널의 시작이었다. 지금 우리 민족의 한 맺힌 노래는 '꿈에도 소원은 통일'이다. 하지만 준비하지 않으면 또 다른 비극이 시작되는 시점이 될 것이다.

신앙과 사랑의 논리와 용서에 바탕을 둔 동질성만이 진정한 통일이라 할 수 있다. 분열된 교회의 정서도 믿음과 용서 안에서 하나 되어야 한다. 각각 다를지라도 누구나 중보 기도에 참여하고, 밥 한 그릇이라도 나누는 일에 참여하는 행동의 가시적 일치가 통일의 태풍의 눈이 될 수 있다.

이스라엘 백성이 광야 생활 40년 동안 험한 광야의 삶을 통하여 하나님의 사람으로 훈련되고 과거의 노예근성과 불신과 우상 숭배의 묵은 때를 씻어 낸 것처럼, 통일이 된 후에도 남과 북이 하나 됨을 이루려면 서로의 노력이 필요하다.

3) 통일 한국, 예수 한국

북한은 복음의 부흥을 경험한 평양 대부흥 운동의 진원지다. 북한에서 온 사람들이 불씨가 되어 대한민국의 복음화를 이끌었다. '10만 대학생 통일봉사단' 운동은 이스라엘 민족이 출애굽 하여 가나안에 입국한 것과 같은 의미가 있다. 통일 이후에도 남과 북의 문화 동질성을 회복하여 예수 한국, 세계 선교를 감당하는 한 민족이 되기 위해서는 40-50년의 세월이 필요하다. 남녀노소가 영전(靈戰), 총력전의 이원 구조를 형성해야 한다. 통일봉사단은 북한의 4,300개 동리(洞里)에 인구 분포와 지리적 구획으로 분산하여 전략적 활동을 전개할 것이다. 또한 남한의 9개 도와 북한의 9개 도를 영친하여 영친 지역을 대상으로 복음 전파에 힘쓸 것이다.

2. 통일봉사단의 과거와 현재

1) 통일봉사단 발대식 전

- 1960-80년대: 통일 한국의 구국 기도 운동 전개했다.
- 1990년대: 통일 이후를 준비하며, '그이후씨앗전도단' 활동(통일 이후, 이

데올로기 이후, 휴머니즘 이후를 준비하도록 도전함). 1.1.1. 기도 운동이 이때 시작되었다. 전국 330여 대학이 북한 지역과 영친 운동을 맺고 기도했다.
- 1992년: '기독교 21세기 운동'을 통해 '사람마다 복음을! 지역마다 교회를!'이라는 구호 아래에 연합과 일치 운동, 선교 운동, 통일 운동 등을 지향하여 나아갔으며, 통일 운동을 위한 구심점으로 10만 대학생의 헌신을 도전하였다. 1992년 여름수련회 때 '대학생 통일봉사단'과 '양촌 운동' 발대식을 했다.

2) 통일봉사단 발대식 후

- 1995년 5월 20일: '기독교 대학생 통일봉사단' 발대식(SM 2000, 올림픽주경기장, 8만 명 참석)
- 1997년: 북한이 식량난을 겪을 때 대한적십자사를 통로로 11개 대학생 선교 단체들이 '기독 청년 대학생 통일봉사단 운동'을 발족, 대학생 통일봉사단이 '북한 동포 돕기 전국 대학생 모금 운동' 전개
- 1999년: 우리민족 서로돕기와 함께 컨소시엄으로 진행(내복 20만 장, 젖염소 450두)
- 2000년 6월 4일: 여의도 둔치 6·4 대회 때 젖염소 보내기 운동 선포(30억 모금 발표)
- 2000년 7월 7일: 한국 CCC 여름수련회 때 젖염소 10,352마리(약 30억) 작정
- 2002년 7월: NK(North Korea) 변방 지역 방문(백두산, 연변 외 여러 지역) 및 스틴트 실시
- 2005년 2월 2일-4일: 통일봉사단 위탁 교육(제1기 87명, 2박 3일)
- 2005년 9월 5일-11일: 북한을 위한 특별 중보 기도 주간 선포
- 2006년 2월 8일-9일: 통일교육원 위탁 통일봉사단 교육(제2기 47명)

- 2006년 5월 26일: 황해북도 봉산군 은정리 젖염소 목장 준공(방북대표단 30여 명)
- 2006년 7월 19일: 수해 지역 복구 활동(강원도 평창 1차 93명, 2차 126명)
- 2007년 2월 5일-7일: 통일교육원 위탁 통일봉사단 교육(제3기 53명)
- 2007년 12월 15일-23일: 태안 기름 유출 봉사 활동(1,419명)
- 2008년 2월 12일-15일: 통일교육원 위탁 통일봉사단 교육(제4기 56명)
- 2008년 8월 4일-6일: 북한 선교 포럼 개최(CCC 간사 및 학생 110명)
- 2008년 12월 22일-23일: 사랑의 연탄 나눔 운동(CCC 서울, 경기 지구 약 600명)
- 2009년 2월 3일-5일: 통일교육원 위탁 통일봉사단 교육 (제5기 85명)
- 2009년 7월 31일: 북한 선교 포럼 개최(CCC 간사 및 학생 40명)
- 2009년 12월 23일: 사랑의 연탄 나눔 운동(CCC 서울 지구 약 300명)
- 2010년 2월 8일-10일: 통일교육원 위탁 통일봉사단 교육(제6기 45명)
- 2010년 12월 22일: 사랑의 연탄 나눔 운동(서울 CCC 345명)
- 2011년 2월 8일-10일: 통일교육원 위탁 통일봉사단 교육(제7기 40명)
- 2011년 12월 21일: 사랑의 연탄 나눔 운동(서울 CCC 200명)
- 2012년 2월 21일-23일: 통일교육원 위탁 통일봉사단 교육(제8기 67명)
- 2012년 8월 8일-23일: 제1차 한반도 평화 발걸음 진행(22명, 14박 15일)
- 2012년 9월 18일-20일: NK International consultation Plan(30여 명)
- 2012년 12월 20일: 사랑의 연탄 나눔 운동(서울 CCC 230명)

I. 한국 CCC 통일봉사단의 비전과 현재 사역
1. 국내에서의 통일봉사단: NK에 대한 비전 심기

1) 광역별, 지구별 NK 영친 지역 재인식 및 각 지구 내의 통일봉사단 조직

각 광역, 각 지구가 NK의 현실을 바라보며 통일봉사단의 필요를 인식하고 전국적으로 통일에 대한 준비를 할 수 있도록 동기 부여한다. 기존 영친 지역 중 인지도가 낮은 곳에 대한 인식을 새롭게 하며 각각의 지구와 캠퍼스 사역을 통일봉사단 체제로 변환할 수 있도록 돕는다.

2) 50개 지구(아가페 포함)에 북한순(NK순) 세우기 및 영친 입약 서약식

전국의 각 지구에 매년 최소 1회 이상 북한 선교의 밤을 진행하며, 순회강연으로 통일봉사단과 New Korea에 대한 비전을 나누고 계속적으로 비전을 품을 수 있도록 돕는다(가능하다면 함께 꿈을 꿀 수 있는 교회에서도 비전을 나눈다). 정기 기도회 및 기도 메일을 통한 기도회, 채플, 선교 보고 등의 시간을 가지며, 선교 자원을 개발하여 자비량과 장·단기 선교사를 개발한다. 광역별, 지구별 통일봉사단 담당자를 세워 실질적인 역할을 준비하고 감당하도록 도전한다.

3) 여름수련회 때 '통일봉사단 입단식' 실시 및 '푸드 뱅크 운동' 전개

통일봉사단 비전 입단식을 2년에 한 번씩(전문대 기준) 전국수련회 때 열어 헌신을 다짐하고 지속적으로 비전을 품을 수 있도록 전체 특강과 선택 특강을 실시한다. 입단식에서 헌신한 자원들을 네트워크화하여 각 지구, 캠퍼스 단위로 주기적인 모임과 기도회를 할 수 있는 팀을 조직하고 통일봉사단 본부에서 직접적이고 실제적인 지원을 한다. 또한 학생들이 '통일 항아리 통장'을 만들어 스스로 매월 북한 선교 헌금을 모으다가 적정한 때에 헌금할 수 있도록 지도한다. 현재의 계획은 2018년 북한 정권이 세워진 지 70년이 되는 해에 헌금을 드려 긴급한 필요에 도움을 주는 자원을 준비하는 것이다. 예) 비전 트립, NK에 대한 정보와 기도 제목 등.

4) 매년 '통일비전캠프'를 열어 북한 선교 비전을 새롭게 한다.

매년 북한 선교 포럼과 통일교육원 위탁 교육 등을 실행한다. '통일비전캠프'를 열어 영역별 통일 일꾼을 훈련시키고 실질적인 준비의 기회로 삼는다. 전문가들에게 개개인이 현재 어떻게 통일과 통일 이후를 준비해야 하는지 배운다. '통일비전캠프'는 한국 교회를 대상으로 전문적인 영역에서 훈련을 진행한다. 국내 통일 전문가들을 멘토로 삼아 개인이 영역별로(경제와 비즈니스, 교육, 가정, 정부, 예술, 미디어, 종교 등 7개 도메인의 영역) 전문성을 가지고 통일 일꾼으로 나아가도록 도전한다.

5) 북방 비전 트립의 확대와 '한반도 평화 발걸음'을 진행한다.

재학생을 대상으로 여름, 겨울 방학에 각각 2회 이상, 총 4회 이상을 실시하고 나사렛(졸업생)을 대상으로 수시로 비전 트립을 실시한다. 이외에 여름, 겨울 각각 1회 이상, 총 2회 이상 통일에 대해 고민하고 함께 비전을 나누는 '국내비전캠프'를 실시한다. '한반도 평화 발걸음'은 강원도 고성에서 임진강 평화누리까지 한반도의 허리 311km의 거리를 14박 15일 동안 걷는 프로그램이다. 분단 현장을 온몸으로 느끼며 전쟁 중에 겪은 수많은 상처와 고통을 싸매며 예수 그리스도의 이름으로 치유하고 회복하는 것이 목적이다. 국내 간사들이 통일봉사단과 함께 New Korea의 비전을 공유하기 위해 다양한 정보를 제공해 주며, 특별히 남과 북의 9개 도를 중심으로 한 영친 사역에 대한 구체적인 실현으로 전국 지구가 함께 국토를 순례한다. 부산, 해남, 강원도 고성에서 출발하여 전체가 임진강 평화누리에 모여 마무리한다. 전국의 지구가 북한을 실질적으로 품고 기도하는 시간이다.

6) NK 연구소 및 NK 자료실 운영

급격히 변해 가는 NK와 남북 관계 등을 지속적으로 연구하고 통일봉사단 내의 정보와 기도 제목 등을 공유하여 통일봉사단의 방향키 역할을 할 NK 연구소를 운영한다. 연구소는 단지 상황 흐름이나 학술적인 접근을 넘어 현재 상황을 주님이 어떻게 보시는지, 어떻게 접근하기를 원하시는지에 대해 신앙적으로 판단하고 이끌어 간다. 고(故) 김준곤 목사의 유훈인 북한과의 영친 운동, 1.1.1 기도 운동, 푸드 뱅크 운동 등을 지속해야 할 사명이 있다.

또한 NK 자료실은 각 지역의 통일봉사단이 언제든지 신뢰하며 자료를 얻을 수 있는 통일봉사단 DB를 구축할 예정이다.

7) 새터민 대학생 사역을 통한 통일봉사단 체험

새터민 대학생들을 캠퍼스 순장들과 연결시켜 그들에게 도움을 주고 순장들이 간접적으로 통일봉사단 체험을 할 수 있도록 한다. 각 지구에 새터민 대학생들이 적지 않게 연결되고 있는데 캠퍼스 간사나 순장이 그들에 대한 이해가 부족한 상태여서 새터민들이 적응하지 못한 채 상처만 받고 떠나 버리는 일이 종종 발생한다. 처음부터 NK를 품는 순장이 연결되도록 입학 전부터 전략적으로 접근하는 것이 좋겠지만 그렇지 못할 때를 대비하여 새터민에 대한 이해도를 높이는 프로그램을 준비할 예정이다. 각 캠퍼스 내에 NK에 대한 관심과 동기 부여의 효과가 있으리라 기대한다.

8) 자원 봉사 활동과 '국제 재난 훈련'을 통해 통일봉사단의 미래를 준비한다.

현재 진행 중인 수해 복구, 연탄 나누기, 자원 봉사 센터의 기능을 활성화하며, 실제적으로 준비할 수 있는 시스템으로 확대한다. 특별히 '국제 재난 훈련'에 참여하여, 급변한 상황이 닥쳤을 때 가장 먼저 들어가서 평화적으로 봉사하는 운동을 전개한다.

9) 나라 안팎의 NK 사역팀들과 협력 및 네트워크를 확대한다.

나라 안팎의 다양한 NK 관련 팀들과 좋은 협력 관계를 맺어 쥬빌리통일구국기도회, 통일 코리아, 통일 아카데미(평화 한국), 기독교 통일 포럼, 통일 학회, 평화 나눔 센터, 평화 한국, 통일기도회, PN4N, 서울대 평화연구소, 서울신대 북한연구소, ACTS 북한학과 등에 참여하여 통일 한국에 대한 New Korea의 비전을 공유한다.

2. 해외에서의 통일봉사단

1) BD 사역

통일봉사단은 북방 지역에서 새터민 지도자 및 청소년 양성 사역을 진행하며, 중국 동북 지역의 캠퍼스 개척을 통해 미래의 북한 캠퍼스와 지도자 양육 및 파송을 준비한다. 예수 영화 프로젝트로 복음을 전하며 전도하고 양육한다. 다양한 캠퍼스 사역 모델, 커뮤니티 사역 모델, 커버리지 사역 모델을 개발하는 것이 필요하다. 작은떡 프로젝트 사역으로 긴급한 구제 활동들을 진행하며 해외팀(뉴욕, 동아시아, 몽골 등)과의 연합으로 기도 정탐 프로젝트, 단기 선교와 자비량팀들을 훈련하여 NK 내지 복음화의 기회를 마련한다.

2) 단기 선교사 스틴트 활동 현황 보고

2003년	2004년	2005년	2006년	2007년	2008년	2009년	2010년	2011년	합계
2명	6명	4명	5명	5명	3명	3명	4명	9명	41명

3) 해외 사역과 국제팀 간의 북한 선교 협력 체계

2012년에 열린 북한 선교 포럼에서는 NICN(국제네트워크)를 통해 북한 지역에 빵 공장을 세우는 프로젝트를 10여개 나라가 협력하여 시작했으며, GAiN Korea가 섬길 예정이다.

II. 통일봉사단의 New Korea 비전 사역

NK=North Korea=New Korea=New Kingdom Korea!

1. 통일봉사단 영친 사역

New Korea 비전을 위해서는 전체적이면서 종합적으로 북한을 바라보아야 한다. 지역과 지역, 도시와 도시, 중요 지점과 주요 지역이 함께 'win win' 하는 길을 찾아야 한다. 대한민국의 지도를 휴전선(38선)을 중심으로 접으면 남과 북이 만나는 곳이 있다. 서울은 평양과, 부산은 나진선봉과, 백두산은 한라산과 만난다. 이 지역이 영친 지역이다. 이제 북한을 섬기는 일을 시작할 때다. 먼저 지역 간 영친 지역을 위해 기도해야 한다. 통일 이후와 통일 이전의 여러 상황을 파악하고 준비해야 한다. 현재 인도 지원 사업을 진행하든지 지역 교회를 돕는 일을 하든지 간에 앞으로 어려움이 생길 때 해당되는 영친 지역에서 그 지역을 책임지는 사역을 한다면 놀라운 결과를 얻을 수 있을 것이다.

가령 부산경남이 나진선봉 지역과 영친이 되어 있는데, 함경북도를 책임지는 마음으로 사역을 진행한다면 통일은 멀리 있지 않다. 당장 먹을 것을 지원하는 수준이 아니라 개발 구호를 택하면 그 지역의 자생을 도울 수 있다. 교사라면 해당 지역의 학교를 리서치하고 기도해야 한다. 제주도에서는 특별히 백두산의 거점을 활용할 필요가 있다. 관광 자원으로서의 역할도 필요하다. 멀지만 관광 지역의 특수성을 살린다면 좋은 교류를 시작할 수 있을 것이다. 항로로, 육로로, 해로로 나갈 수 있다.

1) 지역별 남북 영친(연합, 결연)의 의미(2012.5.17)

북한 선교, 통일 선교를 위한 교회의 기도와 노력이 지역별로 확산됨에 따라 이를 체계화시키고 더욱 구체화할 필요성이 있다. 특히 통일이 가까이 왔다는 인식이 높아지고 있는 이때 전체 교회 차원을 넘어 지역별로 연합하여 통일을 준비해야 한다. 광역, 시, 군별로 북한의 연합 대상 지역을 설정함으로써 남한에서도 광역, 시, 군별로 교회가 연합하는 계기를 마련할 수 있다. 이러한 연합(결연)으로 남북이 복음 안에서 대동맥에서부터 모세혈관까지 봉합 수술되어 한 몸을 이룰 수 있다.

2) 지역별 연합(결연)의 원칙

(1) 남과 북의 광역 단체를 각각 10개 광역으로 통합한다. 지도를 반으로 접어서 남북이 서로 만나는 지역이 연합의 대상이다. 즉, 동축은 동축, 서축은 서축, 백두는 한라, 서울은 평양, 수도권은 수도권으로 연합한다.

(2) 시, 군별 연합은 지리적 특성, 행정적 기능, 인구 크기, 산업적 연관성을 종합적으로 고려해서 결정한다.

(3) 남, 북 지역별 연합은 배타적인 개념이 아니다. 연합의 기본 대상을 설정하는 것과는 별개로 각 지역은 해당 지역 외의 지역을 위해 기도하고 또 도움을 줄 수 있다.

3) 남북 각 10개 광역별 연합(결연)

① 서울=평양 ② 강원도(남)=강원도(북) ③ 경상북도(대구)=함경남도 ④ 경상남도(부산, 울산)=함경북도(나선) ⑤ 제주도=량강도 ⑥ 전라남도(광주)=평안북도 ⑦ 전라북도=자강도 ⑧ 충청남도(대전)=황해남도 ⑨ 충청북도=황해북도 ⑩ 경기도(인천)=평안남도(남포)

2. 통일봉사단 장기 목표

NK의 현실을 직시하면서 NK를 향한 꿈을 꾸는 자들을 만드는 것을 목적으로 삼고, 통일 한국, New Korea를 준비하며, 주변에 New Korea의 꿈을 전염시킬 수 있는 10만 명의 청년을 양성하는 사역이다. 1980년 세계복음화대성회를 통해서 CCC가 한국 교회 안에 10만 명의 선교사를 헌신시키는 데 큰 역할을 했다면, 통일봉사단을 통해 New Korea를 이끌어 갈 꿈꾸는 리더를 양산하기를 기대한다. 꿈꾸는 자 1명이 100명의 꿈꾸지 못한 자를 이끌어 간다면 꿈꾸는 10만 명은 천만 명을 이끌어 갈 수 있다. 이들은 New Korea의 기둥이자 방향키 역할을 감당할 것이다. 더 이상 꿈꾸지 않는 한국 사회에 10만 명의 꿈꾸는 통일봉사단은 신선한 충격을 줄 것이며, 사회의 요소마다 침투하는 바이러스가 되어 전체를 전염시켜 한국 사회가 새롭게 꿈을 꿀 수 있도록 원동력을 제공할 것을 기대한다. 따라서 CCC의 새로운 50년의 통일 한국에 대한 주된 방향은 통일봉사단을 양성하는 쪽으로 가야 하며, 통일봉사단은 통일 이후에 NK 지역으로 들어가서 단순히 1년간 봉사하는 것을 넘어서 스스로 준비하고 겸비하여 New Korea의 요소마다 리더로서 섬길 수 있는 자질을 갖춘 구성원들을 많이 배출해야 한다.

Ⅲ. 통일봉사단을 향한 김준곤 목사의 통일 유산

1. 1.1.1. 기도 운동(통일봉사단 중보 기도)

2009년 9월 29일 오전 11시 11분에 소천한 김준곤 목사는 평생 동안 '영원한 청년'으로 살았다. 생전에 온몸에 사무치도록 도전했던 한 가지는 기도 운동이었다. "기도보다 성령보다 앞서지 말라!" 특히 북한의 복음화를 위해서도 기도보다 성령보다 앞서지 않아야 한다고 하면서 '영친 운동! 양촌 운동!'을 힘써 외쳤다. 놀라운 것은 김준곤 목사가 삶을 마감한 순간의 시각이다. "운명하셨습니다. 11시 11분입니다." 간호사의 이 말은 1.1.1. 기도 운동을 상기시켰다. 김준곤 목사의 영적 유지를 살피는 기회가 되어 1.1.1 기도 운동이 계속 이어지기를 소원한다.

- 1.1.1. 기도 운동: 매일 (1) 오후 1시에 (1) 1분 동안 (1) 세 가지를 위해 기도하는 운동이다.
  - 첫째, 북한의 구원을 위해(주여! 북한의 영혼을 구원하여 주시옵소서!)
  - 둘째, 태신자를 위해(주여! 내가 아는 000가 구원받게 해 주시옵소서!)
  - 셋째, 섬기는 교회 담임 목사를 위해(주여! 성령 충만하게 하옵소서!)

- 이 운동은 모든 크리스천이 가장 쉽게, 가장 많이 참여할 수 있는 운동이다. 가정에서, 직장에서, 교회에서, 군대에서, 학교에서, 가장 작은 행동 즉, 영혼의 호흡인 기도를 드리는 것이다. 한국 교회 1천만 공동체의 침묵의 기도 콘서트를 통해 1천만 기도 불씨가 모아져, 성령의 용광로가 되어 북한의 복음화를 앞당기게 되기를 소원한다. 이 기도 운동이 통일 한국의 비전인 NK=North Korea! New Korea! New Kingdom Korea!를 이루는 기도의 불씨가 되기를 진심으로 소원한다.

- 액션 포인트
  - 휴대전화의 알람을 오후 1시에 맞춘다.
  - 알람이 울리면 하던 일을 멈추고 그 자리에서 조용히 세 가지를 위해 기도한다.
  - 매일 1시에 1분씩 매일 기도한다. 개인 혹은 기도팀이 NK를 위한 중보 기도를 실시한다. 각 지구 혹은 캠퍼스별로 중보 기도팀을 조직하여 통일봉사단 본부를 중심으로 전국적으로 네트워크한다. 이를 위해서 매주 통일봉사단 본부에서 제공하는 기도 제목과 자료들을 활용한다. 또한 매달 첫째 수요일에 드리는 통일봉사단 채플과 각종 포럼과 비전 트립 등을 통해 계속적으로 NK에 대해 알아 가고 그곳의 기도 제목들을 나눌 수 있다.

2. 푸드 뱅크(FOOD BANK) 운동

푸드 뱅크 운동이란 개인이 통일을 위한 통장을 갖는 운동이다. 김준곤 목사가 제안했던 민족 화합과 평화 통일의 밀알이 되고 불씨가 될 한국 교회 식량 은행을 통해 남북통일, 복음 통일, 뉴코리아의 비전이 새로워지기를 소원한다. 한국 교회 1,200만 성도가 한 달에 천 원씩을 은행에 저축하면 연간 1,440억이 모인다. 천 원의 힘과 천만 성도의 의지가 모아지면 큰 힘을 결집할 수 있다. 매월 천 원씩 모은 통일 통장(식량 은행)을 개인이 가지고 있다가, 필요한 교회나 단체에 기부할 수 있고, 오병이어의 기적 때처럼 준비된 도시락의 역할을 할 수도 있다. 그 통장은 통일을 위한 비용과 북한 사랑의 마음으로 드려지는 것이다. 교회별로 통장을 만들 수도 있고, 개인별로 통장을 만들 수도 있다. 통일봉사단에서 운영 예정인 푸드 뱅크 운동에 모두 참여하기를 바란다. 모여진 푸드 뱅크가 굶주린 북한 주민들에게 하늘의 만나로 쓰일 것을 기대한다. NK 중보 기도와 푸드 뱅크 운동은 강요하지 않더라도 통일봉사단의 기본적인 의무가 될 것이다. 모여진 푸드 뱅크는 난민 캠프나 NK 진입 시 식량을 구하는 목적으로 사용될 것이다.

3. 북한 젖염소 보내기 운동

1) 북한 젖염소 보내기 운동 개요

젖염소 보내기 운동은 1999년 김준곤 목사에 의해 시작되었는데, 북한의 "생존권(죽지 않을 권리)이 소유권보다 우선한다!"라는 성경적 원리의 실천으로 한 손에는 사랑을, 한 손에는 복음을 들고 북한이 직면한 식량난을 돕고자 인도주의적 원칙으로 어린양 되신 예수님을 상징하는 유산양(젖염소)을 보내는 운동이다. 북한의 190만 7천 호 농가에 한 마리 이상의 젖염소를 보급하여 국토 통일 이전에 사랑의 통일, 마음의 통일을 먼저 이루는 것이 이 운동의 목적이다.

2) 북한 젖염소 보내기 운동 사역 추진 경과보고

- 1999년 8월 4일: (우리민족 서로돕기와 함께) 젖염소 450두 지원하다.
- 2000년 6월 4일: 한국 교회 모임에서 젖염소 보내기 운동 30억 모금 선포하다.
- 2000년 7월 7일: 전국 CCC 여름수련회 때 10,352마리 작정하다.
- 2001년 3월 9일: 우리민족 서로돕기 운동과 컨소시엄으로 조선농업과학원과 젖염소 협력 사업에 관한 합의서를 체결하여 황해북도 봉산군 은정리 젖염소 목장 사업 지원을 시작하다.
- 2002년 2월: 젖염소 320두, 간이 착유기 등 지원하다.
- 2002년 10월: 젖염소 140두 지원하다.

- 2003년 4월 9일: 대북지원사업자로 지정되다(통일부). 북민협(대북협력민간단체협의회)에 가입하다.
- 2003년 8월 14일: 젖염소 및 착유 설비, 유가공 설비, 건축 설비, 대동 경운기를 보내다.
- 2004년 5월 27일: 젖염소 100두, 밀가루, 건초, 약품, 사료, 관정을 개발하다.
- 2004년 4월 22일: 평안북도 용천역 대규모 폭파 사건에 대북민간단체협의회 이름으로 대학생선교회 긴급 구호 물품(2천만 원) 지원하다.
- 2005년: 젖염소(SAANEN) 240두, 사료 24톤, 건초 28톤, 동물 약품 34종을 보내다.
- 2006년: 은정리 목장 비상용 자체 발전기, 대형 정수기, 산양유 병캡 13만 개, 균 배양기, 삽(460개), 손수레(400개), 리어카 40대를 보내다.
- 2006년 5월 26일: 황해북도 봉산군 은정리 젖염소 목장 준공하다.
- 2007년: 젖염소 130두 및 건초, 사료 약품 지원하다. 칼라 TV 200대 지원하다.
- 2008년: 건초 44톤, 사료, 약품 등을 지원하다.
- 2009년: 노트 2만 권, 책걸상 200조, 탑책상 의자 200조, 전기 안정기 등을 지원하다.
- 2011년: 인도적 차원으로 밀가루 90톤을 지원하다(북민협과 대화와 소통).
- 2012년: 평양시 강동군 구빈리 젖염소 목장 현대화 사업에 정부가 지원을 허가하면, 젖염소 100두와 젖소 50두를 지원할 계획이다.

CCC의 대북 지원 교류 규모(2012년 12월 현재)
- 인적 교류(대표단 49차, 179명 방북)
- 물적 교류(41차, 27억 원 지원)

4. 북한과의 영친 운동(뉴코리아 비전 영친 운동)

5. 전문가 통일봉사단 준비

통일봉사단의 이름으로 NK 주민들에게 직접적인 도움을 주려면 단원들은 가급적 각 분야의 전문가가 되어야 한다. 통일봉사단은 여러 가지 측면으로 하나님과 NK 주민들을 섬기기 위해 존재한다. 섬기고 쓰임 받으려면 미리 준비되어 있어야 한다. 하나님은 우리에게 모두 달란트를 주셨다. 무익한 종이라는 평가를 듣고 어둠 속에서 슬피 울며 이를 가는 일이 없도록 받은 달란트를 잘 불려야 한다. NK는 사회 기반 시스템이 거의 붕괴된 상황이므로 통일봉사단이 섬겨야 할 영역은 매우 다양하다. 자신의 전공과 하나님이 주신 달란트를 잘 활용해서 어떻게 그들을 도울 것인지를 깊이 고민해야 한다. 통일봉사단은 매년 초에 통일비전캠프를 여러 단체와 주관하여 한국 교회에 통일에 대한 구체적인 비전을 전수하며, 영역별 통일 일꾼을 세우는 역할을 감당하고 있다. 또한 한반도를 끌어안고 기도하는 '한반도 평화 발걸음'과 '재난 구호 훈련'을 통해 전쟁과 분단의 비극의 상처를 사랑과 용서로 싸매며, 한 단계 성숙한 모습으로 실질적인 통일을 준비를 하고 있다.

나가는 글

2013년 현재 남북 관계는 새로운 기회의 창이 열리고 있다. 북한의 핵 문제와 연평도 포격 사건 이후 유엔 안보리 제재와 대부분 막힌 남북 관계로 어려운 상황이지만 새로운 돌파구를 찾고 있다. 앞으로 우리 민족의 최대의 과제이자 우선적인 과제는 역시 통일이다. 물론 정치, 경제를 비롯한 사회 구조적인 통일도 매우 중요하지만, 마음속으로부터의 통일 즉, 사람 간의 통일이 근본적으로 중요하다. 그래서 우리는 주님 안에서, 주님을 통해서 꿈을 꾸어야 한다. 김준곤 목사는 "비전이 없는 민족은 망한다"라는 말을 자주 언급했다. 비전은 하나님이 먼저 보여 주시는 하나님의 기쁘신 뜻이다. 우리 민족의 비전은 무엇인가? 통일봉사단이 바로 우리 민족을 위한 비전이라고 생각한다. 성경에서는 예루살렘의 회복, 둘의 하나 됨을 이야기한다. 평양이 동방의 예루살렘이라고 불렸던 사실을 아는가? 예루살렘으로 불린 곳은 역사상 단 2곳이다. 이스라엘의 예루살렘과 평양뿐이다. 남북의 하나 됨, 통일이 이 민족을 향한 하나님의 계획이라고 믿는다. 이를 위해서 깨어서 준비하고 하나님의 뜻대로 이 민족을 섬기려는 통일봉사단이 우리 민족의 비전이 아니라면 무엇이 비전이겠는가? 물론 민족의 비전보다는 개개인의 비전을 이루는 것이 더욱 중요하다고 생각할 수도 있다. 하지만 생각해 보라. 당신이 하나님이 주신 비전을 품었다면 그 비전을 이루기 위해 살아야 한다. 결론적으로 제대로 된 비전을 품은 개인을 통해 민족과 국가의 비전이 이루어진다. 그리고 새롭게 변화된 코리아는 지상 명령 성취의 교두보가 될 것이다.

남북 관계는 한쪽의 이익이 상대방에게 손해를 끼치는 제로-섬(Zero-Sum) 관계가 아니라 양측 모두 이익이 되는 상생(Win-Win) 관계로 발전해야 한다. 그리스도의 사랑으로 서로 유익을 끼치는 관계가 되기를 꿈꾸고, 더불어 통일 한국을 꿈꾸자. 하나님은 통일 한국을 위해 실마리를 제공해 주시는 분임을 인정하

자. 성육신 하신 예수 그리스도만이 평화의 왕이시다. 성령 충만한 사람, 성령 충만한 교회가 통일을 이룰 중심이다. 그래서 한국 교회에 희망이 있다. "우리 모두 성민 코리아를 꿈꾸자!" "복음적 평화 통일은 우리가 기도할 때 주시는 하나님의 선물이다." "통일의 새로운 나라가 되게 하시고, 그 나라가 하나님의 나라가 되게 하옵소서! 아멘!"

MISSION STRATEGY

14

세계의 관문으로서 캠퍼스 선교의 중요성과 과제

-한국 CCC 선교를 중심으로-

정경호(한국 CCC 선교위원장, 대구 CCC 책임, 총신대학교대학원 Ph.D)

# 세계의 관문으로서 캠퍼스 선교의 중요성과 과제
-한국 CCC 선교를 중심으로-

들어가는 글

　세계 선교의 흐름은 유럽에서 북미로 다시 한국을 포함한 제3세계로 이동하고 있다. 특히 한국 교회는 선교에서 중요한 국가가 되었다. 2012년 1월을 기준으로 한국 교회는 미국 다음으로 169개국에 23,331명의 선교사를 파송한, 세계 선교의 중심 국가로 자리 잡았다. 이는 세계 선교 역사 가운데서 유래 없는 특별한 현상으로, 성령의 도우심과 한국 교회의 선교 헌신의 결과로 이해할 수 있다. 한국 교회가 선교에 큰 영향력을 갖게 된 이면에는 캠퍼스 선교 운동의 공헌이 크다. 세계 선교 운동이 일어났던 역사의 배경을 보면 언제나 캠퍼스가 선교 운동의 진원지였다. 옥스퍼드 대학의 홀리 클럽(Holy Club)의 회원이었던 조지 휘트필드(George Whitefield)는 대서양을 건너 미국에 가서 구름같이 몰려든 청중 앞에서 설교했다. 예일대 학생이었던 데이비드 브레이너드(David Brainerd)는 아메리카 원주민 선교사가 되었다. 미국 해외 선교의 핵심 인물인 사무엘 밀즈(Samuel J. Mills)는 건초더미 기도 모임 회원으로서 윌리엄스 대학의 학생이었

다. 이처럼 미국의 대학은 세계 선교 운동의 시작점이 되었다.[1]

지금은 글로벌 시대로 국가와 국가 그리고 대학과 대학의 교류가 활발하다. 필자가 사역하는 대구의 한 캠퍼스에는 70여 개국에서 온 500여 명의 교환 학생이 있고, 51개국에서 온 1,200여 명의 유학생이 공부하고 있다. 또한 필자는 에티오피아, 우즈베키스탄, 중국 유학생들과 자연스럽게 교제를 이어가고 있다. 캠퍼스의 변화에 선교의 관점을 두고 능동적으로 대처한다면 세계 선교의 문을 활짝 열 수 있다.

지난해 12월 초에 필자는 동아시아 지역을 여행하면서 다양한 선교의 가능성을 캠퍼스에서 찾을 수 있었다. 서북 지역 어느 도시에서 만난 2명의 가정 교회 지도자 중 1명은 대학 3학년 때 한국 유학생과 농구를 하다가 그를 통해 기독교인이 되었다고 했다. 그들은 한국 사람과 1년 동안 교제를 나누다가 기독교 진리를 깨닫고 대학을 마친 후 가정 교회 지도자가 되었다. 지금은 집회 처소도 준비되어 있고, 60여 명의 신자가 모여 예배를 드린다. 그는 교인들에게 월 1,800 위안을 받아 생활하면서 전임 사역을 한다. 이들을 보며 한국에서 파송한 캠퍼스 단기 선교에 대한 실제적인 결과를 확인할 수 있었다.

한국의 대학 상황은 많은 변화의 중심에 서 있다. 이제 한국 대학에는 한국 학생들만이 있는 것이 아니라 외국 유학생 수가 점차 늘고 있다. 또한 한국 학생이 외국에 있는 자매 대학에 가서 수업한 학점을 인정받아 한국에서 졸업할 수 있도록 학교 행정이 변화되었다. 캠퍼스는 학문적 교류와 더불어 학생 인적 자원이 나라 안팎을 넘어 세계로 가는 관문 역할과 세상으로 진출하는 출구 역할을 한다. 주님의 지상 명령이 성취되는 과정에서 캠퍼스의 중요성을 인식하는

---

1) Pierson, Paul E. *The Dynamics of Christian Mission: History through a Missiological Perspective* (Pasadena: William Carey International University Press, 2009); 임윤택, 《(선교학적 관점에서 본) 기독교 선교 운동사》 (서울: CLC, 2009), 454-458.

것은 매우 큰 의미가 있다. 현재 한국 교회에는 캠퍼스 선교 활동에 대한 선교적 관심과 참여가 한층 더 요구된다. 더욱 효과적으로 복음 사역을 하기 위해서는 실질적인 선교 교육과 수준 높은 다른 문화의 선교 훈련이 절실히 필요하다. 지상 명령의 성취의 통로인 캠퍼스 사역에 대해 어떤 자세를 가져야 하는가? 복음이 왜 다른 곳으로 전해지지 않고 특정 지역의 인간 집단에 전해졌는가? 복음 전달에 있어서 어떤 인물, 어떤 요소가 작용하였는가? 하나님의 교회가 극한 위험 속에서 지역과 인종과 문화의 장벽을 넘어 복음을 전한 동기는 무엇인가? 이러한 질문은 복음의 확장사관을 전제로 한 것이다. 이 글에서는 교회의 본질로서 선교를 이해하는 선교의 확장사적인 관점에서 캠퍼스 사역을 조명하고자 한다.

1. 캠퍼스 선교의 역사적 배경

캠퍼스는 주님의 지상 명령을 수행하는 전략적인 사역지다. 왜냐하면 대학생들은 새로운 사상과 지식에 대한 갈급함이 있고, 단기간 특수한 교육을 받은 후 자기 분야로 진출하여 오랫동안 자신의 지식을 실천할 수 있기 때문이다. 마치 바울이 도시 중심의 사역을 했던 예루살렘과 안디옥, 에베소, 빌립보, 고린도, 로마가 세상으로 가는 통로가 된 것처럼 오늘날 캠퍼스는 전략적인 선교지 역할을 한다. 대학생들은 캠퍼스에서 공부하는 동안 사역을 병행하여 불신자들에게 복음을 전하고 그들을 양육하고 훈련하여 파송하는 사역에 참여할 수 있다. 우리는 대학생이라는 특수한 대상을 상대로 사역할 때 전제적으로 가져야 할 관점을 이해해야 한다.

1) 지상 명령 성취의 관점

교회 역사 가운데에 지상 명령(마 28:16-20 참조)을 어떻게 해석하느냐에 따라 교회의 선교 사역은 큰 차이를 보였다. 한때 종교 개혁가 중의 일부는 이 지상 명령이 사도들에게 국한된 것이라고 이해했다. 교회는 윌리엄 캐리(William Carey) 이후에 이 명령을 교회에 주신 명령으로 적극적으로 해석하고 적용하여 근대 선교의 문을 열었다. 교회가 이 명령을 수행해야 할 사명으로 인식하자 복음을 모든 민족에게 확장하려는 선교 운동이 일어났다.

도널드 맥가브란(Donald McGavran)은 교회성장학파의 태두다. 그는 예일 대학의 교수였던 스코트 라토렛(Kenneth Scott Latourette)의 교회확장사관에 영향을 받았다. 라토렛은 1955년 교회성장학의 출발점이 되었던 맥가브란의 《하나님의 다리》(The Bridges of God)에 추천사를 썼다. 맥가브란은 1968년에 에드윈 오르(Edwin Orr) 교수에게 선교 역사를 교회성장학적인 관점에서 가르쳐 달라고 부탁했다. 오르는 옥스퍼드 출신으로 웨일즈 부흥 운동을 비롯한 전 세계 부흥 운동을 연구한 당대 최고의 학자였다. 오르는 교회 성장을 부흥 운동의 산물로 확신했고, 성장사관과 부흥사관을 기본 관점으로 삼았다. 오르의 부흥사관은 교회성장학을 비롯한 선교학 전반에 지대한 영향을 미쳤다. 여기에 랄프 윈터(Ralph D. Winter)가 미전도 종족 선교를 위해 소달리티(sodality)와 모달리티(modality)의 두 구조 이론을 발전시켰다. 이어서 1980년에 프린스턴 출신의 폴 피어선(Paul E. Pierson) 박사가 등장했다. 그는 마펫(Samuel A. Moffett, 한국 이름 마포삼열) 선교사에게 배운 아시아 선교 운동사적 관점에 갱신 운동 개념을 덧붙였다. 피어선은 갱신 운동, 대각성 운동, 부흥 운동을 상호 호완적으로 사용했다. 이러한 교회 선교의 역사를 복음의 확장의 관점에서 보는 것이 주님의 지상 명령 성취의 관점이다.

폴 피어선은 선교운동사관을 형성하는 핵심적 요소를 아홉 가지로 설명한다.[2] 세계 선교의 역사를 이해하려면 기본적인 선교사관을 알고 선교학적인 질

---

2) Pierson, 《기독교 선교 운동사》, 17-19.

문을 던져야 한다. 하나님의 나라 선교 운동은 본질적으로 확장의 의미를 내포한다. 마태복음 13장에 나오는 비유(하나님의 나라에 대한 씨 뿌리는 비유, 겨자씨 비유, 누룩 비유, 잃은 양 한 마리 비유, 달란트 비유 등)에서 천국의 확장성을 분명하게 이해할 수 있다. 사도행전은 더욱 구체적으로 예루살렘에서 온 유대, 사마리아, 땅 끝까지 복음의 확장 경로를 설명한다. 여기서 우리는 먼저 선교의 확장 사관을 살펴볼 필요가 있다.

(1) 변두리 이론(Periphery Theory)
부흥과 확장은 대부분 그 시대의 교회 권력 구조의 변두리에서 시작된다. 이 이론은 교회 구조가 잘못되었다는 뜻이 아니다. 사실 교회 구조는 항상 필요하고, 선교 운동에 많은 도움도 준다. 선교 역사를 연구해 보면 성령이 전혀 예상하지 못했던 방식으로, 예상하지 못했던 사람을 통해 하나님의 역사를 이루어 가신다는 사실을 알 수 있다.

(2) 두 조직체 이론(Two Structures)
여기서 두 조직체는 교회 조직과 선교 단체 조직을 의미한다. 지역 교회 조직체는 구성원들의 인간 관계망이 중요하다. 이는 모달리티로서 교육과 양육 중심의 구조다. 선교 단체 조직은 작아도 이동성이 높으며, 타 문화의 특정 선교 사역을 위해 하나님이 부르셨다는 높은 소명감을 공유한다. 이는 소달리티로서 과업 중심의 구조다. 피어선은 교회의 선교 사역을 완수하기 위해서는 지역 교회 조직과 선교 단체 조직이 다 중요하며 두 조직체를 모두 하나님의 백성으로 구성된 하나님의 교회로 규정했다.

(3) 핵심 인물 이론(A Key Leader)

모든 선교 운동은 핵심 인물의 발기로 일어났다. 그 핵심 인물은 하나님과의 특별한 만남 속에서 세상을 향한 하나님의 선교 열정을 받은 자다. 그는 사람들에게 자신이 받은 선교 비전을 나누고 확산시킬 수 있는 소통 능력이 있다.

(4) 새로운 리더십 개발 양식 이론(New Leadership Patterns Theory)

리더는 비범한 사람보다 평범한 사람을 세우는 것이 훨씬 효과적이다. 왜냐하면 평범한 사람 중 리더가 될 인물을 선택하여 목회자와 부흥사로 훈련시키면 그는 자신이 목회하고 말씀을 전해야 할 대상들과 비슷한 문화적 배경을 가졌기에 더욱 효과적으로 사역을 할 수 있다.

(5) 새로운 신앙생활 양식 이론(Spiritual Dynamics Theory)

부흥과 확장은 대부분 새로운 신앙생활 양식을 수반한다.

(6) 새로운 신학적 돌파 이론(Theological Breakthrough)

급속한 현실 상황의 변화를 복음으로 수용하여 하나님 나라를 확장시키는, 이전에 알려지지 않았던 새로운 신학적 원리를 세우는 것을 의미한다.

(7) 부흥과 확장 이론(Renewal and Expansion Theory)

선교 운동은 일정한 패턴을 형성하면서 일어난다. 복음을 전하면 회개 운동이 일어나고 이어서 갱신 운동과 부흥 운동으로 발전된다. 교회 부흥은 새로운 소달리티 선교 운동으로 자연스럽게 확산된다.

(8) 역사적·상황적 조건 이론(Historical/Contextual Conditions Theory)

부흥과 확장은 역사적·상황적 조건에 부합할 때 일어난다. 하나님의 선교 자체는 변하지 않지만 우리를 통하여 그 선교가 이루어지는 역사적 상황은 계속 변한다.

(9) 선교 정보 확산 이론(Information Distribution)

새로운 선교지 소식과 부흥 운동에 관한 소식은 다른 곳에서 동일한 선교 운동과 부흥 운동을 촉진시키는 역할을 한다. 피어선의 원리에 따르면 캠퍼스는 교회의 중심부가 아니라 가장자리에 위치하고 더 역동적인 확장성을 지닌다.

여기에서는 교회 선교를 주도했던 대학생 선교 운동의 사례를 소개하고, 우리의 현실에 응용할 가능성을 알아보고자 한다.

① 캠브리지 7인(The Cambridge Seven)

캠브리지 7인의 사역은 캠퍼스 선교 운동에서 시작되었다. 1882년 미국의 부흥사 D. L. 무디(D. L. Moody)는 영국을 여행하는 동안 캠브리지를 방문했다. 한 주간 열린 그 집회에서 많은 대학생이 해외 선교에 도전을 받았다. 도전받은 7명의 헌신된 대학생들은 허드슨 테일러(Hudson Taylor)의 중국내지선교회(China Inland Mission, OMF의 전신)에 가입했다.[3] 그들은 1885년 1월 8일 엑스터 홀에서 중국으로 선교하러 갈 것을 선언했다. 이날의 헌신을 계기로 이들을 캠브리지 7인이라고 불렀다. 이들은 1885년 1월 8일에서 2월 4일까지 영국 각처에서 열렸던 선교 집회에서 많은 영국 교회에 큰 도전을 주었고, 2월 5일 빅토리아 역

---

[3] David M. Howard, "Student Power in World Missions" in *Perspectives*, ed. Ralph D. Winter and Steven C. Hawthorne (Pasadena: William Carey Library, 2006), 279.

을 출발하여 3월 18일 중국 상하이에 도착했다. 이후 이들은 대학생 선교 운동의 기수가 되었다.

- 윌리엄 카슬(William Wharton Cassels)
  - 캠브리지 세인트 존스 칼리지(St. John's College) B.A. 학위

  중국 서부의 새 교구에서 감독으로 안수받아 사역했으며, 1923년 중국에서 주님의 부름을 받았다.

- 세실 헨리 폴힐 터너(Cecil Henry Polhill-Turner)
  - 캠브리지 이튼 칼리지(Eton College), 지저스 칼리지(Jesus College)

  티베트와 그 주변 지역에서 사역하다가 건강상의 이유로 1903년 영국으로 귀환했다. 그 후 그는 불타는 구령의 열정으로 사역하다가 1938년 80세의 나이로 하우베리에서 소천했다.

- 찰스 스터드(Charles Thomas Studd)
  - 캠브리지 이튼 칼리지, 트리니티 칼리지(Trinity College) B.A. 학위

  찰스는 수년(1881-1884) 동안 크리켓 대표선수로 활동했다. 그는 1894년 중국에서 돌아온 후 1931년 아프리카로 가서 사역하다가 콩고 아이밤비에서 소천했다. WEC(World Evangelization Crusade)의 창설자이기도 하다.

- 스탠리 스미스(Stanley Peregrine Smith)
  - 캠브리지 트리니티 칼리지 B.A. 학위

  1874년 13세 때 무디의 설교를 듣고 예수를 영접했다. 그는 1902년 불신자의 최종 운명에 대해 논쟁을 하다가 중국내지선교회를 탈퇴했다. 그 후 독자적으로 산서성 동부에서 사역하다가 소천했다.

- 몬태규 보샴(Montagu Harry Protor Beauchamp)
  - 캠브리지 트리니티 칼리지 B.A. 학위

순회 설교가로 활동한 그는 1900년 북청사변으로 잠시 철수하였다가 1902년 다시 중국으로 돌아가서 선교했다. 1911년 영국으로 귀국하여 목사 안수를 받고 1차 대전 중에 종군 목사로 이집트, 그리스, 북 러시아 등지에서 사역했다. 1939년 79세 때 중경에 다시 들어갔으며 1939년 빠오닝에서 소천했다.

- 딕슨 호스트(Dixon Edward Hoste)
- 울리치 클리프스톤 칼리지(Clifton College), 왕립 육군사관학교

1903년 허드슨 테일러에 이어 중국내지선교회의 총재가 되었다. 1946년 6월까지 중국에서 60년 이상 선교했으며 7인 중 제일 마지막으로 런던에서 소천했다.

- 아더 폴힐 터너(Arthur Twistleton Polhill-Turner)
  - 캠브리지 이튼 칼리지, 트리니티 칼리지 B.A. 학위

폴힐 터너는 1888년 중국에서 안수받았으며 쓰촨성을 포함하여 다른 여러 지역에서 선교했다. 그는 1928년 66세의 나이로 은퇴했고, 1935년 영국 허퍼드셔에서 소천했다.[4]

캠브리지 7인은 동시대의 사람들로서 윌리엄 캐리 이후 새로운 세계 선교 운동을 발전시켰던 중요한 인물들이다. 캐리는 종교 개혁자들이 소홀히 생각했던 지상 명령(마 28:16-20 참조)을 교회에 주신 것으로 해석하여 해안 선교의 시대를 열었던 근대 선교의 아버지다. 그 이후에 지상 명령 성취에 대해 새롭게 접근한 사람이 바로 허드슨 테일러다. 그는 배로 이동할 수 없는 내지는 어떤 방법으로 선교해야 하는지에 대해 진지하게 고민했다. 테일러는 중국내지선교회를 창설하여 영국 교회에 큰 도전을 일으켰다. 이 선교회에 캠브리지 7인이 헌

---

[4] 박용민, 《(연대표 및 배경사) 차트 선교학》 (서울: 기독교문서선교회, 2001), 50.

신하여 새로운 선교 시대를 열어 갔다. 그들의 헌신적인 선교 사역은 여기서 끝난 것이 아니라 피어선의 선교 정보 확산 이론에 따라 미국의 학생 선교 자원 운동(SVM)에 영향을 끼쳤다.

② 학생 선교 자원 운동(Student Volunteer Movement for Foreign Missions)

영국에서 일어났던 캠브리지 7인의 대학생 선교 운동은 미국에 직접적인 영향을 주어 SVM 선교 운동을 촉발시켰다. 이 운동은 기독교 선교 역사 중 가장 많이 선교사를 동원하고 파송한 선교 운동의 모델이 되었다. SVM은 1886년 미국 노스필드에서 미국의 대학생들에게 복음과 선교에 대한 도전을 주려고 피어선 박사가 무디와 함께 설립한 단체로, 특수한 목적을 지니고 해외로 나가 선교하는 학생 단체다. 1886년 7월 6일부터 8월 2일까지 헐몬 산에서 개최된 대학생 하계성경학교에 하버드 대학교, 프린스턴 대학교, 예일 대학교 등 미국 및 캐나다의 89개 대학에서 251명의 대학생 대표들이 참석했다. 이 집회에 강사로 참여한 부흥사 피어선 박사와 중국 선교사 윌리엄 아쉬모어(William Ashmore)는 대학생들에게 세계 선교에 대한 영적 감동과 강력한 도전을 주었다. 이 성경학교를 계기로 SVM 운동이 시작되었는데, 이 운동의 영향으로 많은 선교사가 한국을 비롯한 세계 각국으로 나가서 전도, 교육, 봉사에 크게 공헌했다.

SVM 운동은 네 가지 기본 원칙을 세워 선교를 통해 주님의 지상 명령을 성취하는 일에 온전히 헌신했다.

- 첫째, 미국과 캐나다의 모든 기독 신앙 학생에게 해외 선교에 대한 지식을 제공하여 자발적인 관심을 불러일으킨다.
- 둘째, 북미주의 다양한 선교 단체들의 지속적인 요구에 응할 수 있는 적절한 자격을 갖춘 학생 자원자들을 충분히 확보한다.

- 셋째, 모든 선교 지망생들이 사역을 준비하고 자신이 몸담고 있는 모 교회에서 적절한 지원과 협력을 얻어 내도록 돕는다.
- 넷째, 국내에서 목회자나 평신도로 사역할 학생들에게 해외 선교에 대한 관심을 유도하고 재정과 기도를 통해 동일한 책임을 지도록 한다.[5]

SVM 선교 운동은 10만 명의 대학생을 동원했고 20,745명을 파송했다. 이 단체는 다른 선교 단체의 기능을 빼앗거나 잠식하지 않고 그들을 섬기며 변함없이 교회와 충실한 유대 관계를 유지했다. SVM은 자발적인 학생들의 운동으로, 초기 10년 동안 400개의 대학, 100개의 신학 대학, 200개의 의과 대학, 300개 이상의 선교 단체와 연구 기관을 중심으로 활동했다. 이 운동의 특징은 선교사 동원 운동과 더불어 사역의 대상과 역할을 분명하게 파악해서 진행했다는 점이다. 또한 연합 운동과 선교 교육과 강좌 개설 그리고 지속적인 파송, 선교 도서관 설립, 대학의 자발적인 지원 등이다. 특히 SVM은 체계적이고 적극적인 선교 교육을 실시했다. 1895년에는 144개 과목에 1,400명이 수강했고, 1896년에는 217개 과목에 2,156명, 1897년에는 267개 과목에 2,361명, 1914년에는 700개 대학에서 2,700개 강좌에 4만 명이 넘는 학생들이 선교에 대해 공부했다.[6]

캠브리지 7인에서 발단이 되어 복음이 영국에서 해외로, SVM 운동을 통해 미국에서 해외로 확장되었다. 이러한 선교 운동의 뿌리에는 지상 명령 성취에 대한 복음의 확장사관이 전제로 깔려 있다. 오늘날 한국의 캠퍼스 선교는 이전의 대학생 선교 운동의 모델을 그대로 따른다. 우리는 단일 민족, 단일 인종, 단일 언어라는 특수한 면을 지니고 있지만 현재 캠퍼스는 다문화, 다인종, 다언어

---

5) 김요한, 《21세기 희망, 대학생 선교 운동》(서울: 생명의말씀사, 2011), 216.
6) 김요한, 《21세기 희망, 대학생 선교 운동》, 216-219.

의 선교 상황으로 급속히 바뀌고 있다. 캠퍼스 상황 변화에 맞춘 새로운 선교 전략과 접근이 필요하다.

2. 캠퍼스 선교의 4대 메커니즘

복음은 자체적으로 운동성이 있다. 예루살렘에서 시작된 복음은 안디옥을 넘어 로마를 거쳐 유럽으로, 다시 대서양을 건너 북미로, 다시 태평양을 건너 아시아로 확장되었다. 복음은 지역적으로 팽창되는 것과 더불어 다음 세대에 전수되어 확장되어야 한다. 이 두 기능을 동시에 수행하려면 일반적으로 4단계의 발전 과정을 거친다. 랄프 윈터는 대부분의 선교 활동에서 선교회와 현지 교회 간의 관계가 4단계의 발전 과정을 거친다고 설명한다.[7]

- 제1단계는 개척 단계(Pioneer)다. 선교지에서 새로운 현지인들을 처음으로 접촉하는 단계로, 새로운 신자가 없기 때문에 선교사가 주도가 되어 많은 일을 시작하고 지도하고 담당한다.
- 제2단계는 부모 단계(Parent)다. 외국인 선교사들이 현지인 교인들을 지도자로 세워 훈련하는 단계다. 선교사는 부모가 되어 어린 교회를 돌보고 가르치는 사역을 한다.
- 제3단계는 협력 단계(Partner)다. 현지인 지도자들이 외국인 선교사와 동등한 역할과 지위를 부여 받는 단계다. 양쪽 다 변화하기 어렵지만 성숙한 교회가 되기 위해 필수적인 과정이다.
- 제4단계는 참여 단계(Participant)다. 외국인 선교사는 초청받지 않는 이상

---

7) Ralph D. Winter, "Four men, Three eras, Two transitions" in *Perspectives*, ed. Ralph D. Winter and Steven C. Hawthorne (Pasadena: William Carey Library, 2006), 256-257.

관여하지 않는 단계로, 완전히 성숙한 현지인이 교회의 리더십으로 자리 잡는다. 이 단계에서 선교회는 다른 곳에서 제1단계의 사역을 다시 시작해야 한다.

또한 복음은 아래의 네 가지 방법을 통해 지역과 인종과 문화와 언어의 장벽을 넘어 세계화된다. 교회가 시대마다 선교의 사명을 능동적으로 수행한 것은 아니었다. 그러나 교회가 선교의 사명을 망각하고 있을 때도 하나님은 그분의 방법으로 선교를 진행하셨다. 우리의 캠퍼스를 거점으로 복음을 세계로 전할 수 있는 선교의 4대 메커니즘을 소개하고자 한다.

1) 자발적인 원심력적(centrifugal) 선교

예수님은 제자들에게 "너희는 가서 모든 민족을 제자로"(마 28:19) 삼으라고 명령하셨다. 이처럼 신약을 보면 명백한 원심력적 선교 방법을 취했다. 이는 교회가 자발적인 선교사를 파송하여 복음을 전하는 방법이다. 구약에서는 아브라함이 가나안으로, 소선지자들이 이스라엘 부근의 다른 나라로 가서 사역했다. 신약에서는 예수님이 사마리아에서, 베드로는 고넬료에게, 바울과 바나바는 아시아와 유럽에 복음을 전했다. 교회 선교 역사 가운데서 보면 성 패트릭(St. Patrick)이 아일랜드로, 모라비안 교도들이 미국으로 건너갔다. 현대에도 윌리엄 캐리가 인도로, 허드슨 테일러가 중국으로 갔다. 이는 모두 주님의 지상 명령에 순종한 자발적인 원심력적 선교다.

오늘날 한국의 캠퍼스는 세계로 나아가는 관문이다. 다수의 학생이 유학, 해외 언어 연수, 여행을 통해 문화와 언어를 배우러 자발적으로 외국에 나간다. 이 방법을 이용하여 단기 선교가 크게 활성화되고 있으며, 이러한 선교 활동이 발전되어 자비량(스턴트) 선교와 장기 선교로 이어진다. 따라서 캠퍼스는 자발적인 원심력적 선교의 전략지다.

2) 비자발적인 원심력적(centrifugal) 선교

비자발적인 선교 방법은 주변 환경에 의해 어쩔 수 없이 선교지로 가는 형태다. 요셉은 형들에게 팔려서 애굽으로 갔고, 나오미는 기근 때문에, 요나는 억지로 니느웨로 갔다. 사도행전 7장을 보면 스데반의 순교 이후 신자들은 두려워하며 사방으로 흩어졌다. 울필라스(Ulfilas)는 고트족에게 종으로 팔려 가서 복음을 전했고, 바이킹에게 잡혀간 그리스도인 노예들이 바이킹을 개종시켰다.

이러한 선교 방법은 파견 근무로 해외에 나가거나 부모의 강권으로 조기 유학을 떠나는 경우 등이 해당된다. 한국 전쟁으로 북한의 그리스도인들이 남한으로 피난을 왔고, 한국의 많은 아이가 해외에 입양되었다가 복음을 접하기도 했다. 급속한 사회 변동에 따라 본인은 원하지 않을지라도 해외로 나가야 할 때가 있다. 이 이동 방법도 결과적으로 복음을 해외로 보낼 수 있는 전략적인 수단이 된다.

3) 자발적인 구심력적(centripetal) 선교

구심력적 선교는 신·구약 성경에 그 기초를 둔다. 구약을 보면 수리아 사람 나아만이 엘리사에게 왔고, 스바 여왕이 솔로몬을 찾아왔다. 신약에서는 고넬료가 베드로를 찾았고, 마게도냐 사람들이 바울에게 도움을 요청했다. 역사적으로는 고트족이 로마를 침략하여 기독 신앙을 접했고, 기독교화된 서구 선진국에 세계 각국의 여행객들과 유학생들, 사업가들이 방문해서 복음을 만났다.

지금 한국에도 이러한 여건이 조성되고 있다. 중국을 비롯한 세계 각국에서 유학생들이 한국을 찾아온다. 국제결혼 한 이주 여성들, 외국 노동자들이 한국에 오고 있다. 이 사회 현상에 교회가 선교적으로 반응하여 찾아오는 자들에게 복음을 전할 수 있는 기회를 잡아야 한다. 캠퍼스는 흡인력이 있어 외국의 많은 인재가 몰려든다. 주님의 지상 명령 성취의 관점에서 캠퍼스는 전략적인 선교 접촉점이다.

4) 비자발적인 구심력적(centripetal) 선교

신·구약 성경과 선교 역사를 살펴보면 비자발적인 구심력적 선교의 사례가 나온다. 이방인들이 고레스 왕의 조서에 의해 이스라엘에 정착하게 되었고, 로마 군대가 이방인의 갈릴리 지역을 점령하고 침투했다. 아프리카에서 미국으로 강제로 팔려 간 노예들, 공산주의를 피해 피난 나온 난민들, 보트 피플 등이 그 사례다.

본인이 원하지 않았지만 여러 환경적 요인으로 한국에 온 외국인들이 있다. 한국 교회는 이들에게 복음을 전할 기회를 잘 활용해야 한다.

현재 한국은 정치, 경제, 문화를 포함한 여러 면에서 선진국으로 진입하려는 높은 위상을 지녔다. 특히 한류의 바람은 세계 전역에 영향을 주고 있으며, 한국 교회의 부흥과 선교는 세계 교회에 영향을 끼친다. 다른 측면에서 보면 한국 교회의 역동성이 고령화 사회로의 변천과 연동되는 현상이 나타난다. 영원하신 하나님의 말씀을 지닌 교회는 변천하는 세계에 능동적으로 사역해야 한다. 이 사역을 효과적으로 감당할 특수한 시기에 있는 캠퍼스 선교에 대해 알아보자.

3. 한국 CCC 캠퍼스 선교의 배경과 현황

'오늘의 학원 복음화는 내일의 세계 복음화!'(Win the Campus Today. Win the World Tomorrow!)는 CCC의 슬로건이다. CCC는 빌 브라이트(Bill Bright)와 보넷 브라이트(Vonette Bright)가 1951년 UCLA에서 시작했고, 전 세계 초교파 기독교 단체로 전도와 제자화에 집중하여 사역한다. CCC는 대학생 사역을 시작으로 세계에서 가장 큰 국제 기독교 단체로 성장했으며 더 나아가 도시, 군부대, 운동선수, 정치, 비즈니스 리더, 가정 등을 대상으로 다양한 사역을 일으키고 있다. 빌 브라이트에 이어 2001년에 스티브 더글라스(Steve Douglass)가 국제 CCC 대표로 취임했고, 전 세계 197개국에서 2만 5천여 명의 전임 사역자들이 사역하고 있으며, 세계 곳곳에서 다양한 사역을 진행하고 있다.

CCC 사역의 목적은 성령의 능력으로 사람들에게 그리스도를 전하고 믿음을 훈련시키며, 이들이 다른 사람들을 전도하고 제자화할 수 있도록 파송하여, 지상 명령을 성취하도록 돕는 데 있다. CCC의 비전은 전 세계에 영적 운동이 일어나도록 돕고, 모든 사람이 예수님을 진정으로 따르는 제자가 되도록 훈련시키는 것이다. CCC의 사명 선언문에는 전도와 육성 그리고 그리스도를 중심으로 영적으로 재생산하는 제자들을 파송하여 영적 운동을 일으킨다는 내용이 들어 있다.

한국 CCC는 1958년 고(故) 김준곤 목사에 의해서 시작되었다. 한국 전쟁 당시 아버지와 아내가 학살당하고, 여러 차례 죽을 고비를 넘긴 김준곤 목사는 광주 숭일중·고등학교 교장을 역임했다. 1957년 미국 풀러 신학교에서 유학 중 로키 산맥에 위치한 포레스트 홈 수양관에서 간증을 했는데, 빌 브라이트가 그 간증에 감명을 받아 동역자가 되어 줄 것을 제안하여 최초의 해외 국가 CCC가 탄생하게 되었다. 한국 CCC의 사역은 크게 국내 선교와 해외 선교로 양분할 수 있다.

1) 국내 선교

한국 CCC의 국내 선교는 캠퍼스와 민족 복음화 운동[8]으로 요약되는데, 1958년 캠퍼스 사역에서 시작하여 민족 복음화 운동으로 발전되었다. 한국 기독교 부흥 역사에 큰 획을 그은 영적 대각성의 집회였던 엑스폴로74를 비롯하여 80세계복음화대성회, 95세계선교대회 등을 열어 한국 교회의 제자화 운동과 영적 부흥에 기여해 왔으며 이 대회들은 선교의 불을 세계 각국에 옮기는 계기가 되었다. 다음의 내용은 한국 CCC 홈페이지에 실린 민족 복음화 운동의 연표를 인용한 것이다.

"1962년 2월 중순 전국간사수련회를 마치고 오후에 나는 친구(박요한 목사) 누님인 박 권사님이 운영하던 움막 같은 기도처에서 기도를 했다. 그곳에서 매일 민족 복음화를 위해 기도했다. 지구 상에서 단 한 민족만이라도, 단 한 번만이라도 송두리째 복음화되게 해 달라고 기도했다. 그때의 기도 내용을 요약 정리한 것이 '민족 복음화의 환상과 기도'다.

오늘날에도 활발하게 활동하는 국가 지도자들의 대표적인 기도회가 두 개 있는데, 하나는 1965년 2월 27일에 시작한 국회조찬기도회이고, 다른 하나는 국가조찬기도회다. 3·1절을 앞둔 2월 27일, 당시 공화당 의장 김종필, 민중당 원내 총무 김영삼, 정일권 국무총리 등 20명 정도의 여야 국회의원이 참석해서 조선 호텔에서 제1회 국회조찬기도회가 열렸다.

1966년 3월 8일 7시 30분, 조선 호텔에서 제1회 한국 국가조찬기도회가 개최되었다. 이 기도회에는 미국의 기독교 지도자들(로빈슨 총무, 하버슨 박사 등 ICL에서 5명 참석)과 브라운 주한 대사 등 각국 외교 사절, 삼부 요인, 이효상 국회의장, 정일권 국무

---

[8] kccc.org 민족 복음화 연표 참조.

총리, 노기남 천주교 대주교 등 267명이 참석했다.

1968년 8월 23일부터 26일까지 영락 베다니 마을에서 전국 CCC 학사 108명이 모여 수련회를 한 후 나사렛 형제들이 창립되었다. 그때 나는 나사렛 형제들이 민족 복음화를 위해 제3의 집단이 되어 줄 것을 역설했다. 순은 가정과 교회 안의 사회 구조론적 생세포 사이에서 새로운 단원으로서 생세포 조직망을 통하여 기하급수적으로 전도하는 것을 목표로 삼았다. 그래서 전국 5만 9천 자연 부락까지 사랑방 운동(사역 훈련 공동체)이 퍼져 생세포적 전도와 순 모임이 뿌리내리는 것이 목표였다.

박정희 대통령은 군대 내 좌익 침투에 대한 우려를 품고 나에게 군인들의 사상 무장과 정신 무장에 대해 자문을 구했다. 그래서 나는 신앙 전력화가 군대 내 반공 운동과 정신력 무장에 크게 도움이 될 거라며 전군 신자화 운동을 제안했다. 내 마음속에서 전군 신자화 운동이 전개되면 복음을 전할 수 있는 기회가 많아질 것이라는 판단이 섰다. 이렇게 해서 전군 신자화 운동이 시작되었다."

CCC는 더 효과적인 사역을 위해 사영리를 이용한 개인 전도와 제자화 사역, 음악, 스포츠, 매스컴 선교, 의료 봉사 및 선교, 직장인 선교 활동, 가정 선교 사역, 십대 청소년 사역, 교수 사역, 어머니 성경 공부, 새생명훈련원, 사랑의 무료 급식, 문서 출판, 호스피스, 노인 복지관, 어린이집, 북한 젖염소 보내기 운동, GAiN Korea 등을 통해 캠퍼스와 나라와 민족, 전 세계에 복음을 전하여 교회 부흥과 성장에 기여하고 있다. 한국 CCC는 캠퍼스 사역을 중심으로 다양한 커뮤니티 사역을 진행하고 있다.

2) 해외 선교

한국 CCC는 80세계복음화대성회를 기점으로 10만 명 선교사 파송을 기도하면서 세계 복음화의 꿈을 실행했다. 단기 선교 뉴라이프 2000 마닐라 대회가 열렸던 1990년부터 여름과 겨울 방학에 세계 10여 개국에 매년 2천여 명의 단기 선교사를 파송해 세계 선교의 꿈을 이루어 가고 있다. 2007년 7월에는 세계 128개국 2만여 명의 대학생이 참석한 CM 2007을 개최해서 전 세계 6천여 개 미전도 캠퍼스 선교에 대한 비전을 제시했다. 한국 CCC는 오후 1시에 1분씩 세계 선교와 민족, 교회 부흥, 그리고 통일을 위해 기도하는 1.1.1 기도 운동을 펼치고 있다. 2003년 한국 CCC는 김준곤 목사에서 박성민 목사로 대표가 교체되면서 새로운 변화로 도약하게 되었다. 2008년에는 50주년을 맞이하여 캠퍼스와 커뮤니티 두 기둥을 축으로 사역들이 서로 맞물려 점차 확대 발전해 나갈 수 있도록 시스템을 정비했다. 또한 GrowDIP(하나님 안에서 성장, 제자화와 전도, 세상에서의 영향력)라는 개념을 세워 CCC 학생들이 세상을 주도하는 리더십으로 세워지도록 훈련하며 지상 명령 성취를 향해 나아가고 있다. 이러한 운동과 사역은 주님의 지상 명령이 성취되는 그날까지 계속되어야 한다.

4. 한국 CCC의 세계 선교 과제

복음을 전하는 선교 단체로 부름 받은 우리 한국 CCC는 선교적 관점에서 우리의 역할을 어떻게 수행할 것인지를 고려해야 한다. 김요한 목사는 그의 책에서 이렇게 언급했다. "한국 CCC는 순원과 순장, 간사 체계로 대학 복음화 사역을 감당하며, 학기마다 초급, 중급, 고급 리더십 훈련 특강으로 전도 육성, 제자, 사역 등을 배우며 순장 훈련을 시행한다. 이 훈련 과정을 통해 첫째, 세상에 복음을 전하고 하나님 나라를 위한 제자들을 키워 가며 둘째, 탁월한 리더십을 개발하여 땅 끝까지 복음을 전할 수 있는 역량을 키워 간다. 그러므로 CCC는 제자 훈련으로 복음을 통하여 그리스도인의 성숙함을 이루어 가고, 실천 그룹(Action group)에서 순원인 동시에 순장으로 성장하고, 여러 단계의 제자 훈련 과정과 전임 간사 훈련(full time staff)을 거치면서 마침내 예수님의 위대한 지상 명령인 세계 복음화를 완수해 가는 것을 목표로 한다."[9] 김요한 목사는 CCC의 선교 사역의 중심성에 대해 세계 복음화를 완수하는 것으로 바르게 평가하고 있다. 세계 복음화라는 목적을 우리 사역 안에서 성취하기 위해 우리가 해야 할 일은 무엇인가?

1) 한국 교회와 협력 강화

한국 교회는 미국 교회 다음으로 선교사를 많이 파송함으로써 선교 강국이 되었다. 그러나 1990년 이후 교회 성장은 정체, 둔화되다가 이제는 감소 현상을 보이며 노령화 사회에 맞물려 교회 역시 고령화되는 추세다. 교회의 역동성이 약화되면 이와 연동하여 선교 활동도 위축될 가능성이 크다. 이 시점에서 우리의 역할은 무엇일까? 교회 선교의 역사는 선교의 이중 구조 간의 상생적 협력을 요구한다. 소달리티 구조가 선교를 개척하여 확장하면 자연스럽게 모달리티화된다. 교회의 본질은 복음을 세계화하는 것인데 복음을 담고 있는 교회의 구조가 그를 따라가지 못할 때 충돌이 발생한다. 따라서 한국 CCC는 한국 교회의 든든한 협력을 바탕으로 미전도 6천 개의 캠퍼스를 개척 선교하는 데 앞장서야 한다.

2) 소달리티의 사역 기능 강화

한국 CCC는 모달리티성의 강화보다 소달리티성을 확대하여 세계 선교 현장의 다양한 필요에 맞는 선교 실천을 위해 구조 개혁, 인력 개발, 문화 적응 및 발전을 이루어야 한다. 한국은 세계화의 과정에서 선교의 역동성을 제한하는 실수를 최소화해야 한다. 즉, 복음의 본질은 선교라는 틀에서 통일성을 유지하고,

---

9) 김요한, 《21세기 희망, 대학생 선교 운동》, 245.

어느 지역에 어떻게 전할 것인지에 대해서는 다양성을 강화해야 한다. 그러려면 지역 교회와 협력 관계를 더욱 실질적으로 구체화해야 한다. 즉, 파송 단체로서의 역할과 기능을 강화해야 한다.

3) 다문화 상황의 선교 전략 개발

한국 사회는 점차 다문화 사회로 변화하고 있다. 다문화 사회는 다양한 문화와 언어를 사용하는 사람들이 한국 사회의 한 공간에 공존하는 현상이다. 다문화 사회로의 촉진은 캠퍼스가 그 선두 역할을 한다. 국내 외국인 유학생 수는 2004년 16,832명, 2006년 32,557명, 2008년 63,952명, 2010년 83,842명, 지난해 89,537명 등으로 급증 추세를 보여 올해 10만 명 목표 달성은 무난할 것으로 예상된다. 교과부 관계자는 "지난해 유학생 유치 관리 역량 인증제 도입으로 유학생의 질 관리를 강화했고 이를 토대로 2020년까지 우수 유학생 20만 명 유치라는 적극적인 목표를 제시하게 됐다"라고 설명했다. -"외국 유학생 2020년까지 20만 명 유치", 2012/04/30 머니투데이, 출처: 팍스넷 뉴스-

또한 국내 대학은 외국 대학과 교류 협력을 체결해서 다수의 학생을 외국 대학에 교환 학생으로 보낸다. 그리하여 국내 대학에는 한국 학생들의 수가 감소하고 반면에 외국 학생들의 수는 증가하고 있다. 대학에서 학생들의 인적 교류는 선교 방법의 다변화를 예고한다. 대학은 세상으로 나아가는 통로이며 복음을 그 사회로 안내하는 다리 역할을 하기 때문이다. 국내, 국외라는 선교의 경계선이 허물어지고 전 세계가 글로벌 시대에 들어선 만큼 국내, 국외 동시 선교가 이루어져야 한다.

4) 선교 네트워크의 효율적인 운용과 이해

한국 CCC는 세계 선교를 위한 구체적이고 효율적인 전략 즉, 미전도 캠퍼스

(Unreached Campus) 개척 선교 전략을 세워야 한다. 예를 들면, 2-4주 사역하는 단기 선교, 3-5개월 사역하는 A6 프로젝트(ACTS 6000 Campus Pioneering Project, 6천 개 미개척 캠퍼스 개척), 1-2년 사역하는 자비량 선교(Short term International), 장기 선교사, 교회와 협력하여 사역하는 마게도냐 프로젝트 등의 사역이다. 한국 CCC는 CM 2007 이후에 6천 개의 미전도 캠퍼스를 우선적으로 개척 선교하는 것을 목표로 정했다. A6 프로젝트를 통해 선교의 문을 열어서 교두보를 만들면 단기팀이 들어가서 친구 관계를 발전시켜 사람들을 모을 수 있다. 이 사람들을 기초 양육해 주는 스틴트(Short term International, 1년 혹은 2년간 파송받는 단기 선교사) 사역으로 연결할 수 있고, 그다음으로는 제자 훈련을 해 주는 장기 선교사의 사역과 연결할 수 있다. 이러한 사역을 진행하려면 함께 할 수 있는 연계성이 있는 팀 사역이 필요하다. 여기서 팀 사역에 대해 더 폭넓은 한국형 사역에 대한 이해가 요구된다. 장기 선교사는 현지인 간사를 세우기 위해 도전하고 훈련하여 자립적인 사역을 위임하는 대안을 계획해야 한다. 현지인 지도자를 세우려면 어느 정도 자비량팀들을 매개로 해서 한국 교회와 영친 관계를 맺음으로써 자립의 과정을 앞당겨야 한다.

5) 국제화할 수 있는 한국형 사역 전략

한국 CCC는 해외에서 주도적인 사역을 진행하는 데 여러 장애를 안고 있다. CCC 선교사들은 문화 이해나 적응 그리고 언어의 문제로 많은 어려움을 겪는다. 또한 현지에서의 한국식 사역에 대한 거부감 그리고 팀 사역에 대한 견해의 차이도 문제가 된다. 우리가 해외에서 느끼는 약점들을 적극적으로 보완하고 세계 선교에 기여할 수 있는 대안들을 제시하는 것이 중요하다.

(1) 파송 국가는 주도적인 정책을 선교국(개척 지역)에 효율적으로 적용해야

한다. 그러나 리더십 성장과 이양 과정에서는 현지의 의견을 존중하는 입장에 더 큰 비중을 두는 것이 좋다. 특히 아시아 지역 내에서 서구 중심의 팀 선교 전략과 방법, 인사 정책 등이 효율적인 기준인지에 대해 근본적인 평가를 해 보아야 한다.

(2) 우리의 선교 자원을 종합적이고 효율적으로 운용하여 현지인 리더십을 조기에 세우는 데 사역을 집중해야 한다. 한국이 가진 영적 자원을 선교지에서 어떻게 하면 공유할 수 있을까? 현지에서 사역하여 맺은 열매들을 어떻게 훈련해야 할까? 이는 한국 교회의 성장 과정에서 실마리를 찾을 수 있다. 한국은 행동과 실천은 뛰어난 반면 교리와 변증을 겸한 신학 정리는 부족한 편이다. 이에 연구와 훈련 그리고 교육의 기능을 강화해야 한다. 구체적인 제안을 하자면, 한국 선교사들이 양육한 제자들을 간사로 세울 때 한국에서 그들을 위한 신입간사훈련원(GCTC)을 운영하는 방법이다.

(3) 타 문화 선교 훈련 및 연구 사역을 강화하여 선교의 다변화를 이루는 것이다. 즉, 타문화선교훈련원과 선교전략연구소를 설립하여 실질적인 훈련과 연구 기능을 갖추어야 한다.

6) 해외 선교 사역팀(IM)의 사역 역량 강화

마지막으로 생각할 수 있는 것은 해외 선교 사역팀의 역할과 기능을 조정하는 것이다. 한국 CCC 사역을 크게 국내와 해외로 구분할 때 그 사역의 내용에 많은 차이가 있다. 그에 맞는 조직과 인력을 정비하고 역할을 수행할 수 있도록 개편할 필요가 있다.

나가는 글

현재 우리는 우리 세대에 복음을 확장해야 할 역사적 사명을 부여받았다. 주님의 지상 명령을 실행하는 선교 현장은 바로 지금 우리가 속한 세계다. 우리는 영원한 하나님의 말씀을 변천하는 세계에 수요자가 이해하는 방식으로 전해야 한다. 따라서 복음의 순수성을 잃어버리지 않도록 신학적으로 노력을 기울여야 한다. 또한 복음이 세상과 격리되지 않도록 현장과 연결시키는 방법 연구와 그 실천이 끊임없이 병행되어야 한다. 세계의 변화에 가장 민감하게 대처해야 할 선교 공동체로서 한국 CCC는 갱신을 거듭해야 한다. 급변하는 미래에 대처할 수 있는 그리스도인이 되려면 과거의 교리나 전통에만 의존하는 것은 옳지 않다. 새로운 시대에 옛것을 베끼는 데 온 정열을 기울이는 서기관의 태도보다는 새 술을 새 부대에 담는 예언자적인 개척의 자세가 필요하다.

● 참고 자료

1. Pierson, Paul E. *The Dynamics of Christian Mission: History through a Missiological Perspective*. Pasadena: William Carey International University Press, 2009; 임윤택 역, 《(선교학적 관점에서 본) 기독교 선교 운동사》. 서울: CLC, 2009.
2. Ralph D. Winter and Steven C. Hawthorne, *Perspectives*, Pasadena: William Carey Library, 2006.
3. 박용민, 《(연대표 및 배경사) 차트선교학》. 서울: 기독교문서선교회, 2001.
4. 김요한, 《21세기 희망, 대학생 선교 운동》. 서울: 생명의말씀사, 2011.

15

에필로그

이승제(CCC 해외 선교 사역팀 팀장)

15 에필로그

들어가는 글

하나님의 거룩한 부르심인 선교를 한마디로 요약한다면 '하나님의 일하심에 동참하는 것'이라 할 수 있다. 모든 선교사의 "주님이 하셨습니다"라는 증언이 이를 뒷받침한다. 이는 단순히 선교사들이 겸손해서 그런 것이 아니다. 모든 전략, 모든 지혜, 모든 노력을 넘어서 선교의 결정타는 주님의 역사임을 체험하기 때문이다. 그럼에도 하나님은 그분께 지혜를 묻게 하시고, 효율성을 높이기 위해 전략도 세우게 하신다. 지난 2012년 지구촌 각지에서 온 선교사들이 모여 자신들의 여름 선교 전략을 발표했다. 스토리만이 아닌 분석, 전략, 계획을 공유함으로써 시너지를 기대하고, 자신만의 사역에 자칫 매몰될 위험성에서 벗어나고자 하는 취지였다. 자신이 섬기는 민족을 향한 선교 전략이 각 선교사의 인격을 타고 흘러넘쳐 민족을 향한 열정과 사랑으로 터져 나올 때 그곳에 있었던 사람들은 모두 우리끼리만 듣기에는 무척 아까운 내용이라는 것에 공감했다. 그래서 이 내용을 작은 책으로 만들어 나누자는 의견이 제시되어 이렇게 한 권의 책으로 묶어 출간하게 되었다.

아쉬운 점은, 활자화된 글만을 접해서는 각 선교사의 열정을 그대로 느낄 수 없다는 점과 책으로 묶는 과정에서 여러 가지 이유로 빼야 하는 발제들이 생겼다는 것이다. 그럼에도 선교 이론서가 아닌 전략서를 공유하기로 하여 이렇게 함께 읽을 수 있음에 감사하다. 보내는 선교사뿐 아니라 특히 가는 선교사에게도 작은 디딤돌이 되기를 바라면서, 우리에게 주신 부르심과 종합적인 전략을 지면을 통해 나누기를 원한다.

1. 우리의 부르심

하나님은 대학생선교회를 '복음을 통한 세상 변화의 통로'로 부르셨다. 본 단체의 창설자인 고(故) 빌 브라이트(Bill Bright) 박사는 국제 본부가 시작될 때의 이 부르심을 그의 책 《Come Help Change the World》에서 분명히 밝혔고, 한국대학생선교회의 창설자인 고(故) 김준곤 목사를 통해 천명된 민족 복음화를 위한 기도 속에 이 부르심이 더 구체적으로 드러났다. 한 특정 계층이 아니라 온 민족, 전 계층이 참된 복음을 알고, 복음의 능력으로 개인과 공동체, 사회, 민족, 그리고 세계가 변화되는 꿈을 꾸었던 것이다. 부르심이 곧 비전이다. 우리의 부르심은 결코 한 영혼의 중요성을 간과하지 않는다. 동시에 변화된 영혼을 통한 복음의 확산을 본다. 이것을 전략으로 만든 것이 우리가 승법 번식이라 하는 Spiritual Multiplication이다(딤후 2:2 참조). 이는 전략 이전의 성령의 기름 부으심이었다. 70-80년대 초반까지는 복음 자체가 지닌 자연스러운 확산의 분화구인 영적 재생산이 폭발적으로 일어났으나 90년대 중반에 들어서면서 전 세계적으로 이 현상이 둔화되자 국제 리더십은 우리 본래의 부르심을 되짚어 보기 시작했다. 부르심과 비전의 큰 그림에서 점점 깊이 핵심 가치로 들어가며 우리 공동체의 DNA를 밝혀 낸 것인데, 우리의 DNA는 바로 '전도(Win)-육성(Build)-파송(Send)'임을 확신했다. 캠퍼스 사역을 포함해서 무엇이 '우리 부르심에 합당한 사역'인지를 40여 개로 분화된 사역 속에서 진단해 보며 변화를 시도했다. 변화에는 성역이 없었다. 모임의 형태, 사역의 명칭, 심지어는 CCC라는 이름을 바꾸기도 했다(대표적인 예가 캐나다인데 Power to Change로 바꾸었다. 캐나다에서는 CCC라는 이름을 이제 쓰지 않는다). 다시 말해 지금도 우리는 우리의 DNA, 즉 전도, 육성, 파송의 승법 번식이 없는 기존의 반복적인 전략과 행동은 다 바꾸도록 도전받고 있는 것이다.

우리의 부르심을 돌아볼 때, 대학생이 다른 영혼보다 특별히 중요해서 대학생 선교에 많은 힘을 들인 것이 아니다. 그 사역을 향한 강한 초점은 복음을 통한 세상 변화의 부르심을 이루는 최고의 전략적 선택이었다. 그러므로 캠퍼스 사역은 반드시 그다음 영역으로 흘러가도록 해야 한다. 또한 역으로 캠퍼스를 중심으로 하지 않는 막연한 전 계층 복음화 사역은 지역 교회의 사역과 차별성이 없으며 우리의 부르심과도 거리가 있다. 타 문화 선교 사역을 할 때는 그 민족의 복음화를 돕고, 그 민족을 통하여 모든 민족, 모든 영혼을 향한 근본적인 부르심이 있음을 잊지 말아야 한다.

2. 선교 전략을 통해 보는 우리의 기회와 장애

1) 글로벌 네트워킹(기회)

하나님이 우리 단체에 주신 최고, 최대의 기회는 전 세계에서 사역하는 우리의 파트너들을 통해 온다. 우리는 선교지를 개척할 때 이 지구의 어느 나라이든지 소위 '맨땅에 헤딩'하는 일은 거의 없다. 이미 복음의 불모지에서의 개척 형태는 대부분 다 이루어졌다. 190여 개국에 작게 혹은 크게 이미 뿌리를 내린 캠퍼스의 영적 운동에 한국 선교의 장점을 접목하여 현지의 비전을 세우고 그 비전을 올바로 이루는 일에 협력하는 길이 열려 있다. 그렇기에 지금도 많은 곳에서 한국 선교사들의 파송을 요청하고 있다. 이는 분명한 기회다.

2) 국제적으로 통일된 방향과 전략(기회)

글로벌 파트너십의 존재와 더불어 우리에게는 세계적으로 공통된 방향과 전략 그리고 철학이 있다. 언어의 소통이 거의 불가능한 상황일지라도 기본 자료와 공통된 사역 명칭만으로도 서로 무엇을 이야기하는지, 어떻게 협력해야 하는지에 대해 잘 안다. 몇몇 나라를 제외하고는 사영리, 기초 육성, 지도자 훈련의 공통된 기본 커리큘럼과 같은 훈련 교재가 갖추어져 있다. 이러한 인프라 위에 실시하는 2-3주 기간의 단기 선교는 전도와 육성의 실제적인 열매를 맺을 수 있고, 다시 방문했을 때 그 열매들이 현지 지도자로 세워져 있는 놀라운 역사를 직접 목격할 수도 있는 좋은 전략이다. 이 또한 엄청난 기회임이 틀림없다.

3) 빠르게 현지 리더십을 세우기(좋은 전략)

선교사에게 가장 큰 영광 중 하나는 자신을 대신할 현지 지도자를 세우는 일일 것이다. 지금까지의 선교 열매와 동향을 볼 때 우리 단체는 현지인을 제자로 세우는 것과 자국의 리더를 세우는 속도가 무척 빠르다. 선교지의 첫걸음부터 그것을 목표로 큰 그림을 그려 나가기 때문일 것이다. 이는 우리 단체의 장점이자 바르게 가는 방향이고, 하나님이 기뻐하시는 사역임을 확신한다.

4) 공동체적 비전 공유(비전)

앞에서 언급한 대로 우리의 궁극적인 목표는 자국 복음화를 넘어서 세계 복음화를 이루는 선교 비전을 공유하고 이를 위해 함께 뛰는 파트너가 되는 것이다. 우리가 선교지에서 사역하는 것을 보고 성장한 현지 리더들이 다른 민족을 복음으로 섬기는 비전을 자신들의 사역의 기초에 놓고 미션을 향한 글로벌 파트너로 함께 달리는 모습은 생각만 해도 가슴 뛰는 일이다.

5) 현지 리더십의 비전을 넘어서지 못함(과제)

글로벌 네트워킹의 그림자 중 하나는 세워진 현지 지도자의 꿈을 타지에서 온 선교사가 넘기 어렵다는 것이다. 현재 우리와 파트너십을 맺은 몇몇 나라는 현지 리더십의 독특한 사역 방향 때문에 더 깊은 협력을 얻는 데 힘겨워한다. 현지 리더십은 자신의 민족을 가장 잘 이해하고 가장 알맞은 전략을 갖고 있기도 하지만, 새로운 방향 선회나 외부의 도전에 마음의 문을 닫아 버린 상황이라면 옆에 있는 선교사는 새로운 사역을 할 수 없어서 답답함을 느낄 수밖에 없다. 선교사가 현지 리더십으로부터 마음 깊이 인정받고 함께 꿈을 꿀 정도의 신뢰 관계를 맺는 것은 빠른 시간 내에 이루어지지 않는다. 하지만 그 기간이 너무 길어서 기다리는 데 지친 선교사들을 종종 볼 수 있다. 현지 지도자를 존중하고, 그들을 세워 그들이 연약한 부분을 넘어서고 성숙한 지도자로 성장하기 전까지는 파트너십이라는 장점을 충분히 활용하면서도 그들을 먼저 섬기면서 사역하는 것이 우리의 당면 과제 중 하나다.

6) 탈 대학생선교회(과제)

근본적인 부르심으로 돌아가서 보면, 우리는 결코 우리의 용량을 키우는 선교로 부르심을 받지 않았다. 대학생 선교만을 위해 부르심을 받은 것도 아니다. 우리의 전략과 인프라는 세계 복음화를 위해 모든 그리스도인과 공유해야 한다. 지혜롭게 최고의 효율을 이루면서 하나님 나라가 급속히 확산되게 하려면 내부로만 시선이 향해서는 결코 소명을 이룰 수 없다. 수차례 강조하는 바, 우리는 복음을 통해 세상을 변화시키는 데 부르심을 받았다. 마지막 때가 가까워질 수록 우리는 오히려 탈 대학생선교회 운동(Beyond Campus Crusade Movement)을 일으켜야 한다. 타 단체의 전략에 귀를 기울이고, 부족한 부분은 배우면서 우리의 자원을 나누는 하나님 나라 관점(Kingdom Perspective)을 회복할 때 그 부르심을 이룰 수 있을 것이다.

3. 선교 방향 수립

선교 본부뿐 아니라 선교지에서 선교 방향을 결정할 때 고려해야 할 요소는 크게 세 가지다.

(1) 전 세계 선교의 큰 과제인 미전도 종족에 대한 부담감이다. 대학생 선교가 전문 분야인 우리 단체는 미전도 종족 선교에는 문외한일 수도 있다. 모든 민족을 제자로 삼으라는 주님의 지상 명령에 대해 우리의 전문 분야가 대학생 선교라는 이유로 마지막 한 민족을 향한 주님의 대명령을 간과해서는 안 된다. 세계적인 기도 정보지 Operation World에 의하면 현재 전 세계 선교사가 보수적으로 볼 때 약 13만여 명에 달한다. 하지만 이 지구 상에는 8천여 개의 미전도 종족이 남아 있다. 미전도 종족을 다시 보수적인 수로 보아도 6천여 개가 있으며, 10만 명 이상의 인구를 가진 미전도 종족 가운데에 3천여 종족이 아직도 복음을 기다리고 있다. 선교 전문가들은 개념을 더 세분화하여 Unreached People Group(UPG, 미전도 종족)과 Unreached and Unengaged People Group(UUPG, 미접촉 종족) 즉, UPG와 UUPG로 구분하기도 한다. 미전도 종족의 구분은 복음화율이 2% 미만으로 자국민 스스로 복음화를 이룰 역량이 부족한 종족으로 정의하고, 미접촉 종족은 그리스도인이 없거나, 최소한 그 민족을 향한 선교사, 혹은 선교 단체가 없거나 아직 알려지지 않은 종족을 뜻한다. 복음화율이 높은 곳에서 선교하는 사역자들의 소명도 중요하지만, 미전도 종족을 향한 미완성

과제를 깊이 생각해 보면서 선교의 방향을 세워야 하겠다.

(2) 몇몇 선교사가 전략 발표 때 언급했듯이 'CM 2007'의 역할이다. 대회를 치르던 당시에는 전 세계적으로 2만여 대학이 있었고, 그중 중점 대학이 8천여 개였다(지금은 훨씬 더 늘었다). 지난 60여 년간 대학생선교회가 해 온 캠퍼스 사역이 2천여 개에만 집중되어 있다는 사실과 6천여 개가 아직도 '미전도 상태의 캠퍼스'라는 사실에 우리는 모두 놀랐다. 이 발견으로 캠퍼스 선교에 다시 박차를 가하게 되었다.

(3) 사회 변혁을 향한 방향성이다. 한 나라의 복음화율이 70%가 넘는데도 마약과 에이즈, 부정부패, 인권 유린이 창궐하는 것은 무엇을 말해 주는가? 교회에 출석한다는 것 즉, 자신의 종교가 기독교라고 표시하는 것과 복음의 능력을 소유하는 것은 별개의 일이다. 이에 우리의 부르심은 '복음을 통한 세상 변화'임을 다시 확인하는 바다. 복음은 그냥 복음으로 절대 끝나지 않는다. 복음은 교회를 넘어서 사회 변혁으로 자연스럽게 흘러가야 한다. 일찍이 몇몇 복음주의자는 우리가 속한 사회를 '7-Mountain'으로 구분하여 정치, 경제, 교육, 미디어, 가정, 종교, 예술로 나누어 이해했는데, 우리는 이것을 '7-Domain'으로 바꾸어 도메인마다 성령 충만한 리더를 세워 사회 변혁을 꾀하는 사역을 감당하고 있다. 이러한 노력과 시도가 선교지에서도 일어나야 한다. 선교는 결코 우리의 전략을 이해하고 우리의 용어와 재료를 사용할 줄 하는 소수의 집단을 양성하는 것이 아니라 더 근본적인 부르심을 성취하는 것이기 때문이다.

4. 본부의 지원 사역

본회에서 선교를 담당하는 부서인 IM(International Ministry Team)은 선교를 더욱 활성화시키고, 선교 현장을 지원하는 부서다. 이 부서의 가장 중요한 첫째 역할은 선교의 방향 수립이다. 반복적인 실수와 중복 투자를 지양하고, 세계의 흐름을 파악하면서 근본적인 부르심을 향해 계속 방향을 조율한다. 둘째는 선교지 개발을 통해 선교의 기회를 극대화하는 것으로 대부분 단기 선교팀을 연결하여 새로운 파트너십에 가교를 놓는 일이다. 셋째로 인력 발굴과 지원이다. 해마다 2천여 명을 2-3주 기간의 단기 선교팀으로 파송한다. 여기에 A6팀(ACTS 6000 Campus Pioneering Project, 6천 개 미개척 캠퍼스 개척)과 스틴트(Short term International, 1년 혹은 2년간 파송받는 단기 선교사)를 모집, 훈련, 파송하는 사역도 포함된다. 이 세 가지 실제적인 사역은 곧바로 선교 운동에 연결된다. 우리의 비전은 더 많은 선교사를 파송하는 것이 아니라, 국내에서 그리고 선교지에서 예수를 진정으로 따르는 선교 리더들이 선교 운동을 주도적으로 일으키는 것을 보는 것이다.

나가는 글

왜 우리는 우리가 할 수 있는 사역 혹은 하고 싶은 사역을 하면 안 되는가? 왜 반복적으로 되돌아보며 우리의 소명과 방향성을 점검해야 하는가? 그 이유는 명백하다. 선교는 하나님의 것이기 때문이다. 하나님의 일하심이 우리를 통해 이루어지도록 통로가 되어 드리는 것이 우리를 세우신 목적이다. 그렇게 쓰임 받을 때 하나님의 최고 피조물인 우리의 목적 즉, 하나님께 영광을 돌리는 가장 궁극적인 우리의 사명이 이루어진다. 가는 선교사와 보내는 선교사, 하나님이 주신 지혜로 전략을 준비해서 발표하는 사람과 그 비전 제시에 감동을 받아 직접 선교에 동참하는 사람, 본부에서 지원하고 기도하는 사람, 이 모든 사람의 목적은 하나님께 영광을 돌리는 데 있다. 우리의 선교를 통해 그 엄청나고도 아름다운 하나님의 영광이 더 빛나기를 소망한다.

2013년 4월 29일 초판 1쇄 발행

글쓴이 : 해외 선교 사역팀
펴낸이 : 김윤희
펴낸곳 : 순출판사
디자인 : CCC DIA

주　소 : 서울특별시 종로구 백석동 1가길 2-8
전　화 : 02-722-6931~2
팩　스 : 02-722-6933
등　록 : Ⓡ 제 1-2464호
등록년월일 : 1999년 3월 15일

값　12,000원

ISBN 978-89-389-0277-1

잘못 만들어진 책은 바꿔드립니다.
본서의 판권은 순출판사에 있습니다. 무단 전재 및 복제를 금합니다.